Gakken

きめる！KIMERU SERIES

AL

JN041647

［ きめる！公務員試験 ］

行政法
Administrative Law

監修＝髙橋法照　編＝資格総合研究所

はじめに

　本書は、公務員試験を目指す皆さんのためにつくられた書籍です。

　公務員は、我が国の行政活動を担い、国民の多様なニーズに応えるための重要な職業であり、人気の職業の一つといえます。

　昨今の公務員試験は、筆記試験では重要基本事項の正確な理解が求められ、面接試験がより人物重視の試験になっているという特徴があります。このような公務員試験に対応するためには、重要基本事項を最短・最速で学習し、面接試験対策に時間をかける必要があります。

　そこで本書では、独自の３ステップ学習で行政法の重要基本事項の理解・記憶・演習を完了できるようにしてあります。いうなれば本書は、「公務員になって活躍したい」という皆さんをサポートする応援団なのです。

　この本を手に取ってくれた皆さんは、おそらく公務員になりたいと思っているはずです。ぜひその気持ちを大事にしてください。皆さんが公務員となることは、皆さん自身の充実した職業人生につながるだけでなく、国民みんなの幸せにつながるからです。

　そのためには、行政法をしっかり学習し、公務員試験の筆記試験で十分な得点をとることが必要です。公務員になるということは、行政活動の担い手になるということを意味し、様々なルールを遵守して職務を遂行することが求められます。それゆえに、行政全般を規律するルールである行政法について、しっかりとした理解が求められるのです。

　とはいうものの、本書を手に取った皆さんは、行政法の学習を恐れる必要はありません。本書独自の３ステップ学習により、皆さんは公務員試験をクリアできるだけの行政法の実力を十分に習得できるからです。

　皆さんが公務員になるための海図やガイドブックとして本書をご活用い

ただければ、監修者としてこんなに嬉しいことはありません。

髙橋法照

　公務員試験対策の新しい形の問題集として、「きめる！公務員試験」シリーズを刊行いたしました。このシリーズの刊行にあたり、受験生の皆さまがより効率よく、より効果的に学ぶために必要なものは何かを考えて辿り着いたのが「要点理解＋過去問演習」を実践できる3ステップ式の構成です。まずは、頻出テーマをわかりやすい解説でしっかりと押さえ、次に一問一答で、知識定着のための学習を行います。そして最後に、選び抜かれた頻出の過去問題を解くことで、着実に理解に繋がり、合格へ近づくことができるのです。

　試験対策を進める中で、学習が進まなかったり、理解が追いつかなかったりすることもあると思います。「きめる！公務員試験」シリーズが、そんな受験生の皆さまに寄り添い、公務員試験対策の伴走者として共に合格をきめるための一助になれれば幸いです。

資格総合研究所

もくじ

CHAPTER 1　　行政法総論

CHAPTER 4　行政救済法

CHAPTER 5　行政組織法

別冊 解答解説集

本書の特長と使い方

3ステップで着実に合格に近づく！

STEP 1で要点を理解し、STEP 2で理解をチェックする一問一答を解き、STEP 3で過去問に挑戦する、という3段階で、公務員試験で押さえておくべきポイントがしっかりと身につきます。

公務員試験対策のポイントや各科目の学習方法をていねいに解説！

本書の冒頭には「公務員試験対策のポイント」や「行政法の学習ポイント」がわかる特集ページを収録。公務員試験を受けるにあたっての全般的な対策や、各科目の学習の仕方など、気になるポイントをあらかじめ押さえたうえで、効率よく公務員試験対策へと進むことができます。

別冊の解答解説集で、効果的な学習ができる！

本書の巻末には、本冊から取り外しできる「解答解説集」が付いています。問題の答え合わせや復習の際には、本冊のとなりに別冊を広げて使うことで、効果的な学習ができるようになります。

🎯きめる！ 　試験別対策

各章の冒頭には、各試験の傾向や頻出事項をまとめてあります。自分が受験する試験の傾向をしっかりと理解してから、学習の計画を立てましょう。

＊なお、2024年度から、国家公務員試験の内容が大きく変わります。行政法の出題数や傾向も変わる可能性があるので、注意してください。

STEP 1 要点を覚えよう！

　基本的に1見開き2ページで、分野ごとに重要な基本事項をインプットしていきます。そのため、重要な基本事項を網羅的かつ正確に、無理なく習得できるようになっています。

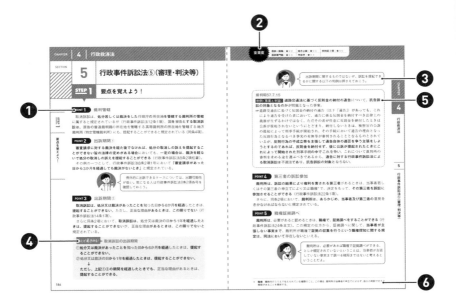

❶ POINT
このSECTIONで押さえておきたい内容を、ポイントごとにまとめています。

❷ 重要度
各SECTIONの試験別重要度を表しています。過去問を分析し、重要度を★の数で表しています。

❸ キャラクターが補足情報を教えてくれます。

❹ ここできめる！
最重要の知識や、間違えやすいポイントを

まとめています。試験直前の確認などに活用できます。

❺ 判例
判例とは、具体的な事件について最高裁判所が示した法律的判断のことです。ここでは事案（事件の概略）と判旨（判決が示された理由）に分けて解説しています。

❻ 注
本文中に出てくる専門的な言葉やわかりにくい用語などに＊をつけ、ここで説明しています

STEP 2 一問一答で理解を確認！

STEP 1の理解をチェックするための一問一答形式の問題です。過去問演習のための土台づくりとして、効率的にポイントを復習できます。

STEP 3 過去問にチャレンジ！

本書には、過去15年分以上の過去問の中から、重要な基本事項を効率的に学習できる良問を選別して収録しています。

過去問は、可能であれば3回以上解くのが望ましいです。過去問を繰り返し解くことで、知識だけでなく能力や感覚といったアビリティまで身につくという側面があるのです。

別冊 解答解説集

STEP 3の過去問を解いたら、取り外して使える解答解説集で答え合わせと復習を行いましょう。

本書掲載の過去問題について
　本書で掲載する過去問題の問題文について、問題の趣旨を損なわない程度に改題している場合があります。

法律用語について

「法律」とは、皆が快適に暮らしていくために、つくられた社会のルールです。法律では、日常ではあまり使われない言葉が出てきますので、本書で学習するにあたって、よく目にする主な用語の意味を紹介しておきます。

用語	意味
あらかじめ	前もって、ということ。
係る（かかる）	関係する、ということ。
瑕疵（かし）	欠陥のこと。
較量（こうりょう）	くらべて考えること。
準用（じゅんよう）	類似の内容について、同じような条文を繰り返すことを避けるための立法技術であり、特定の規定の再利用のようなものです。
斟酌（しんしゃく）	相手の事情や心情をくみとること。
直ちに（ただちに）	「すぐに」行うということで、最も時間的に短い概念。「速やか（すみやか）に」は、できるだけ早くという意味であり、「遅滞（ちたい）なく」は、これらより時間的に余裕があります。
抵触（ていしょく）	ある事がらと、別の事がらが矛盾していること。
甚だ（はなはだ）	通常の程度をはるかに超えていること。
専ら（もっぱら）	ひたすら、ということ。一つの事がらに集中すること。

※「及び」と「並びに」

AとBが並列の関係にあるとき、「A及びB」と表記します。並列関係のものがABCと3つ以上あるときは、「A、B及びC」と読点を使用して、最後に「及び」を用います。

そして、Bの中にも、ABより小さい関係のb1とb2があるときは、「A並びにb1及びb2」と表記します。「及び」は、最も小さな並列グループを連結し、「並びに」は、「及び」より大きな並列グループを連結します。

※「又は」と「若しくは」

AとBが選択の関係にあるときは、「A又はB」と表記します。選択関係のものがABC と3つ以上あるときは、「A、B又はC」と読点を使用して、最後に「又は」を用います。

そして、Bの中にもb1とb2があり、そこも選択関係にあるときは、「A又はb1若しくはb2」として、「又は」は、最も大きな選択グループを連結し、「若しくは」は、「又は」より小さな選択グループを連結します。

最高裁判所判決・決定の略称による表記について

「裁判」とは、裁判所が行う意思表示を意味しますが、この裁判には「判決」「決定」「命令」があります。「判決」とは、原則として、口頭弁論（刑事訴訟では公判）に基づいて行われるものであり、「決定」とは、迅速を要する事項や付随的事項等について、「判決」よりも簡易な方式で行われる裁判です。また、「命令」は「決定」を裁判所ではなく、裁判官が行うものと考えればよいでしょう。

そして、最高裁判所について、最高裁判所裁判官の全員で構成される場合（合議体）を「大法廷」といい、最高裁判所の定める裁判官3名以上の員数で構成する合議体を「小法廷」といいます。そこで本書では、最高裁判所の大法廷判決を「最大判」、小法廷判決を「最判」と表記し、最高裁判所の大法廷による「決定」を「最大決」、小法廷決定を「最決」と表記します。

《例》 最大判平17.4.2…大法廷判決　最判昭58.10.7…小法廷判決
　　　 最大決令3.4.9…大法廷決定　最決平30.12.2…小法廷決定

根拠条文の表記について

各項目中において、カッコ内に法令名及びその条数を記していますが、原則として、各項目の最初に出てきた法令名については、法令名及び条数を記し、それ以降に同条文の「項」が異なるものが出てきた場合は、法令名及び条数を省略しています。

《例》 …です（行政手続法32条1項）。しかし…となります（同条2項）。ただし、…は例外です（同法21条）。

公務員試験対策のポイント

志望先に合わせて計画的で的確な対策を

まずは第一志望先を決めましょう。仕事の内容、働きたい場所、転勤の範囲などが志望先を選ぶポイントです。また、併願先もあわせて決めることで、試験日・出題科目がおのずと決まってきて、学習計画を立てることができるようになります。

過去問の頻出テーマをおさえて問題演習を

公務員試験合格のポイントは、1冊の問題集を何度もくり返し解くことです。そうすることで、知らず知らずのうちに試験によく出るテーマ・問題のパターンがしっかりと身につき、合格に近づくことができるでしょう。

人物試験対策の時間も確保したスケジューリングを

近年では、論文試験や面接等の人物試験が重要視される傾向にあります。一次試験の直前期に、その先の論文試験や人物試験を見据えて、学習の計画を立てるようにしましょう。人物試験については、自己分析・志望動機の整理・政策研究を行って、しっかり対策しましょう。

行政法の学習ポイント

　ここでは、行政法とは何か、ということと、公務員試験における行政法のポイントについて説明します。

　本格的な学習を始める前に、まずは全体像を確認しておきましょう。

行政法とは何か

　私たちが生きる現代日本は情報技術をはじめとした科学技術が飛躍的に発展してきた社会です。この高度な社会を運営していくうえで法律をはじめとする様々なルールが生まれ、日常生活と経済活動の両面において多くの規律が定められるのです。

　この様々な規律によって社会が運営され、その運営の担い手が行政なのです。行政法とは、この行政の組織・作用・統制に関する法のことをいい、日本にある様々な法律はその多くが行政法に分類されます。

　実は「行政法」と呼ばれる法律自体は存在せず、行政に関する様々な法律（都市計画法・道路交通法など）を総称したものが「行政法」です。この行政法は、①様々な行政関係の法律に関する共通事項を中心に学ぶ行政法総論の分野、②行政事件訴訟法・国家賠償法のように行政との裁判に関する法律を学ぶ分野、③行政組織について学ぶ分野に大きく分かれています。

　まず①では、行政を規律・運営するロジックやメカニズムに触れ、様々な行政活動に共通する考え方を学びます。②では、違法な行政活動に対する救済の在り方や、行政の絡む事案において裁判所がどのような判断を下したのかを学びます。③では行政組織を運営する知識を学びます。いずれの分野でも、行政と国民のあるべき関係性を考えるという視点を持って学習していきましょう。

公務員試験における行政法のポイント

　行政法は大きく分けると、行政法総論、行政作用法、行政救済法、行政組織法という4分野から成り立っています。

①行政法総論と行政作用法は、抽象度の高い内容にひとつずつ慣れよう

　この2分野では、行政関係を規律する一般原則や、様々な行政活動に共通するロジックやメカニズムを学習します。一般原則やロジック等といった性質上、抽象度の高い内容が多く含まれているので、最初の頃は特に難しく感じる分野です。

　そこでまずは、専門用語をしっかりと押さえていきましょう。抽象度の高い内容ゆえに日常生活で見慣れない専門用語が飛び交うので、まずは専門用語の意味をしっかりと押さえ、学習の足場を固めましょう。そのうえで過去問を解き、抽象的な内容がどのように問われているかを早めに体感します。

②行政救済法は、条文知識と重要判例を押さえよう

　ここでは、行政活動によって国民が被害を受けた場合の救済方法を学びます。行政事件訴訟法・国家賠償法の２つがメインとなるので、両法の条文知識をまずは押さえます。

　そのうえで、どのような事件でいかなる判決が下されたのかを正確に習得します。この分野では、条文知識と重要判例を中心に押さえましょう。

③行政組織法は、深追いせず概要を押さえよう

　ここでは、行政を運営する組織の構造などを学びます。しかし、上記①②の分野に比べると重要度は大きく下がりますので、最後にざっと押さえるという形で構いません。概要をある程度押さえれば解ける問題も多いので、深追いせず要点のみ押さえましょう。

行政法の学習計画をチェック！

1　準備期

まずは、本書をざっと通読して全体像をつかむ。問題はすぐに解説を見てもかまいません。

ここでは、無理に内容をわかろうとせず、軽く一読できればよい。

2　集中期

受験する試験種のうち、★の多い分野から取り組む。★の多い分野を3回ほど周回してみましょう。

できれば、過去問を自力で解いてみよう。重要単元から着実に。

3　追い込み期

受験する試験種のうち、★の少ない分野にも取り組む。ここも、3回ほど周回してみましょう。

マイナー分野も取り組むことで合格可能性が上がるので頑張ろう。

4　総仕上げ期

全範囲を通して学習する。過去問はできるだけ自力で解いてみましょう。

過去問演習に重点を置いて、全範囲を網羅的に進めよう。

きめる！公務員試験シリーズで、合格をきめる！

3ステップ方式で絶対につまずかない！
別冊の解答解説集で効率的に学べる！

数的推理
1,980円（税込）

判断推理
1,980円（税込）

民法 I
1,980円（税込）

民法 II
1,980円（税込）

憲法
1,980円（税込）

社会科学
1,980円（税込）

人文科学
1,980円（税込）

自然科学
1,980円（税込）

行政法
1,980円（税込）

資料解釈
1,760円（税込）

（2024年 発売予定） 文章理解

シリーズ全冊試し読み
「Gakken Book Contents Library」のご案内

1 右のQRコードかURLから「Gakken Book Contents Library」にアクセスしてください。

https://gbc-library.gakken.jp/

2 Gakken IDでログインしてください。Gakken IDをお持ちでない方は新規登録をお願いします。

3 ログイン後、「コンテンツ追加＋」ボタンから下記IDとパスワードを入力してください。

| ID | 9mvrd |
| PASS | cfphvps4 |

4 書籍の登録が完了すると、マイページに試し読み一覧が表示されますので、そこからご覧いただくことができます。

CHAPTER 1

行政法総論

この章で学ぶこと

⭕ 行政法総論では、基本概念を確実に押さえよう

CHAPTER1・行政法総論では、行政法の基本概念と行政法上の法律関係を学んでいきます。

ここでは、行政法の存在形式である法源や、行政法全体を規律する一般原則である「法律による行政の原理」、行政法上の法律関係などを学習します。出題頻度の低い分野ですが、行政法の学習において前提となる事項が多いので、それぞれの基本概念や専門用語をしっかり押さえておきましょう。

行政法上の法律関係で学ぶ専門用語については、それぞれの専門用語の意味を正確に押さえているかが試験で問われやすいので、確実に専門用語を理解・記憶していきましょう。

⭕ 「法律による行政の原理」は、念入りに学習しよう

本章で学ぶ「法律による行政の原理」は、出題頻度こそ少ないですが、行政法を学ぶ上では確実に理解・記憶しておきたい概念です。

この概念は、行政法全体を規律する一般原則であるため、この概念を早めに習得することで行政法全体への解像度が上がります。

法律学習においては、試験に直接問われることは少ないものの、その法律全体の解像度を上げるうえで確実に習得したい概念がいくつかあり、「法律による行政の原理」はその概念に該当します。そのため、「法律による行政の原理」については本書でインプットしたうえで、過去問にもしっかりと取り組み、理解を深めておきましょう。

⭕ 重要判例を押さえよう

私人の公法行為については若干の重要判例がありますので、これらについては確実に押さえましょう。判例数が少ないので得点源にしやすいです。

国家一般職

　出題頻度はかなり低く、合否には影響しない分野である。しかし、「法律による行政の原理」は基礎知識として確実に押さえておこう。

国家専門職

　国家一般職と同様に出題頻度はかなり低いので、「法律による行政の原理」を押さえておけばカバーできる。

地方上級

　出題頻度は低いが、行政上の法律関係がやや出題されやすい。この分野における重要判例の結論を押さえておこう。

特別区Ⅰ類

　他の試験種よりも、この分野からの出題頻度がやや高い。「法律による行政の原理」と行政上の法律関係に関する重要判例を確実に押さえておこう。

市役所

　出題頻度はかなり低いので、対策は後回しでもよい。その場合でも、「法律による行政の原理」は確実に押さえておこう。

SECTION

1 行政法の基本概念

STEP 1 要点を覚えよう！

POINT 1 　行政法の法源

　法源とは、**法の存在形式**のことであり、あるルールがどのような形で存在するかということである。**行政法の法源には、①成文の形式をもって制定する成文法源**と、**②文章では表されない不文法源**とがある。

　成文法源は、**憲法、法律、命令、条例、普通地方公共団体の長の制定規則、条約等**がその例であり、**不文法源は、慣習法、判例法、条理法*、行政先例***がその例である。

> 各法源がそれぞれどのようなものかについて確認していくよ。試験対策上は、不文法源の具体例を覚えておこう。

ここで前きめる！ ▶ 成文法源と不文法源の具体例

成文法源☞憲法、法律、命令、条例、普通地方公共団体の長の制定規則、条約等
不文法源☞慣習法、判例法、条理法、行政先例

> 上の法源の具体例は、成文法源であれ、不文法源であれ、「法源」という名のとおり、どれも「法源」となるよ。

POINT 2 　成文法源（憲法）

　憲法は、一般的に、**国家の基本的な統治構造を定める基本法**である。憲法においては、行政の組織や作用の基本原則を定めている。そして、**憲法は「国の最高法規」**（憲法98条1項）である。

> 憲法はその国の最高法規なんだ。ということは、憲法以外の法源（法律等）を最高法規とする選択肢は誤りだよ。

---

*　**条理法**…条理とは、道理や社会通念を意味し、法律上、成文法、慣習法、判例法等が欠けているときの裁判基準となるもの。
*　**行政先例**…行政で行われている先例が、上記の条理法と同様に裁判基準となるもの。

POINT 3 成文法源（法律）

法律は「国権の最高機関」（憲法41条）である国会の議決により制定される法形式（法令の種類・分類のこと）である。

憲法98条1項において、**憲法に反する法律はその効力を有しない**と規定されていることから、**法律よりも憲法が上位の成文法源**となる。

POINT 4 成文法源（命令）

命令は、内閣が制定する政令等、行政機関が制定する法形式である。この命令について、日本国憲法の下では、**法律の委任に基づく委任命令**と、**法律を執行するための細目について規定する執行命令のみ**が認められている（憲法73条6号参照）。

また、**委任命令は、政令**（憲法73条6号）、**内閣府令**（内閣府設置法7条3項）、**省令**（国家行政組織法12条1項）などに分類される。

> 同じ行政機関が制定するものだけれども、政令は「内閣」が制定するもの、府令や省令は「各大臣」が発するものという違いがあるよ。

大日本帝国憲法（明治憲法）＊においては、法律の根拠なくして、**天皇が独立して発せられる独立命令**が認められていたが、**日本国憲法では認められていない。**

◆憲法・法律・命令（政令・内閣府令・省令）の序列

憲法

法律　　両議院の議決を経て、国会で制定される

政令　　内閣が制定する命令のこと

内閣府令・省令　　各大臣が発する命令のこと

POINT 5 成文法源（条例）

条例とは、地方公共団体が、法律の範囲内で制定することができる法形式である（憲法94条）。地方自治法14条1項において、普通地方公共団体は「**法令に違反しない限り**」条例を制定することができると規定されており、これらの規定から、地方公共団体には条例制定権が認められている。

＊ **大日本帝国憲法（明治憲法）**…現行の憲法（日本国憲法）が成立する前にあった旧憲法のこと。

POINT 6 成文法源（普通地方公共団体の長の制定規則）

普通地方公共団体の**長**は「**法令に違反しない限り**」規則を制定することができる（地方自治法15条1項）。

POINT 7 成文法源（条約）

条約は、国家間又は国家と国際機関との間の文書による合意であり、国際法上の法形式である。国家間等の合意である条約であっても、それが**国内行政に関係**するものであれば、**行政法の法源として機能する**とされている。

そして、条約は次の二つに分類される。一つは、①**国内の立法措置によって国内法としての効力を有するもの**であり、もう一つは、②**国内行政に関する自力執行性のある具体的定めを含んでいる場合**には、**国内の立法措置がなくとも、公布・**施行によって、国内法としての効力を**有する**ものである。

> 国内で立法（法律がつくられること）されることで国内法としての効力を有する条約と、立法措置がなくてもそのまま国内法としての効力を有する条約の二つがあるということだよ。

POINT 8 不文法源（慣習法）

慣習法とは、長年行われている慣習（ある社会一般に行われているならわし）**が法的ルールとして国民の法的確信を得ているもの**である。

判例は、**法令の公布**（広く一般に知らせること）**の方法**について、大日本帝国憲法（明治憲法）下では、明治40年勅令6号公式令により、法令の公布は**官報をもってする**旨が定められていたが（同令12条）、この公式令は日本国憲法の施行と同時に廃止され、これに代わるべき**公布の方法に関する一般的規定はいまだ定められていない**ところ、**法令の公布は、国家が官報に代わる他の適当な方法をもって**行うものであることが明らかな場合でない限り、**公式令廃止後も通常、官報をもってされるものと解するのが相当**であるとする（最大判昭32.12.28）。

> 法律の公布方法については、ちゃんと定められてはいないけれども「官報で公布する」というならわしを慣習法として認めた判例なんだ。

POINT 9 不文法源（判例法）

判例法とは、一度行われた裁判所の判断（判決や決定）**と同種の係属事件*に関**して、**裁判所が同様の判断を繰り返し行うことで、その判断が法と同じような拘**束力を有するものである。そして、この判例法は、**下級裁判所・最高裁判所を問**わず**認められる**。

---

* **係属事件**…（訴訟）係属とは、ある事件が裁判所で訴訟中である状態のことであり、係属事件とは、裁判所で訴訟中の状態にある事件を意味する。

なお、**判決**は書面として残されるが、他の係属事件に関する裁判所の判断を拘束することが文章で表現されてはいないため、**行政法の成文法源には**あたらない。つまり、**不文**法源である。

POINT 10 法律による行政の原理

法律による行政の原理とは、**行政機関**は、国民の代表である**議会が定めた法律に従って行政活動を行わなければならない**とするものである。この法律による行政の原理の具体的な内容には、①**法律の優位**、②**法律の法規創造力**、③**法律の留保**がある。

◆法律による行政の原理の3つの具体的内容

行政の原理	内容
①法律の優位	いかなる行政活動も、行政活動を制約する法律の定めに違反してはならないという原則。
②法律の法規創造力	国民の権利義務に関する法規を創造することができるのは、法律のみであるという原則。 ☞行政機関が、（政令等で）国民の権利義務に関する法規を創造する場合は、法律の授権が必要となる。
③法律の留保	行政活動が行われるには、法律の根拠が必要であるという原則。

上記②にある「法律の授権」とは、「法律」において、「〇〇については政令で定める」などとして、ルールを定める権限が与えられている場合を意味するんだ。

上記③の法律の留保については、どのような行政活動を行う場合に法律の根拠が必要となるかという点に対して、**侵害留保説**や**重要事項留保説**という学説の争いがある。

◆法律の留保に関する学説

学説	内容
侵害留保説（多数説）	行政活動が国民に義務を課したり、権利を制約するものであれば、法律の根拠が必要であるとする学説。
重要事項留保説	行政活動が、侵害的なものか、授益的なものか、権力的なものか、非権力的なものかにかかわらず、重要な事項に関する場合は、法律の根拠が必要であるとする学説。

1 行政法の法源には、成文の形式をもって制定する成文法源と、文章では表されない不文法源とがある。

○　本問の記述のとおりである。

2 慣習法と判例法は、不文法源である。

○　本問の記述のとおりである。

3 法律は「国権の最高機関」である国会の議決により制定される法形式であるから、最上位の成文法源となる。

×　法律は、「国権の最高機関」（憲法41条）である国会の議決により制定される法形式である。しかし、憲法98条1項において、**憲法に反する法律はその効力を有しない**と規定されていることから、**法律よりも憲法が上位の成文法源**となる。

4 日本国憲法の下では、成文法源として、法律の委任に基づく委任命令と、法律を執行するための細目について規定する独立命令が認められている。

×　日本国憲法の下では、成文法源として、**法律の委任に基づく委任命令**と、**法律を執行するための細目について規定する執行命令のみ**が認められている（憲法73条6号参照）。法律を執行するための細目について規定するものは、独立命令ではない。

5 法律の根拠がなくとも天皇が独立に制定することができる独立命令は、大日本帝国憲法（明治憲法）9条において認められていたが、日本国憲法においては認められていない。

○　本問の記述のとおりである。

6 下級裁判所の判決は、判例法としての法源
とならない。

× 判例法は、**下級裁判所の
判決**であろうと、**最高裁判所
の判決**であろうと認められる。

7 条約は、国内での立法措置が行われなけれ
ば、その国内において法源となることはない。

× 条約には、①国内の立法
措置によって国内法としての
効力を有するものと、②国内
行政に関する自力執行性のあ
る具体的定めを含んでいる場
合があり、②の場合は、国内
の立法措置がなくとも、公布・
施行されることによって国内
法としての効力を有し、法源
となる。

8 法律の優位とは、行政活動が行われるには、
法律の根拠が必要であるという原則である。

× **法律の優位**とは、いかな
る行政活動も、行政活動を制
約する法律の定めに違反して
はならないという原則であ
る。本問の内容は法律の留保
である。

9 法律の法規創造力とは、いかなる行政活動
も、行政活動を制約する法律の定めに違反
してはならないという原則である。

× **法律の法規創造力**とは、
国民の権利義務に関する法規
を創造することができるのは
法律のみであるという原則で
ある。本問の内容は法律の優
位である。

10 法律の留保とは、国民の権利義務に関する
法規を創造することができるのは法律のみ
であるという原則である。

× **法律の留保**とは、行政活
動が行われるには、法律の根
拠が必要であるという原則で
ある。

過去問にチャレンジ！

問題 1

特別区 I 類（2021 年度）

行政法の法源に関する記述として、通説に照らして、妥当なのはどれか。

1 行政法の法源には、成文法源と不文法源とがあり、成文法源には法律や条理法が、不文法源には行政先例がある。

2 条約は、国内行政に関係するもので、かつ、国内の立法措置によって国内法としての効力を持ったものに限り、行政法の法源となる。

3 命令は、内閣が制定する政令等、行政機関が制定する法のことであり、日本国憲法の下では、委任命令と独立命令がある。

4 判例法とは、裁判所で長期にわたって繰り返された判例が、一般的な法と認識され、成文法源とみなされるようになったものをいう。

5 慣習法とは、長年行われている慣習が法的ルールとして国民の法的確信を得ているものをいい、公式令廃止後の官報による法令の公布はその例である。

➡解答・解説は別冊 P.002

問題 2

特別区Ⅰ類（2011 年度）

行政法の法源に関する記述として、妥当なのはどれか。

1 条例は、憲法で地方公共団体に条例制定権を承認しているため、行政法の法源となるが、地方公共団体の長が定める規則は、行政法の法源にはならない。

2 法源には、成文の形式をもって制定する成文法源と慣習法のように文章では表されない不文法源があり、最高裁判所の判決は、先例として大きな影響力を持つことが多いので、行政法の成文法源となる。

3 命令は、法律の委任に基づく委任命令と法律を執行するための細目について規定する執行命令に限られ、行政機関によって制定される内閣府令や省令も行政法の法源となる。

4 条約は、国家間又は国家と国際機関との間の文書による合意であり、国際法上の法形式であるが、国内法としての効力を持つものではないので、行政法の法源にはならない。

5 法律は、国権の最高機関である国会の議決により制定される法形式であるから、最上位の成文法源である。

➡解答・解説は別冊 P.003

問題 3

特別区Ⅰ類（2014年度）

行政法の法源に関する記述として、通説に照らして、妥当なのはどれか。

1 命令には、法律の個別具体の委任に基づく委任命令と、法律に基づくことなく独自の立場で発する独立命令があるが、いずれも行政機関が制定するものであるので、行政法の法源となることはない。

2 条約は、その内容が国内行政に関し、自力執行性のある具体的定めを含んでいる場合には、それが公布・施行されることによって国内法としての効力をもち、行政法の法源となる。

3 憲法は、国家の基本的な統治構造を定める基本法であり、行政の組織や作用の基本原則を定めるにとどまるので、行政法の法源となることはない。

4 下級裁判所の判決は法源となりえないが、最高裁判所の判決は先例を変更するのに慎重な手続を経ることを求められるので、行政法の法源となる。

5 条例は、必ず議会の議決を必要とするので行政法の法源となるが、地方公共団体の長が定める規則は、議会の議決を必要としないので行政法の法源となることはない。

➡**解答・解説は別冊 P.004**

行政法の法源に関する記述として、通説に照らして、妥当なのはどれか。

1 「法律の優位」とは、いかなる行政活動も、行政活動を制約する法律の定めに違反してはならないという原則である。

2 「法律の法規創造力」とは、行政活動には必ず法律の授権が必要であるとする原則である。

3 「法律の留保」とは、新たな法規の定立は、議会の制定する法律又はその授権に基づく命令の形式においてのみなされうるという原則である。

4 「権力留保説」とは、すべての公行政には具体的な作用法上の根拠が必要であるとするものである。

5 「重要事項留保説」とは、侵害行政のみならず、社会権の確保を目的として行われる生活配慮行政にも、法律の根拠が必要であるとするものである。

➡解答・解説は別冊P.004

SECTION **2** 行政法上の法律関係

STEP 1 要点を覚えよう！

POINT 1 訓令

訓令とは、**上級行政機関**が、**下級行政機関の権限行使を指揮**するために発する**指揮命令**である。訓令を受けた**下級行政機関**は、訓令の内容・効力を審査する**権限を有しない**ため、**明白に無効**である場合を**除き**、発せられた訓令に**従わなければならない**。

なお、**各省大臣、各委員会及び各庁の長官**は、その機関の所掌事務について、命令又は示達をするため、**所管の諸機関及び職員**に対し、**訓令又は通達を発する**ことができる（国家行政組織法14条2項）。

POINT 2 行政機関相互の政策調整

各省、各委員会及び各庁の間において**政策調整が必要**となる場合、**各省大臣等**は、その必要性を明らかにしたうえで、**関係行政機関の長**に対して必要な**資料の提出及び説明を求める**ことができるほか、当該関係行政機関の政策に関して**意見を述べる**ことができる（国家行政組織法15条）。

POINT 3 主任大臣間における権限の疑義

ある事務が複数の行政機関のどちらの所掌事務であるのかにつき、当該複数の行政機関の間で疑義が起こることがある。このような場合の調整を図るため、**主任の大臣の間における権限についての疑義**は、**内閣総理大臣**が、**閣議**にかけて、**これを裁定する**と規定されている（内閣法7条）。

POINT 4 権限の代行

権限の代行とは、行政庁＊が法律に基づいて与えられた権限を**他の行政機関に行使させる**ことをいう。権限の代行には、**権限の委任、権限（機関）の代理、専決・代決**の3種類があるので、以下、確認していく。

＊ **行政庁**…国や地方の行政事務を担当する機関を行政機関というが、その中でも行政主体の意思又は判断を決定して、外部に表示する権限を有する機関のこと。

POINT 5 権限の委任

権限の委任とは、行政庁がその**権限の一部**を他の行政機関に委譲（移譲）して行使させるものである。権限の委任に関しては、以下の重要判例がある。

> 最判昭54.7.20
>
> **判例（事案と判旨）** 行政庁相互の間において、いわゆる権限の委任がなされ、委任を受けた行政庁が、委任された権限に基づいて行政処分を行う場合について、裁判所が判断を示した事案。
> ☞ **委任を受けた行政庁は、その処分を自己の行為としてするものである。**
> ☞ **委任を受けた行政庁は、その処分を自己の行為としてするものであるから、その処分の取消しを求める訴えは、その委任を受けた行政庁を被告として提起すべきものであって、委任をした行政庁を被告として訴えを提起することは許されない。**

委任を受けた行政庁が、処分を自己の行為として行うものであるから、委任をした行政庁は当該権限を喪失して、引き続き当該権限を行使することはできないことを意味するよ。

POINT 6 権限（機関）の代理

権限（機関）の代理とは、行政庁の**権限の全部又は一部**を、他の行政機関によって**行使させる**ものである。権限の代理は、①**法定代理**と、②**授権代理**に分類される。

①の**法定代理**とは、本来の行政庁が事故等で欠けた場合等に、**法律により、他の行政機関が本来の行政庁の全権限を代行**するものである。「法律により」とあるとおり、法定代理が行われるには、**法律の根拠が必要**となる。

そして、法定代理によって権限を行使することになった**代理機関**は、被代理機関（本来の行政庁）の代理として権限を行使することを明らかにする**顕名が必要**であると一般に解されている。

②の**授権代理**とは、本来の行政庁がその**権限の一部を付与（授権）**することにより、**他の行政機関が本来の行政庁の権限を代行**するものである。法定代理と異なり、**全権限を代行させることはできない**。また、**法律の根拠は不要**となる。

そして、授権代理によって権限を行使することになった**代理機関**は、被代理機関の代理として権限を行使することを明らかにする**顕名が必要**であると一般に解されている。

「顕名」とは、「私は代理で行っている」ということを明らかにする行為のことだよ。法定代理であれ、授権代理であれ、顕名は必要なんだ。

> **ここで動き合める!** → 権限（機関）の代理における顕名の要否
>
> **法定代理**☞顕名が**必要**。
> **授権代理**☞顕名が**必要**。
> ☞つまり、法定代理であれ、授権代理であれ、顕名は**必要**。

POINT 7　専決

　専決とは、**補助機関が、法定権限を有する本来の行政庁の名**において、**当該権限を行使する**ことである。**専決は、事実上の行使**にすぎず、法律が定めた処分権限の変更ではなく、**法律による明文の根拠が不要**であると一般に解されている。

> 専決は、権限を有する行政庁が忙しい場合に、代わって権限を行使するイメージだね。

POINT 8　代決

　代決とは、**行政庁が不在の場合等の緊急な事情**で、**行政庁自身が決定できない**場合に、**補助機関が、代わって当該権限を行使する**ことである。

POINT 9　代執行（代替執行）

　上級行政機関が、法律が定めた**下級行政機関の権限を代執行（代替執行）する**場合、法律が定めた処分権限を実質的に変更し、下級行政機関の権限を上級行政機関が奪うことになるため、**法律による明文の根拠が必要**であると一般に解されている。

POINT 10　私人の公法行為に関する重要判例

　例えば、私人が行政庁に許認可申請をしたり、公務員が行政庁に退職願を出すなど、**私人が公法関係について行う行為を私人の公法行為**いう。この私人の公法行為に関して争いが生じた場合、特に法令で規定されていない行為をどのように処理するのかが問題となることがある。

> **最判昭34.6.26**
>
> **判例（事案と判旨）** 公務員である教員Ｘは、一定の年齢以上の職員に対する勇退の求めに応じるため、退職願を提出したものの、その後になって退職願の撤回を申し出た。しかし、教育委員会からは免職の辞令が出たため、公務員の退職願の撤回が許されるか等について争われた事案。
> ☞**公務員の退職願の撤回**は、**免職辞令の交付があるまでは、原則として自由**であるが、**辞令交付前においても、これを撤回することが信義に反すると認められるような特段の事情がある場合**には、**撤回は許されない**。

最判昭47.5.19

判例（事案と判旨） Xが公衆浴場営業の許可申請をしたところ、Xの申請より数日前に、ZもまたXの申請場所の近くに公衆浴場営業の許可申請をしていたため、XとZは競願関係となった。先に申請をしていたZに対して許可処分がなされたが、Xがこの処分について争った事案。

☞**公衆浴場営業許可をめぐって競願関係が生じた場合に、各競願者の申請が、いずれも許可基準を満たすものであって、その限りでは条件が同一であるときは、行政庁は、その申請の前後により、先願者に許可を与えなければならない。**

☞**先願後願の関係は、所定の申請書がこれを受け付ける権限を有する行政庁に提出された時を基準とすべきであるから、申請の受付ないし受理というような行政庁の行為の前後によってこれを定めるべきではない。**

最判昭39.10.22

判例（事案と判旨） Xは、相続した所得額について所得税確定申告書を提出し、その所得税の一部を分納したが、その後、所得税の残部を納付しなかったため滞納処分を受けた。Xは所得税確定申告書の所得額の記載に錯誤があるとして、当該所得税確定申告は無効であると主張したところ、所得税確定申告書の記載内容について錯誤の主張は許されるかが争いとなった事案。

☞**確定申告書の記載内容の過誤の是正については、その錯誤が客観的に明白かつ重大であって、旧所得税法の定めた方法以外にその是正を許さないならば、納税義務者の利益を著しく害すると認められる特段の事情がある場合でなければ、法定の方法によらないで記載内容の錯誤を主張することは許されない。**

最大判昭32.7.20

判例（事案と判旨） アメリカ国籍と日本国籍を有する日本人であるXは、Xの父Zにより、Xの知らない間に、Z名義で、Xが日本の国籍を離脱する旨の届出がなされた。この届出が無効である場合に、その後になされた内務大臣（旧内務省の長官）による国籍回復許可の効力が争われた事案。

☞**国籍離脱の届出が本人の意思に基づかず、かつ、父親の名義をもってなされた場合においては、国籍離脱の届出は無効であり、かつ、その後、国籍離脱を前提としてなされた国籍回復に関する内務大臣の許可もまた無効である。**

無効な国籍離脱の届出を前提とした、内務大臣の国籍回復に関する許可は無効となるので、内務大臣は、取り消さなくても効力は生じないよ。

1 権限の委任とは、行政庁の権限の全部又は一部を、他の行政機関に委任して行使させるものである。

× 　権限の委任とは、行政機関がその権限の一部を他の行政機関に委任するものである。権限の全部を委任するものは含まれない。

2 法定代理によって権限を行使することになった代理機関は、被代理機関の代理として権限を行使することを明らかにする顕名が必要であると一般に解されている。

○ 　本問の記述のとおりである。

3 専決は、事実上の行使にすぎず、法律が定めた処分権限の変更ではないため、法律による明文の根拠が不要であると一般に解されている。

○ 　本問の記述のとおりである。専決は、事実上の行使にすぎない、という点を押さえておこう。

4 上級行政機関が、法律が定めた下級行政機関の権限を代執行（代替執行）する場合、法律が定めた処分権限を実質的には変更しないため、法律による明文の根拠が不要であると一般に解されている。

× 　上級行政機関が、法律が定めた下級行政機関の権限を代執行（代替執行）する場合、法律が定めた処分権限を実質的に変更することになり、下級行政機関の権限を上級行政機関が奪うことになるため、法律による明文の根拠が必要であると一般に解されている。

5 判例は、公務員の退職願は、撤回することが信義に反することにはならないから、その撤回は許されるとしている。

× 　判例は、公務員の退職願は、撤回することが信義に反すると認められるような特段の事情がある場合には、その撤回は許されないとしている（最判昭34.6.26）。

6 判例は、公衆浴場営業許可をめぐって競願関係が生じた場合に、各競願者の申請が、いずれも許可基準を満たすものであって、その限りでは条件が同一であるときは、行政庁は、その申請の前後により、先願者に許可を与えなければならないとしている。

○ 本問の記述のとおりである（最判昭47.5.19）。

7 判例は、公衆浴場営業許可をめぐって競願関係が生じた場合の先願後願の関係は、所定の申請書がこれを受け付ける権限を有する行政庁が申請の受付ないし受理をした時を基準とすべきとしている。

× 判例は、公衆浴場営業許可をめぐって競願関係が生じた場合の**先願後願の関係**は、所定の申請書がこれを受け付ける権限を有する**行政庁に提出された時**を基準とすべきであるとしている（最判昭47.5.19）。行政庁が申請の**受付ないし受理をした時**ではない。

8 判例は、国籍離脱の届出が本人の意思に基づかず、かつ、父親の名義をもってなされた場合においても、国籍離脱の届出は有効であるとしている。

× 判例は、国籍離脱の届出が**本人の意思に基づかず**、かつ、**父親の名義をもってなされた場合**においては、**国籍離脱の届出は無効**であるとしている（最大判昭32.7.20）。

9 判例は、国籍離脱の届出が本人の意思に基づかず、かつ、父親の名義をもってなされた場合において、国籍離脱の届出が無効であるとしたうえで、その後、その国籍離脱を前提としてなされた国籍回復に関する当時の内務大臣の許可は、取り消さなくてはならないとしている。

× 判例は、国籍離脱の届出が本人の意思に基づかず、かつ、父親の名義をもってなされた場合においては、**国籍離脱の届出は無効**であるとしており、**その後、その国籍離脱を前提としてなされた国籍回復に関する内務大臣の許可も無効**であるとしている（最大判昭32.7.20）。「取消し」ではない。

過去問にチャレンジ！

問題 1

国家一般職（2014 年度）

行政機関相互の関係に関する次の記述のうち、妥当なのはどれか。

1 行政機関がその権限の一部を他の行政機関に委譲（移譲）し、これをその行政機関の権限として行わせる権限の委任について、権限の委譲（移譲）を受けた受任機関は、委任機関の行為として、当該権限を行使するとするのが判例である。

2 行政法上の委任は、民法上における委任と異なり、委任によって権限が委任機関から受任機関へ委譲（移譲）されるものの、なお委任機関は当該権限を喪失せず、引き続き当該権限を行使することができると一般に解されている。

3 法定代理は、法律によってあらかじめ他の行政機関が本来の行政庁の権限を代行することが定められていることから、法定代理によって権限を行使することになった代理機関は、被代理機関の代理として権限を行使することを明らかにする必要はないと一般に解されている。

4 補助機関が、法律により権限を与えられた行政機関の名において権限を行使することをいう専決は、法律が定めた処分権限を変更することになるため、法律による明文の根拠が必要であると一般に解されている。

5 上級行政機関が法律が定めた下級行政機関の権限を代執行（代替執行）する場合、実質的に法律が定めた処分権限を変更することになるため、法律による明文の根拠が必要であると一般に解されている。

→解答・解説は別冊 P.005

問題 2

私人の公法行為についての最高裁判所の判例に関するA〜Dの記述のうち、妥当なものを選んだ組合せはどれか。

A 公務員の退職願は、それ自体で独立に法的意義を有する行為ではないから、免職辞令の交付があるまでは、これを撤回することは原則として自由であるが、撤回することが信義に反すると認められる特段の事情がある場合には許されない。

B 公衆浴場営業許可の申請が競願関係にある場合には、行政庁は、先願者の申請が許可の要件を満たすものである限り、これに許可を与えなければならないが、申請に関する先願後願の関係は、権限を有する行政庁が申請の受付ないし受理した時を基準として定めるべきである。

C 所得税確定申告書の記載内容の過誤の是正については、記載内容の錯誤が客観的に明白かつ重大であり、所得税法による方法以外にその是正を許さないならば、納税義務者の利益を著しく害すると認められる特段の事情がある場合でなければ、所得税法の方法によらないで記載内容の錯誤を主張することは許されない。

D 国籍離脱の届出が本人の意思に基づかず、かつ、父親の名義をもってなされた場合においては、その届出は無効であるから、その後、国籍離脱を前提として行われた国籍回復に関する許可は取り消されなければならない。

1. A、B
2. A、C
3. A、D
4. B、C
5. B、D

➡解答・解説は別冊 P.006

問題3

国家Ⅱ種（2003年度）

行政機関相互の関係に関する次の記述のうち、妥当なのはどれか。

1　上級行政機関が下級行政機関の権限行使について発する訓令について、その違法性が明白である場合には、法治主義の要請から、下級行政機関はこれを不服として機関として行政訴訟で争うことができる。

2　各省、各委員会及び各庁の間において政策調整が必要となる場合に、各省大臣等はその必要性を明らかにした上で関係行政機関の長に対して必要な資料の提出及び説明を求めることができるほか、当該関係行政機関の政策に関して意見を述べることができるとする制度が国家行政組織法上定められている。

3　ある事務が複数の行政機関のどちらの所掌事務であるのかにつき、当該複数の行政機関の間で疑義が起こることがあり得るが、こうした場合の調整を図るため、国家行政組織法は主任の大臣の間における権限についての疑義に関する機関訴訟を認め、司法的解決を可能としている。

4　権限の委任とは、行政機関がその権限の一部を他の行政機関に委譲し、これを当該他の行政機関の権限として行わせることをいうが、受任機関が委任機関の下級機関である場合には、行政上級機関の下級行政機関に対する指揮監督関係が存在し、下級行政機関の権限行使の責任は委任機関が負うこととなるから、受任機関が行った行政行為に対し抗告訴訟を提起する場合は委任機関を被告としなければならない。

5　機関の代理とは、行政機関の権限の全部又は一部を他の行政機関が代わって行うことをいうが、権限行使機関の変更を伴うため権限を授権した法律の趣旨に反することから、権限の代理は必要やむを得ない場合に限られるべきであり、かつ、権限の代理が認められるためには必ず法律の根拠が必要であるとする点で学説は一致している。

➡解答・解説は別冊P.007

CHAPTER

行政作用法（前編）

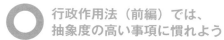

○ 行政作用法（前編）では、抽象度の高い事項に慣れよう

　CHAPTER2・行政作用法（前編）では、様々な行政関係の法律に関する共通事項（行政立法・行政行為）を中心に学んでいきます。日本には多くの法律があり、その多くが行政に関するものですから、これら行政関係の法律に共通するロジックや仕組みを押さえていきます。

　この分野では抽象度の高い事項が多いので、最初のうちはイメージが持てず、特に難しく感じるはずです。そのため、まずは最後までこの分野を通読することを第一目標とし、わからない箇所があっても気にせず最後まで目を通しましょう。

　その上で早めに過去問に触れ、どのような形式・内容で出題されているかを体感してください。

　本書を読んで実際に問題を解くことで、徐々にイメージが湧いてくれば大丈夫です。

○ 行政行為は、漆塗りのように周回して押さえよう

　行政行為は、行政庁が法令に基づいて、公権力の行使として国民の権利義務を規律する行為であり、行政活動の中で最も基本的な行為形式です。

　しかし、最も基本的な行為形式とはいっても、行政行為は、行政庁が国民に対して一方的に行う独自の行為形式であるため、そのロジックや仕組みが行政法において議論・研究されてきました。

　そのため、行政行為については内容が多岐にわたる上に出題範囲も広く、この行政行為をある程度習得できるかどうかで勝負が分かれる面もあります。

　ここでは、「困難は分割せよ」という言葉があるように、取り組みやすい箇所から学習したり、毎日少しずつ触れたりすることで、少しずつわかる範囲を増やしていきましょう。

　行政行為については、漆塗りのように、ちょっとずつ完成度を上げていくのが攻略のコツです。

国家一般職

出題頻度はそれほど高くなく、行政行為の効力に関する事項がやや問われやすい。行政行為の効力に加え、附款と裁量を中心に学習するのがおすすめ。

国家専門職

国家一般職よりも出題頻度が高く、行政行為の瑕疵に関する事項がやや問われやすい。瑕疵以外の事項も広く問われるので、網羅的な学習を心がけよう。

地方上級

出題頻度の低い分野である。行政裁量がわずかに問われやすいので、行政裁量に関する重要判例をチェックしておくと良い。また、行政立法もやや問われやすいので、行政立法に関する専門用語を確認しておこう。

特別区Ⅰ類

他の試験種に比べて、この分野からの出題頻度がかなり高い。全範囲から満遍なく出題されるので、時間をかけて網羅的に学習していこう。

市役所

出題頻度はかなり低く、合否にはあまり影響しない分野である。行政行為の瑕疵・取消しと撤回に関する事項が問われたことがあるので、この2分野は準備しておこう。

1 行政立法

STEP **1** 要点を覚えよう！

POINT **1** 行政立法

　行政立法とは、行政機関が定立する一般的・抽象的な法規範のことである。行政立法は、法規命令と行政規則に分類でき、法規命令は、さらに委任命令と執行命令に分類できる。

◆行政立法の分類

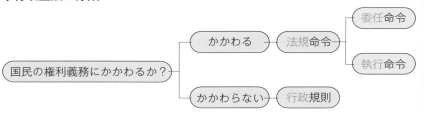

POINT **2** 法規命令

　法規命令とは、**行政機関が制定する法規範**のうち、**国民一般の権利や義務に影響を与える**ものである。

　各委員会及び各庁の長官は、法律の定めるところにより、政令及び省令以外の規則その他の特別の命令を自ら発することができると規定されており（国家行政組織法13条1項）、これが法規命令の根拠規定である。

◆法規命令の種類

種類	制定権者
政令	内閣
内閣府令	内閣総理大臣
省令	各省の大臣
規則	各庁長官・委員会、会計検査院、人事院、地方公共団体の長など

POINT **3** 委任命令

　法規命令のうち**委任命令は、法律の委任**に基づき、**国民の権利や義務を創設する命令**である。委任命令を制定する行政機関は、**法律の委任**の趣旨に従って、命令を制定することになる。委任命令に関しては、いくつかの重要判例がある。

最大判昭27.12.24

判例（事案と判旨） 具体的な委任がなくても政令において、罰則を設けることができるかが争われた事案。

☞憲法73条6号によれば、法律の規定を実施するために政令を制定する内閣の権限を認めるとともに、**特にその法律の委任がある場合を除いては、政令において罰則を設けることが**できないと定めている。別の言葉でいえば、実施されるべき基本の**法律において特に具体的な委任がない限り、その実施のための政令で罰則を設けることは**できない。

最判平2.2.1

判例（事案と判旨） Xは、外国製のサーベルを美術品として所持するため、当時の銃砲刀剣類所持等取締法に基づいて登録申請をしたところ、銃砲刀剣類登録規則では登録の対象となる刀剣類は日本刀に限られていたため、登録申請が拒否された。そこで、Xは、同規則が登録の対象を日本刀に限定していることは、同法の委任の趣旨を逸脱するとして争った事案。

☞委任の趣旨をどのように具体化するかについては、法の委任の趣旨を逸脱しない範囲内において、**当該行政機関に専門技術的な観点からの一定の裁量権**が認められる。

☞当時の銃砲刀剣類登録規則が、当時の銃砲刀剣類所持等取締法の登録の対象となる刀剣類の鑑定基準として、美術品として文化財的価値を有する日本刀に限る旨を定めていることは、**委任の趣旨を逸脱するもの**ではない。

最判平27.12.14

判例（事案と判旨） 旧共済組合から支給される退職一時金に加算して返還すべき利子の利率の定めを政令に委任する、当時の国家公務員共済組合法附則12条の12第4項及び同条の経過措置を定める厚生年金保険法等の一部を改正する法律附則30条1項（本件委任規定）は、政令に白地*で包括的な委任をするものであり、憲法41条及び73条6号に違反するのではないかが争われた事案。

☞**本件委任規定は、白地で包括的に政令に委任するものということは**でき**ず、憲法41条及び73条6号に違反するもの**ではない。

➡この判例からすれば、**包括的な委任は、憲法41条及び73条6号に違反する**ことになり、委任命令の制定についての法律の委任は、法律の法規創造力を失わせるような**白紙*委任が**禁じ**られる**とともに、**一般的・抽象的で包括的な委任も**認め**られない**といえる。

---

* 白地（委任）と白紙（委任）…ともに他の人や機関に物事を依頼するとき、条件をつけないですべてを任せること。

POINT 4 執行命令

法規命令のうち**執行命令**は、法律等の**上位の法令の実施に必要となる、具体的で細目的な事項を定める命令**である。

内閣は、この憲法及び法律の規定を実施するために、政令を制定することができると規定されており（憲法73条6号本文）、また、各省大臣は、主任の行政事務について、法律若しくは政令を施行するため、それぞれその機関の命令として省令を発することができると規定されている（国家行政組織法12条1項）。

これらの規定から、**行政機関は、特別な法律の根拠なくして、執行命令を定めることができる。**

POINT 5 独立命令

大日本帝国憲法（明治憲法）9条においては、**天皇が法律から独立して発することができる独立命令**が規定されていたため、天皇は議会とかかわりなく規範を定立することができた。

しかし、**現行憲法**においては、国会が「国の唯一の立法機関」（憲法41条）と規定されているため、**国会と無関係に行政機関が法規命令を制定することはできない。**

> 要するに、昔は国会から離れて、天皇が独立命令という規範を制定できたけれど、この独立命令は、現在では認められないという話だよ。

POINT 6 行政規則

行政規則とは、行政機関が制定する法規範のうち、国民の権利や義務に影響を与えないものである。その例としては、通達、告示等がある。

通達は、行政機関が所掌事務について、所管の機関や職員に文書で通知するものであり、告示は、行政機関の意思決定や一定の事項を国民に周知させる（知らせる）ための形式の一つのことである。これらに関する重要判例を確認しよう。

最判昭33.3.28

判例（事案と判旨） 旧物品税法上では課税対象の「遊戯具」に含まれていなかった**パチンコ球遊器**について、**通達によって「遊戯具」に含まれる**との解釈が示されたことにより課税処分がなされた。そこで、本件課税処分は、租税法律主義（憲法84条）に反するのかが争われた事案。

☞判例は、**課税がたまたま通達を機縁（きっかけ）として行われたものであっても、通達の内容が法の正しい解釈に合致**するものである以上、課税処分は法の根拠に基づく処分であり、**租税法律主義に反しない。**

租税法律主義とは、租税の賦課・徴収は必ず法律の根拠に基づいて行われなければならないとする考え方だよ。この判例の事例では「法律」ではなく、「通達」をきっかけに課税されたことが問題となったんだ。

　下記の「告示」に関する重要判例の事案では、**「告示」が「行政処分」にあたる**のかが問題となった。**「行政処分」とは**、行政庁の行為のうち、その行為によって**直接国民の権利義務を形成し又はその範囲を確定することが法律上認められているもの**である（最判昭39.10.29）。

　もし「告示」が「行政処分」にあたる場合があるとすれば、「行政規則」は国民の権利義務に影響を与えないものであるが、**国民の権利義務に影響を及ぼす「告示」（行政規則）もある**ことを意味する。以上を前提に確認しよう。

最判平14.1.17

判例（事案と判旨） Xの所有する敷地に接する通路を含む区域について、2項道路*の一括指定（区域に対してなされるため自己の敷地がこれに該当するかは明確ではない）がなされた。Xは、自己の敷地における建築確認申請にあたり、事前に当該敷地に接する通路部分が2項道路に該当するか確認したところ、2項道路に該当するとされた。そこで、Xは所有する敷地が2項道路に該当するかを争い、**2項道路の一括指定に関する告示が、抗告訴訟の対象となるのか**等が争われた事案。

☞建築基準法上のいわゆる**2項道路の一括指定に関する告示**について、本件告示によって2項道路の指定の効果が生じる以上、その敷地所有者は、当該道路につき道路内の建築等が制限される等の具体的な私権の制限を受けるのであるから、個別の土地について本件告示の本来的な効果として、具体的な私権制限を発生させ、**個人の権利義務に対して直接影響を与えるもの**であるから、**抗告訴訟の対象となる行政処分にあたる。**

➡つまり、告示であっても、**個人の権利義務に対して直接影響を与える行政処分であり、法規としての性質を有すること**があるということである。

上の判例で出てくる「抗告訴訟」については152ページで触れるけれど、行政庁による公権力行使に対して、不服を申し立てる訴訟のことだよ。

---

* **2項道路**…接道義務（建築物の敷地は、建築基準法で規定された道幅の道路に接しなければならない義務）を満たさない場合、将来の建替え時に、同法で規定する道幅を確保しなければならない道路のこと。

1 行政立法は、法規命令と行政規則に分類でき、行政規則は、さらに委任命令と執行命令に分類できる。

×　行政立法が、法規命令と行政規則に分類できる点は**正**しいが、**委任命令と執行命令は「法規命令」**の中の分類である。

2 法規命令とは、行政機関が制定する法規範のうち、国民の権利や義務に影響を与えるものである。

○　本問の記述のとおりである。

3 法規命令のうち委任命令は、法律等の上位の法令の実施に必要な具体的で細目的な事項を定める命令である。

×　本問の内容は、法規命令のうち**執行命令**に関する記述である。

4 判例は、特に具体的な委任がなかったとしても、法律の規定を実施するための政令で罰則を設けることができるとしている。

×　判例は、特に**具体的な委任がない限り**、その法律の実施のための**政令において、罰則を設けることはできない**としている（最大判昭27.12.24）。

5 法規命令のうち執行命令は、法律の委任に基づき、国民の権利や義務を創設する命令である。

×　本問の内容は、法規命令のうち**委任**命令に関する記述である。

6 天皇が法律から独立して発することができる独立命令は、現行憲法においても発することができると解されている。

×　天皇が法律から独立して発することができる**独立命令は**、現行憲法においては、国会が「国の唯一の立法機関」（憲法41条）と規定されているため、**制定することができない**。

7 判例は、委任命令に関する法律の委任について、委任の趣旨をどのように具体化するかについては、法の委任の趣旨を逸脱しない範囲内において、当該行政機関に専門技術的な観点からの一定の裁量権が認められるとしている。

○ **本問の記述のとおりである**（最判平2.2.1）。

---

8 行政機関は、特別な法律の根拠なくして、執行命令を定めることができない。

× 憲法73条6号本文や国家行政組織法12条1項の規定から、**行政機関は、特別な法律の根拠なくして、執行命令を定めることができる。**

---

9 判例は、通達の内容が法の正しい解釈に合致するものであっても、課税処分は法の根拠に基づく処分とはいえず、租税法律主義に反するとしている。

× 判例は、**課税がたまたま通達を機縁として行われたものであっても、通達の内容が法の正しい解釈に合致するものである以上、課税処分は法の根拠に基づく処分であり、租税法律主義に反しない**としている（最判昭33.3.28）。

---

10 告示は、個人の権利義務に対して直接影響を与えない行政規則に分類される以上、法規としての性質を有することがない。

× 判例は、建築基準法上のいわゆる2項道路の一括指定に関する告示について、抗告訴訟の対象となる行政処分にあたるとした（最判平14.1.17）。これは**告示であったとしても、個人の権利義務に対して直接影響を与える行政処分であり、法規としての性質を有することがある**ことを意味する。

問題 1　　　　　　　　　　　　　　　　　　　　　国家専門職（2016年度）

行政立法に関するア〜オの記述のうち、妥当なもののみを全て挙げているものはどれか。

ア 明治憲法においては、議会と関わりなく天皇が自ら規範を定立することができたが、現行憲法においては、国会が「国の唯一の立法機関」とされているため、国会と無関係に行政機関が法規命令を制定することはできない。

イ 法律を執行するために定められる執行命令については、その執行の手続の適正を担保するため、たとえ権利・義務の内容を新たに定立するものではなくとも、具体的な法律の根拠が必要であると一般に解されている。

ウ 委任命令を制定する行政機関は、委任の趣旨に従って命令を制定することになるところ、委任の趣旨をどのように具体化するかについては、法の委任の趣旨を逸脱しない範囲内において、当該行政機関に専門技術的な観点からの一定の裁量権が認められるとするのが判例である。

エ 告示は、行政機関の意思決定や一定の事項を国民に周知させるための形式の一つであり、法規としての性質を有するものはないとするのが判例である。

オ 通達を機縁として課税処分が行われたとしても、通達の内容が法の正しい解釈に合致するものである以上、当該課税処分は、法の根拠に基づく処分と解され、租税法律主義に反しないとするのが判例である。

1. ア、イ
2. イ、ウ
3. エ、オ
4. ア、ウ、オ
5. ア、エ、オ

→解答・解説は別冊P.008

問題 2

行政法学上の法規命令に関する記述として、通説に照らして、妥当なのはどれか。

1 法規命令は、国民の権利義務に関係する一般的な法規範であり、内閣の制定する政令や各省大臣の発する省令はこれに当たるが、各省の外局に置かれる各行政委員会の制定する規則は当たらない。

2 法規命令のうち委任命令の制定についての法律の委任は、法律の法規創造力を失わせるような白紙委任が禁じられるが、一般的で包括的な委任は認められる。

3 法規命令のうち委任命令は、法律の委任に基づいて法律事項を定めた命令であり、法律による個別的で具体的な委任がある場合には、委任命令に罰則を設けることができる。

4 法規命令のうち委任命令は、法律等の上位の法令の実施に必要な具体的で細目的な事項を定める命令であり、国民の権利や義務を創設する命令ではない。

5 法規命令のうち執行命令は、新たに国民の権利や義務を創設する命令であり、法律の個別的で具体的な事項ごとに授権がなければならない。

➡解答・解説は別冊P.009

行政行為①（総論）

STEP 1 要点を覚えよう！

POINT 1 行政行為

行政行為とは、行政庁が、法令に基づき、公権力の行使として、国民の権利義務を規律することをいう。課税処分や飲食業などの営業許可・取消しなどがその例である。行政行為は一般的に、下図のように分類される。

◆行政行為の分類

上の図の「**法律行為的行政行為**」とは、**行政庁の意思表示に基づいて効力が生じる行政行為**であり、この法律行為的行政行為には、私人の行為を事実上規制することを意図した**命令的行為**（下命・禁止・許可・免除）と、私人の権利義務を形成、消滅、変更させることを意図した**形成的行為**（特許・認可）がある。

また、「準法律行為的行政行為」とは、**意思表示を要素とせずに、一定の法律効果を付与する行政行為**であり、確認・公証・通知・受理がこれにあたる。

行政行為には様々なものがあって、それぞれの内容や具体例が正しいかどうかが出題されるよ。それぞれの内容を確認していこう。

POINT 2 下命

下命とは、**国民に対し作為**＊**義務を課す行為**であり、法律行為的行政行為のうち、国民に対して命ずる**命令的行為**の一つである。

具体例としては、**違反建築物の除却命令、租税の納付命令**等がある。

POINT 3 禁止

禁止とは、国民に一定の**不作為**を命じる行為であり、法律行為的行政行為のうち、国民に対して命ずる**命令的行為**の一つである。

具体例としては、営業停止命令、違反建築物の使用禁止命令等がある。

POINT 4 許可

許可とは、**行政法令による**一般的禁止**を特定の場合に**解除**する行為であり、法律行為的行政行為のうち、国民に対して命ずる**命令的行為**の一つである。

具体例としては、飲食店等の**営業許可、運転免許、医師免許**等がある。

なお、**許可を要する法律行為が無許可で行われた場合**、この行為は、禁止違反として強制執行や処罰の対象になるため、**当然に無効とは**ならない。

この場合、許可を受けた者が何らかの利益を得るとしても、それは許可による直接的な利益ではなく、反射的利益にとどまる。

> 許可は、禁止されていたものを解除する行為なので、許可によって、相手方に権利が「発生」するものではないよ。何らかの利益を得たとしても、それは反射的利益（結果として利益を得ただけ）と考えよう。

POINT 5 免除

免除とは、法令又は行政行為によって**課されている作為・給付・受忍**義務を解除する行為であり、法律行為的行政行為のうち、国民に対して命ずる**命令的行為**の一つである。

具体例としては、児童の就学義務の免除、納税義務の免除等がある。

POINT 6 特許

特許とは、**本来**有していない権利や地位**等の法律関係を設定し、**特定の者に与える行為**であり、法律行為的行政行為のうち、**形成的行為**の一つである。

具体例としては、電気事業やガス事業の許可、公有水面埋立の免許（→「免許」とあるが「特許」の一つなので注意しよう）等がある。なお、特許は行政庁の自由裁量が認められるため、特許を拒むことも許される。

＊　**作為（さくい）**…自分の意思で行うことを意味するが、何かを行うことと考えればよい。逆に不作為は、何も行わないことである。

POINT 7 認可

認可とは、第三者の行為を補充して、その法律上の効力を完成させる行為であり、法律行為的行政行為のうち、**形成的行為**の一つである。

具体例としては、農地の権利移転の許可、河川占用権の譲渡の承認、土地改良区の設立認可、公共料金の値上げの許可等がある。

試験では、この認可がよく出題されるよ。「認可＝法律上の効力を完成させる」行為という点を特に意識しておこう。

そして、**認可は、法律上の効力を完成させるものであるから、認可の対象は、法律行為に限られる。**法律行為であれば、私法上の法律行為だけではなく、**公法上の法律行為も認可の対象と**なる。

なお、認可を要する行為を**認可なく行った場合**は、認可を要する行為を認可なく行うことがそもそも禁止されていないため、**強制執行・行政罰はなされない。**

とはいえ、**認可は、第三者の行為の法律上の効力を完成させるもの**であるから、認可を要する**法律行為に認可がなされない限り、法律上の効力を生じない。**

ここまでが行政行為のうち「法律行為的行政行為」の内容だよ。具体例で判断できることも多いから、具体例をまとめておくね。

ここで動きめる！ 「法律行為的行政行為」の種類と具体例

・**命令的行為**
①下命…違反建築物の除却命令、租税の納付命令等
②禁止…営業停止命令、違反建築物の使用禁止命令等
③許可…飲食店等の営業許可、運転免許、医師免許等
④免除…児童の就学義務の免除、納税義務の免除等
・**形成的行為**
①特許…電気事業やガス事業の許可、公有水面埋立の免許等
②認可…農地の権利移転の許可、河川占用権の譲渡の承認、
土地改良区の設立認可、公共料金の値上げの許可等

POINT 8 確認

確認とは、特定の事実又は法律関係の存否について、**公の権威をもって判断す**る行為（存否を認定し、対外的に表示する）で、**法律上、法律関係を確定する効**果が認められるものである。**準法律行為的行政行為**の一つである。

具体例としては、当選人の決定、市町村の境界の裁定、建築確認等がある。

なお、**確認は、法令の規定により決められた効果が生じるため、行政庁に裁量判断を認める余地はない**。

POINT 9 公証

公証とは、**特定の事実又は法律関係の存在を公に証明する行為**であり、**準法律行為的行政行為**の一つである。

具体的には、証明書の交付、運転免許証の交付、戸籍への記載、建築士の登録等がある。

なお、**公証は、法令の規定により決められた効果が生じるため、行政庁に裁量判断を認める余地はない**。

POINT 10 通知

通知とは、**ある事項を特定又は不特定多数の者に知らせる行為**であり、**準法律行為的行政行為**の一つである。具体例としては、租税納付の督促等がある。

POINT 11 受理

受理とは、**私人の申請、届出、審査請求、請願などを行政庁が有効なものとして受け取る行為**であり、**準法律行為的行政行為**の一つである。具体例としては、離婚届の受理等がある。

> **ここで動き必める!** 「準法律行為的行政行為」の種類と具体例
>
> ①確認…当選人の決定、市町村の境界の裁定、建築確認等
> ②公証…証明書の交付、運転免許証の交付、戸籍への記載、建築士の登録等
> ③通知…租税納付の督促等
> ④受理…離婚届の受理等

◆行政行為の分類のまとめ確認

行政行為	分類
下命	法律行為的行政行為（命令的行為）
禁止	法律行為的行政行為（命令的行為）
許可	法律行為的行政行為（命令的行為）
免除	法律行為的行政行為（命令的行為）
特許	法律行為的行政行為（形成的行為）
認可	法律行為的行政行為（形成的行為）
確認	準法律行為的行政行為
公証	準法律行為的行政行為
通知	準法律行為的行政行為
受理	準法律行為的行政行為

1 行政行為は、一般的に法律行為的行政行為と準法律行為的行政行為に分けられ、さらに法律行為的行政行為は、命令的行為と形成的行為に分けることができる。

○　本問の記述のとおりである。

2 行政行為のうち命令的行為には、下命、禁止、許可、確認が含まれる。

×　行政行為のうち**命令的行為には**、**下命、禁止、許可、免除が含まれる。確認は準法律行為的行政行為**である。

3 行政行為のうち形成的行為には、特許、認可が含まれる。

○　本問の記述のとおりである。

4 行政行為のうち準法律行為的行政行為には、確認、公証、許可、通知が含まれる。

×　行政行為のうち**準法律行為的行政行為には**、**確認、公証、通知、受理が含まれる。許可は法律行為的行政行為の一つの命令的行為**に分類される。

5 下命とは、行政法令による一般的禁止を特定の場合に解除する行為である。具体例としては、違反建築物の除却命令等がある。

×　**下命とは**、国民に対し**作為義務を課す行為**である。具体例としては、**違反建築物の除却命令、租税の納付命令**等がある。

6 許可とは、国民に対し作為義務を課す行為である。具体例としては、医師免許等がある。

×　**許可とは**、行政法令による**一般的禁止を特定の場合に解除する行為**である。具体例としては、**飲食店等の営業許可、運転免許、医師免許**等がある。

7 特許とは、本来有していない権利や地位等の法律関係を設定し特定の者に与える行為である。具体例としては、農地の権利移転の許可等がある。

× **特許**とは、**本来有していない権利や地位等の法律関係を設定し、特定の者に与える行為である**。具体例としては、**電気事業やガス事業の許可、公有水面埋立の免許**等がある。農地の権利移転の許可は、**認可**である。

8 認可は、第三者の行為を補充してその法律上の効力を完成させる行為である。具体例としては、電気事業やガス事業の許可等がある。

× **認可**は、第三者の行為を補充してその**法律上の効力を完成させる行為である**。具体例としては、**農地の権利移転の許可、河川占用権の譲渡の承認、土地改良区の設立認可、公共料金の値上げの許可**等がある。電気事業等の許可は、**特許**である。

9 確認とは、特定の事実又は法律関係の存否を公に証明する行為である。具体例としては、当選人の決定等がある。

× **確認**とは、**特定の事実又は法律関係の存否について公の権威をもって判断する行為**であり、法律上、**法律関係を確定する効果**が認められるものである。具体例としては、**当選人の決定、市町村の境界の裁定、建築確認**等がある。公に証明するのは、**公証**である。

10 公証とは、特定の事実又は法律関係の存在を公に証明する行為である。具体的には、市町村の境界の裁定等がある。

× **公証**とは、**特定の事実又は法律関係の存在を公に証明する行為である**。具体的には、**証明書の交付、運転免許証の交付、戸籍への記載、建築士の登録**等がある。市町村の境界の裁定は、**確認**である。

問題 1

特別区Ⅰ類（2005年度）

行政法学上の許可又は認可に関する記述として、通説に照らして、妥当なのはどれか。

1 許可は、行政法令による一般的禁止を特定の場合に解除する行為であり、その例としては、電気事業やガス事業の許可、公有水面埋立の免許がある。

2 許可の法的効果は、相手方における一定の権利又は権利能力の発生であり、許可によって得られる利益は、反射的利益ではなく、法的に保護される。

3 認可は、第三者の行為を補充してその法律上の効力を完成させる行為であり、その例としては、農地の権利移転の許可、河川占用権の譲渡の承認がある。

4 認可の対象となる行為は、私法上の法律行為に限られ、それ自体が公法上の法律行為は認可の対象とはならない。

5 認可を要する行為を認可なく行った場合は、違法となり、法令の定めるところにより行政上の強制執行が行われ、又、行政罰が科される。

➡解答・解説は別冊 P.010

問題 2

行政法学上の行政行為の分類に関する記述として、通説に照らして、妥当なのはどれか。

1 公証とは、特定の事実又は法律関係の存在を公に証明する行為をいい、納税の督促や代執行の戒告がこれにあたる。

2 特許とは、第三者の行為を補充して、その法律上の効果を完成させる行為をいい、農地の権利移転の許可や河川占用権の譲渡の承認がこれにあたる。

3 認可とは、すでに法令によって課されている一般的禁止を特定の場合に解除する行為で、本来各人の有している自由を回復させるものをいい、自動車運転の免許や医師の免許がこれにあたる。

4 確認とは、特定の事実又は法律関係の存否について公の権威をもって判断する行為で、法律上、法律関係を確定する効果の認められるものをいい、当選人の決定や市町村の境界の裁定がこれにあたる。

5 許可とは、人が生まれながらには有していない新たな権利その他法律上の力ないし地位を特定人に付与する行為をいい、鉱業権設定の許可や公有水面埋立の免許がこれにあたる。

➡解答・解説は別冊 P.011

問題3

特別区Ⅰ類（2008年度）

行政法学上の行政行為の分類に関する記述として、通説に照らして、妥当なのはどれか。

1 許可とは、国民が元来持っていない特定の権利や包括的な法律関係を設定する行為で、例として道路の占用許可や公有水面埋立ての免許があり、許可を要する法律行為が無許可で行われた場合は当然に無効である。

2 認可とは、第三者の行った法律行為を補充して、その法律上の効果を完成させる行為で、例として農地の権利移転の許可や公共料金の認可があり、認可を要する法律行為に認可がなされない限り当該行為は効力を生じない。

3 特許とは、法令による一般的禁止を特定の場合に解除する行為で、例として自動車運転免許や医師免許があり、行政庁が自由裁量により特許を拒むことは原則として許されない。

4 確認とは、特定の事実又は法律関係の存在を公に証明する行為であり、例として証明書の交付や選挙人名簿への登録があり、法令の規定により決められた効果が生じるため、行政庁に裁量判断を認める余地はない。

5 下命とは、一定の不作為を命じる行為又は作為義務を特定の場合に解除する行為で、例として営業停止や納税免除があり、行政庁が特定の権利、能力を賦与又ははく奪する形成的行為である。

➡解答・解説は別冊 P.012

問題4

行政行為の分類に関するア～オの記述のうち、妥当なもののみを全て挙げているのはどれか。

ア 特許とは、命令的行為の一つであり、法令等によって一般的に禁止されている行為を解除する行為のことである。例としては、酒類の製造免許が挙げられる。特許は、本来自由であるはずの行為が法令により規制されているのであるから、行政庁が裁量により特許を付与しないことは原則として許されない。

イ 認可とは、形成的行為の一つであり、私人相互間の法律行為の効果を完成させる行為である。例としては、農地の権利移転の許可が挙げられる。認可を要件としているにもかかわらず、認可を得ないで行われた契約等は、原則としてその効力を生じない。

ウ 許可とは、形成的行為の一つであり、国民が一般的には取得し得ない特別の能力又は権利を設定する行為である。例としては、河川や道路の占用許可が挙げられる。その法的効果は行政庁の意思に左右されるため、行政庁の広い裁量が認められ、附款を付すことができる。

エ 確認とは、準法律行為的行政行為の一つであり、特定の事実や法律関係の存否を認定し、これを対外的に表示する行為で、法律上一定の法的効果の発生と結び付けられているものをいう。例としては、建築確認が挙げられる。

オ 公証とは、準法律行為的行政行為の一つであり、特定の事実や法律関係の存在を公に証明する行為で、行政庁の効果意思によって法的効果が発生するものをいう。例としては、当選人の決定が挙げられる。

1. ア、ウ
2. ア、オ
3. イ、ウ
4. イ、エ
5. エ、オ

➡解答・解説は別冊 P.013

SECTION

3 行政行為②（効力）

STEP 1 要点を覚えよう！

POINT 1 行政行為の効力（総論）

行政行為には、①**公定力**、②**拘束力**、③**規律力**、④**不可争力**、⑤**不可変更力**、⑥**自力執行力**が認められる。以下、それぞれの効力を確認していく。

POINT 2 行政行為の公定力

行政行為の**公定力とは、行政処分がたとえ違法であったとしても、その違法が重大かつ明白**であり、当該処分を当然無効と認めるべき場合を**除いて**は、適法に**取り消されない限り、完全にその効力を有する**というものである（最判昭30.12.26）。

この公定力の根拠としては、**行政行為の法的効果は、取消訴訟以外では争うことができないこと**（取消訴訟の排他的管轄）とされている。

行政行為は、その違法が重大かつ明白で、当然に無効だよね…というレベルのものでなければ、ちゃんと取り消されない限り、有効のまま残るという効力が「公定力」だよ。

そして、**この公定力の効果は、行政庁、国民、裁判所の全てに対して及ぶ**。ただし、下記の国家賠償請求との関係には注意すること。

POINT 3 公定力と国家賠償請求との関係

行政行為は訴訟で取り消されない限り有効であるとすれば、行政行為が違法であるとして**国家賠償請求を行おうとする場合、国家賠償請求の前提として、当該行政行為を訴訟で取り消さなければならないのか**が問題となる。

最判平22.6.3

判例（事案と判旨） 国家賠償請求訴訟を提起するには、あらかじめ取消訴訟等の行政処分を取り消す手続が必要となるのか等が争われた事案。

☞**行政処分が違法であることを理由として国家賠償請求**をするについては、**あらかじめ当該行政処分について取消し又は無効確認の判決を得なければならないものではない**（最判昭36.4.21も同様の判断をしている）。

☞このことは、当該行政処分が金銭を納付させることを直接の目的としており、その違法を理由とする国家賠償請求を認容したとすれば、結果的に当該行

重要度	国家一般職：★★☆	地方上級：★★☆	特別区Ⅰ類：★★☆
	国家専門職：★☆☆	市役所：★★★	

CHAPTER

2

行政作用法（前編）

3

行政行為②（効力）

政処分を取り消した場合と同様の経済的効果が得られるという場合であっても異ならない。

☞ただし、行政処分が違法であることを理由とする**取消訴訟**と、違法な行政処分により損害を受けたことを理由とする**国家賠償訴訟**とでは、**制度の趣旨・目的を異にしており、公定力は国家賠償請求訴訟には及ばない**（金築誠志裁判官の補足意見）。

> 国家賠償請求訴訟と取消訴訟は別のものということだよ。これは国家賠償請求訴訟で行政行為が違法と認められたとしても、ちゃんと取り消されない限り、有効のまま残ることを意味するんだ。

POINT 4 　行政行為の拘束力

行政行為の**拘束力とは、行政行為に違法・不当があるとしても、取り消さない限り**行政庁はその内容に**拘束され、また、国民は不服があるとしても、取り消されるまで**はその内容に**拘束される**という効力である。

POINT 5 　行政行為の規律力

行政行為の**規律力とは、行政機関が、国民の同意なく、直接国民の権利義務を一方的に形成する**効力のことである。

POINT 6 　行政行為の不可争力

行政行為の**不可争力（形式的確定力）とは、裁決・決定について一定期間が経過すると、国民側から争うことができなくなる**効力のことである。なお、裁決とは、審査請求・再審査請求に対する行政庁の判断のことで、決定とは、異議申立てに対する行政庁の判断のことである。

POINT 7 　行政行為の不可変更力

行政行為の**不可変更力とは、裁決・決定は**、行政機関による実質的な裁判として争訟裁判的な性質を有する行政処分であることから、他の一般行政処分とは異なり、**特別の規定がない限り、裁決・決定をした行政庁**自らにおいて**取り消すことはできない**とする効力である（最判昭29.1.21）。

POINT 8 　行政行為の自力執行力

行政行為の**自力執行力とは、行政行為によって命ぜられた義務を国民が履行しない場合に、行政庁が裁判の判決を得ずに義務者に対して強制執行を行い、義務内容を強制的に実現する**効力のことである。

行政活動は、法律に基づき行われるべきとする**法律による行政の原理**の下で、個人の権利を制約し又は義務を課す侵害行政については、法律の根拠が必要であるとされていることから、**自力執行力には、法律の根拠が**必要である。

1 行政行為の公定力とは、行政庁は、行政行為に違法・不当があるとしても、取り消さない限りはその内容に拘束され、また、国民は不服があるとしても、取り消されるまではその内容に拘束されるというものである。

× 行政行為の公定力とは、行政処分が違法であったとしても、その違法が重大かつ明白であり、当該処分を当然無効と認めるべき場合を除いては、適法に取り消されない限り、完全にその効力を有するというものである（最判昭30.12.26）。本問の内容は、行政行為の拘束力についてである。

2 判例は、行政処分が違法であることを理由として国家賠償請求をするについては、あらかじめ当該行政処分について取消し又は無効確認の判決を得なければならないとしている。

× 判例は、行政処分が違法であることを理由として国家賠償請求をするについては、あらかじめ当該行政処分について取消し又は無効確認の判決を得なければならないものではないとしている（最判昭36.4.21、最判平22.6.3）。

3 行政行為の規律力とは、裁決・決定について一定期間が経過すると国民側は争うことができなくなることである。

× 行政行為の規律力とは、行政機関が、国民の同意なく、直接国民の権利義務を一方的に形成する効力を意味する。本問の内容は、行政行為の不可争力（形式的確定力）についてである。

4 行政行為の自力執行力とは、行政行為によって命ぜられた義務を国民が履行しない場合に、行政庁が裁判判決を得ずに義務者に対し強制執行を行い、義務内容を強制的に実現することである。

○ 本問の記述のとおりである。なお、行政庁が裁判判決を得ずに、という部分は注意しておこう。

5 行政行為の不可変更力とは、行政機関が国民の同意なく、直接国民の権利義務を一方的に形成するものである。

× 行政行為の**不可変更力**とは、裁決・決定は、行政機関による実質的な裁判として争訟裁判的な性質を有する行政処分であることから、他の一般行政処分とは異なり、**特別の規定がない限り**、裁決・決定をした**行政庁自らにおいて取り消すことはできない**とする効力である（最判昭29.1.21）。**本問の内容は、行政行為**の**規律力**についてである。

6 行政行為の不可争力（形式的確定力）とは、行政行為によって命ぜられた義務を国民が履行しない場合に、行政庁が裁判判決を得ずに義務者に対して強制執行を行い、義務内容を強制的に実現することである。

× 行政行為の**不可争力（形式的確定力）**とは、裁決・決定について**一定期間が経過**すると、国民側から争うことができなくなる効力のことである。**本問の内容は、行政行為**の**自力執行力**についてである。

7 行政行為の不可争力（実質的確定力）とは、裁決・決定について一定期間が経過すると、相手方は争うことができなくなる効力のことである。

× 行政行為の**不可争力（形式的確定力）**とは、裁決・決定について**一定期間が経過**すると、**国民側から争うことができなくなる**効力のことである。本問は「実質的」確定力としている点で**誤っている**。

8 行政行為の自力執行力は、法律の根拠がなくても生じるものとされている。

× 行政行為の**自力執行力**は、**行政庁が国民の義務内容を強制的に実現する**効力のことだが、法律による行政の原理の下、**自力執行力には、法律の根拠が必要**である。

問題 1

特別区Ⅰ類（2019年度）

行政法学上の行政行為の効力に関する記述として、妥当なのはどれか。

1 行政行為の不可争力とは、一度行った行政行為について、行政庁が職権で取消し、撤回、変更をすることができなくなる効力であり、実質的確定力とも呼ばれている。

2 行政行為の拘束力とは、行政行為がたとえ違法であっても、無効と認められる場合でない限り、権限ある行政庁が取り消すまでは、一応効力のあるものとして通用する効力であり、規律力とも呼ばれている。

3 行政行為の不可変更力とは、一定期間が経過すると私人の側から行政行為の効力を裁判上争うことができなくなる効力であり、形式的確定力とも呼ばれている。

4 行政行為には公定力が認められるが、公定力の実定法上の根拠は、国家権力に対する権威主義的な考えに求められ、取消訴訟の排他的管轄には求めることはできない。

5 行政行為には公定力が認められるが、行政行為が違法であることを理由として国家賠償請求をするにあたり、あらかじめ取消判決や無効確認判決を得る必要はない。

➡解答・解説は別冊 P.014

問題 2　

行政法学上の行政行為の効力に関する記述として、妥当なのはどれか。

1　行政行為の自力執行力は、行政行為によって命ぜられた義務を国民が履行しない場合に、行政庁が裁判判決を得て義務者に対し強制執行を行うことができるが、強制執行を行うためには、法律の根拠が必要である。

2　行政庁は、不服申立てや取消訴訟を提起できる争訟提起期間を経過すると、当該行政行為に不可変更力が生じ、職権による行政行為の取消しや撤回をすることができない。

3　行政行為の公定力又は行政行為に対する取消訴訟の排他的管轄制度には、違法性がいかに甚だしい場合でも、相手方が適法に取消訴訟を提起し取消判決を得ない限り、行政行為の事実上の通用に対して救済を求めることができない。

4　行政行為の公定力は、違法な行政行為によって損害を被ったことを理由とする損害賠償請求訴訟には及ばないので、裁判所が判決で行政行為を違法として損害賠償を認めても、行政行為の効力は存続する。

5　裁決庁がいったん下した裁決を自ら取消して、新たに裁決をやり直した場合、新たな裁決は、紛争を解決するための裁断作用に認められる不可争力に反して違法である。

➡解答・解説は別冊 P.015

行政行為に関するア～オの記述のうち、妥当なもののみを全て挙げているのはどれか。ただし、争いのあるものは判例の見解による。

ア 行政処分は、たとえ違法であっても、その違法が重大かつ明白で当該行為を当然無効ならしめるものと認めるべき場合を除いては、適法に取り消されない限り完全にその効力を有する。

イ 行政処分が金銭を納付させることを直接の目的としており、その違法を理由とする国家賠償請求を認容したとすれば、結果的に当該行政処分を取り消した場合と同様の経済的効果が得られるという場合には、当該行政行為が違法であることを理由として国家賠償請求をするに際して、事前に当該行政行為について取消し又は無効確認の判決を得なければならない。

ウ 行政行為によって命じられた義務を私人が履行しない場合には、強制執行自体についての独自の根拠法がなくとも、裁判所の関与なしに、行政庁が自ら義務者に強制執行し、義務内容を実現することができる。

エ 行政行為の成立時には瑕疵がなく、その後の事情の変化により、その行政行為から生じた法律関係を存続させることが妥当でなくなった場合であっても、法令上、撤回について直接明文の規定がないときは、当該行政行為を撤回することはおよそ許されない。

オ 負担とは、行政行為を行うに際して、法令により課される義務とは別に課される作為又は不作為の義務であり、附款の一種であるが、行政行為の相手方が負担によって命じられた義務を履行しなかった場合には、当該行政行為の効果は当然に失われる。

1. ア
2. オ
3. ア、イ
4. ウ、エ
5. エ、オ

➡解答・解説は別冊 P.016

問題4

行政行為に関する次の記述のうち、妥当なのはどれか。

1 行政行為には、仮に違法であっても、取消権限のある者によって取り消されるまではその効果を否定することができない公定力という効力があるが、その効果は、行政庁と行政処分を受けた私人に対してのみ及ぶものとされ、裁判所やほかの私人には及ばない。

2 行政行為の成立時には瑕疵がなかったが、その後の事情により、法律関係を存続させることが適当でない状況が生じたときに、その法律関係を消滅させる行政行為を行政行為の撤回というが、これを行う場合には個別の法律による明文の根拠が必要であるとするのが判例である。

3 行政行為に当初から瑕疵がある場合、当該行政行為の効力を全面的に払拭する必要があるから、仮にその瑕疵が軽微であって、しかも第三者の既存の利益が存在していたとしても、必ず瑕疵のある行政行為を取り消した上で、改めて瑕疵のない行政行為をしなければならない。

4 国家公務員法に定められた懲戒事由がある場合に、懲戒処分を行うかどうか、いかなる処分を選ぶかは懲戒権者の裁量に任されていると解すべきであるから、裁判所は、いかなる場合においても国家公務員の懲戒処分について審査することはないとするのが判例である。

5 附款は、行政行為の一部であるから公定力を有しており、附款それ自体が違法であっても一応有効であるが、附款に不服のある者は、附款が行政行為の本体と可分である場合は、行政行為の一部の取消しを求める争訟を提起して、附款の全部又は一部の取消しを求めることができる。

➡解答・解説は別冊P.017

4 行政行為③（瑕疵）

STEP 1 要点を覚えよう！

POINT 1 瑕疵ある行政行為の概観

　そもそも「瑕疵（かし）」とは、何らかの欠陥があることと考えればよい。ここでは、行政行為に瑕疵があった場合の処理等を確認する。先に瑕疵ある行政行為の概観を確認すると、以下のようになる。

　瑕疵ある行政行為 ┬ 取り消しうべき行政行為…瑕疵が違法
　　　　　　　　　　└ 無効な行政行為…………瑕疵の違法が重大・明白

> 上記の分類は、次ページで紹介する最判昭34.9.22に基づいたものなんだよ。

POINT 2 違法行為の転換

　違法行為の転換とは、ある**行政行為が本来は違法ないし無効**であるが、これを**別個の行政行為**として見ると、**瑕疵がなく適法要件を満たしている**と認められる場合に、これを**別個の行政行為**として有効なものと扱うことである。

最大判昭29.7.19

判例（事案と判旨） 村農地委員会が旧自作農創設特別措置法施行令43条により買収計画を定めたが、手続上の違法があったため、県農地委員会は、この手続を取り消すことなく、同施行令45条を適用してこの手続の違法はなかったものとした。そこで、このような違法行為の転換が認められるのかが争われた事案。

☞旧自作農創設特別措置法施行令43条により買収計画を定めた手続は違法であるが、同令43条による場合と同令45条による場合とでは、買収計画を相当と認める理由が異なるものとは認められないことから、**同令43条により定めた買収計画を、裁決で同令45条を適用して、買収計画を相当として維持することは違法ではない。**

➡この判例からすれば、**違法行為の転換は認められる**こととなる。

POINT 3 行政行為の瑕疵の治癒

　行政行為の瑕疵の治癒とは、**行政行為の法定要件が欠けていたとしても、その後の事情の変化**により欠けていた**要件が充足**された場合、その行政行為の効力が維持されることである。

ここで曲きめる！ 違法行為の転換と瑕疵の治癒の違い

違法行為の転換☞本来は違法・無効な行政行為を別個の行政行為として見ることで、別個の行政行為として有効とする。

瑕疵の治癒☞法定要件が欠けていた行政行為について、その後の事情の変化により欠けていた要件が充足された場合、その行政行為の効力が維持されること。

最判昭36.7.14

判例（事案と判旨） 農地買収計画の異議に対する決定・裁決を経ないで爾後*の手続を進行させた後に決定・裁決がなされたところ、異議に対する決定・裁決を経ていないという瑕疵の違法性が治癒されるのかが争われた事案。

☞農地買収計画につき**異議の提起があるにもかかわらず、これに対する決定・裁決を経ないで爾後の手続を進行させたという違法**は、買収処分の無効原因となるもの**ではなく**、事後において決定・裁決があったときは、これにより**買収処分の瑕疵は治癒**される。

POINT 4 瑕疵ある行政行為に関する重要判例

　瑕疵ある行政行為について、ここまで紹介したもの以外でも重要判例が多く、その判断が出題されている。ここで紹介する判例の判断は押さえておこう。

最判昭34.9.22

判例（事案と判旨） 旧自作農創設特別措置法によって農地の買収が行われたが、買収対象から除外すべき土地を除外せずに行った買収処分は、重大・明白な違法があり、当然無効として争われた。そして、行政行為の違法性に関し、行政行為の瑕疵が取消事由・無効事由にあたる場合について判断が示された事案。

☞**行政行為が違法な場合は取消事由となりうるが、無効事由となる違法は、処分要件の存在を肯定する処分庁の認定に重大・明白な誤認があると認められる場合を指し、その誤認が何人の目にも明白であるというような場合**でなければならない。

➡この判例から、瑕疵ある行政行為は、**瑕疵が違法な取り消しすべき行政行為**と、**瑕疵の違法が重大・明白である無効な行政行為**に分類されるといえる。

---

*　**爾後**…ある事がらがあった時点以降のこと。厳密には、ある事がらが終わった後を意味する「事後」とは異なる。

最判昭25.12.28

判例（事案と判旨） 退去強制令書に執行者の署名捺印がない場合について、退去強制の執行が違法であるかが争われた事案。

☞ **権限ある者により適法に発せられた退去強制令書が権限ある者によって適法に執行された以上、その執行は有効であって、この令書に執行者の署名捺印のない事実は、この令書に基づく執行を違法ならしめるものではない。**

退去強制令書は、不法入国、不法残留等に該当すると認定された場合、外国人に発付される書類のことだよ。発付されると、入国警備官は、その外国人を送還しなければならないんだ。

最大判昭35.12.7

判例（事案と判旨） 村長が解職される原因となった村長解職賛否投票の効力についての訴訟中、当該村が合併により消滅し、村長解職賛否投票の効力が無効とされた場合、この間の後任の村長の行政処分についての判断が示された事案。

☞ **村長解職賛否投票の効力の無効が宣言されても、賛否投票の有効なことを前提として、それまでの間になされた後任村長の行政処分は無効となるものではない。**

最判昭48.4.26

判例（事案と判旨） AがBの知らない間に、A所有の土地等についてB名義の登記を済ませたうえ、AはBを当事者として土地をCに売却したところ、税務署長はBに対して、B名義の登記に基づき土地の売却による譲渡所得に関する課税処分を行った。そこでBは、当該登記は知らない間になされたものとして、課税処分の効力を争った事案。

☞ 一般に、課税処分が課税庁と被課税者との間にのみ存するもので、処分の存在を信頼する第三者の保護を考慮する必要のないこと等を勘案すれば、**当該処分における内容上の過誤が課税要件の根幹についてのそれであって、**徴税行政の安定とその円滑な運営の要請を斟酌してもなお、不服申立期間の徒過による不可争的効果の発生を理由として**被課税者にこの処分による不利益を甘受させることが、著しく不当と認められるような例外的な事情のある場合には、当該処分は当然無効となる。**

☞ Bが事後において明示又は黙示的にこれを容認した等の特段の事情のない限り、Bに譲渡所得があるとしてなされた課税処分は、当然無効と解すべきとされた。

POINT 5 　違法性の承継

違法性の承継とは、**行政行為の違法**について、**その行政行為に先行する行政行為の瑕疵を主張**することである。

ここで、違法な行政行為は取消事由となるので、**先行する行政行為の違法**は、**先行する行政行為の取消訴訟において主張すべきではないか**という問題がある。

新宿たぬきの森事件（最判平21.12.17）

判例（事案と判旨） Xの所有する敷地に接する通路を含む区域について、2項道路*¹の一括指定（区域に対してなされるため自己の敷地がこれに該当するかは明確ではない）がなされた。Xは自己の敷地における建築確認申請にあたり、事前に当該敷地に接する通路部分が2項道路に該当するか確認したところ、2項道路に該当するとされた。そして、安全上支障がないとして**安全認定がなされ、Xは接道義務を負わないとされたところ、周辺住民Zが、この安全認定が違法であることを建築確認**²の取消訴訟において争った事案。

☞**建築確認における接道要件充足の有無の判断**と、**安全認定における安全上の支障の有無の判断**は、異なる機関がそれぞれの権限に基づき行うこととされているが、もともとは一体的に行われていたものであり、避難又は通行の安全の確保という**同一の目的**を達成するために行われるものである。そのことからすれば、安全認定は、建築主に対し建築確認申請手続における一定の地位を与えるものであり、建築確認と結合して初めてその効果を発揮するものである以上、**安全認定が行われたうえで建築確認がされている場合は、安全認定が取り消されていなくても、建築確認の取消訴訟において安全認定が違法であると主張することは許される。**

---

*1　2項道路とは、接道義務（建築物の敷地は建築基準法で規定された道幅の道路に接しなければならない義務）を満たさない場合、将来における建替え時に同法で規定する道幅を確保しなければならないとされる道路である。

*2　二つの処分の流れとしては、①まず安全認定が行われ（安全上支障がないとして接道義務を負わないか否か）、②次に建築確認（建物等が建築基準法や条例等に適合しているか確認）という順序でなされる。

上記の判例はわかりづらいと思うが、要するに、**「安全認定」**と**「建築確認」**という二つの処分があったところ、**「建築確認」**という先行処分の取消訴訟において、**「安全認定」**という後行処分の違法性を主張できるのかが争われた。この二つの処分については、もともとは一体的に行われていたものなどの理由から、**許される**と判断されたということだ。

1 瑕疵ある行政行為は、瑕疵が違法な取り消しすべき行政行為と、瑕疵の違法が重大・明白である無効な行政行為に分類することができる。

○　本問の記述のとおりである（最判昭34.9.22）。

2 違法行為の転換とは、行政行為の法定要件が欠けていたとしても、その後の事情の変化により欠けていた要件が充足された場合、その行政行為の効力が維持されることである。

×　**違法行為の転換**とは、ある行政行為が本来は違法ないし無効であるが、これを**別個の行政行為**として見ると、瑕疵がなく適法要件を満たしていると認められる場合に、これを**別個の行政行為**として有効なものと扱うことである。

3 行政行為の瑕疵の治癒とは、ある行政行為が本来は違法ないし無効であるが、これを別個の行政行為として見ると、瑕疵がなく適法要件を満たしていると認められる場合に、これを別個の行政行為として有効なものと扱うことである。

×　**行政行為の瑕疵の治癒**とは、行政行為の法定要件が欠けていたとしても、**その後の事情の変化**により欠けていた要件が充足された場合、その行政行為の効力が**維持**されることである。

4 判例は、農地買収計画について異議の提起があるにもかかわらず、これに対する決定・裁決を経ないで爾後の手続を進行させた後、決定・裁決がなされた事案において、決定・裁決を経ないで爾後の手続を進行させたという違法は治癒されないとしている。

×　判例は、本問の事案において、**農地買収計画につき異議の提起**があるにもかかわらず、**これに対する決定・裁決を経ないで爾後の手続を進行させた**という違法は、事後における決定・裁決によって**治癒される**としている（最判昭36.7.14）。

5 判例は、行政行為が違法な場合は取消事由となりうるが、無効事由となる違法は、処分要件の存在を肯定する処分庁の認定に著しく不当な誤認があると認められる場合を指すとしている。

× 判例は、**行政行為が違法な場合は**取消**事由**となりうるが、**無効事由となる違法は、**処分要件の存在を肯定する処分庁の認定に**重大・明白な誤認**があると認められる場合を指すとしている（最判昭34.9.22）。

6 判例は、退去強制令書が権限ある者によって適法に執行された場合であっても、その退去強制令書に執行者の署名捺印のない場合、当該執行は違法であるとしている。

× 判例は、**権限ある者により適法に発せられた退去強制令書が、権限ある者によって適法に執行**された以上、**その執行は**有効であって、この令書に執行者の署名捺印のない事実は、この令書に基づく執行を違法ならしめるもので**はない**としている（最判昭25.12.28）。

7 判例は、村長解職賛否投票の効力の無効が宣言されても、賛否投票の有効なことを前提として、それまでの間になされた後任村長の行政処分は、無効となるものではないとした。

○ 本問の記述のとおりである（最大判昭35.12.7）。

8 判例は、条例所定の接道要件を満たしていない建築物について、同条例に基づく安全認定が行われたうえで建築確認がされている場合、安全認定が取り消されていなくても、建築確認の取消訴訟において、安全認定の違法を主張することは許されるとしている。

○ 本問の記述のとおりである（新宿たぬきの森事件：最判平21.12.17）。

問題 1

特別区 I 類（2017 年度）

行政行為の瑕疵に関する記述として、通説に照らして、妥当なのはどれか。

1 違法行為の転換とは、ある行政行為が本来は違法ないし無効であるが、これを別個の行政行為として見ると、瑕疵がなく適法要件を満たしていると認められる場合に、これを別個の行政行為として有効なものと扱うことをいう。

2 行政行為の撤回は、行政行為の成立当初は適法であったが、その後に発生した事情の変化により、将来に向かってその効力を消滅させる行政行為であり、その撤回権は監督庁のみ有する。

3 行政行為の取消しとは、行政行為が成立当初から違法であった場合に、行政行為を取り消すことをいい、その効果は遡及し、いかなる授益的行政行為の場合であっても、必ず行政行為成立時まで遡って効力は失われる。

4 行政行為の瑕疵の治癒とは、行政行為が無効であっても、その後の事情の変化により欠けていた要件が充足された場合、当該行政行為を行った処分庁が必ず当該処分を取り消すことによって、その行政行為を適法扱いすることをいう。

5 取り消しうべき瑕疵を有する行政行為は、裁判所によって取り消されることにより効力を失うものであり、取り消されるまでは、その行政行為の相手方はこれに拘束されるが、行政庁その他の国家機関は拘束されない。

➡解答・解説は別冊P.018

問題 2

行政行為の瑕疵に関する次の記述のうち、妥当なのはどれか。

1 瑕疵の治癒とは、ある行政行為が法令の定める要件を満たしていないにもかかわらず、別の行政行為として見るとこれを満たすような場合に、その別の行政行為であるとしてその効力を維持することをいう。

2 法律上、明文で違法な行政行為を行政庁が取り消すことができる旨が規定されていなければ、行政庁は自ら行った違法な行政行為を職権で取り消すことはできないと一般に解されている。

3 附款は行政行為の効果を制限するために付加される意思表示であるから、附款が違法である場合は、本体の行政行為と可分な場合であっても、附款を含めた行政行為全体の取消しを求める必要があり、附款のみの取消しを求めることは許されないと一般に解されている。

4 行政処分が当然無効であるというためには、処分に重大かつ明白な瑕疵がなければならず、瑕疵の明白性について、処分成立の当初から、誤認であることが外形上客観的に明白であるだけでなく、行政庁が怠慢により調査すべき資料を見落とすなどの過誤が存在することが必要であるとするのが判例である。

5 条例所定の接道要件を満たしていない建築物について、同条例に基づく安全認定 (注) が行われた上で建築確認がされている場合、安全認定が取り消されていなくても、建築確認の取消訴訟において、安全認定の違法を主張することは許されるとするのが判例である。

(注) 建築物の周囲の空地の状況その他土地及び周囲の状況により知事が安全上支障がないと認める処分。これがあれば条例の接道要件に関する規定は適用しないとされている。

➡解答・解説は別冊 P.019

問題 3

特別区Ⅰ類（2010年度）

行政法学上の瑕疵ある行政行為に関する記述として、妥当なのはどれか。

1　瑕疵ある行政行為は、取消し得べき行政行為、無効の行政行為及び行政行為の不存在の三つに分類され、瑕疵が重大明白である場合には、行政行為としての外観を欠くため、その行政行為は行政行為の不存在に分類される。

2　行政行為の瑕疵の治癒とは、行政行為に瑕疵があって本来は違法又は無効であるが、これを別個の行政行為とみたとき、瑕疵がなく、適法要件を満たしている場合に、別個の行政行為として有効なものと扱うことをいう。

3　行政行為の取消しとは、瑕疵なく成立した行政行為の有する持続的効力を以後の事情の変化により、これ以上維持することが妥当でないと判断される場合に、処分庁がその効力を失効させることである。

4　最高裁判所の判例では、権限ある者により適法に発せられた外国人退去強制令書において、法令の要請する執行者の署名捺印がない場合には、同令書に基づく執行は違法であるとした。

5　最高裁判所の判例では、村長解職賛否投票の効力の無効が宣言されても、賛否投票の有効なことを前提として、それまでの間になされた後任村長の行政処分は、無効となるものではないとした。

➡解答・解説は別冊 P.020

問題4　国家専門職（2019年度）

行政行為の瑕疵に関するア～エの記述のうち、妥当なもののみを全て挙げているのはどれか。

ア 行政処分が当然無効であるというためには、処分に重大かつ明白な瑕疵がなければならないが、瑕疵が明白であるかどうかは、処分の外形上、客観的に誤認が一見看取し得るものかどうかだけではなく、行政庁が怠慢により調査すべき資料を見落としたかどうかといった事情も考慮して決すべきであるとするのが判例である。

イ 一般に、課税処分が課税庁と被課税者との間にのみ存するもので、処分の存在を信頼する第三者の保護を考慮する必要のないこと等を勘案すれば、当該処分における内容上の過誤が課税要件の根幹についてのものであって、徴税行政の安定とその円滑な運営の要請をしんしゃくしてもなお、不服申立期間の徒過による不可争的効果の発生を理由として被課税者に当該処分による不利益を甘受させることが著しく不当と認められる場合には、当該処分は当然無効であるとするのが判例である。

ウ ある行政行為がなされた時点において適法要件が欠けていた場合、事後的に当該要件が満たされたときであっても、法律による行政の原理に照らし、当該行政行為の効力が維持されることはない。

エ 建築確認における接道要件充足の有無の判断と、安全認定における安全上の支障の有無の判断が、もともとは一体的に行われていたものであり、同一の目的を達成するために行われるものであること等を考慮しても、安全認定を受けた上で建築確認がなされている場合は、当該安全認定が取り消されていない限り、建築確認の取消訴訟において安全認定の違法を主張することはおよそ許されないとするのが判例である。

1. イ
2. ウ
3. ア、イ
4. ア、エ
5. ウ、エ

➡解答・解説は別冊P.021

5 行政行為④（取消しと撤回）

STEP 1 要点を覚えよう！

POINT 1 行政行為の取消し

　行政行為の取消しとは、**行政行為が成立当初から違法であった**場合に、**行政行為を取り消す**ことをいう。この**取消しの効果は遡及する**。

　なお、**処分当初に瑕疵がある行政行為の取消し**について判例は、処分をした行政庁その他正当な権限を有する行政庁においては、自らその違法又は不当を認めて、**処分の取消しによって生ずる不利益**と、取消しをしないことによってかかる処分に基づき、すでに生じた効果をそのまま維持することの不利益とを比較考量し、しかも当該処分を**放置**することが公共の福祉の要請に照らし**著しく不当であると認められるときに限り**、これを取り消すことができるとしている（最判昭43.11.7）。以下の判例も、あわせて確認しておこう。

> 最判昭49.2.5
>
> **判例（事案と判旨）** Xは、行政財産である中央卸売市場内の土地について使用許可を受けて飲食店を営業していたが、卸売市場の拡充が必要となったことから使用許可が取り消され、土地を返還することとなった。そこで、Xは土地使用権の喪失による損失補償を求めて争った事案。
>
> ☞ **使用許可の取消しに際して使用権者に損失が生じても、使用権者においてその損失を受忍すべきときは、補償を必要とする損失にはあたらない**ところ、行政財産たる土地につき使用期間を定めないで使用の許可を受けていたが、**当該行政財産本来の用途又は目的上の必要が生じて使用許可が取り消された場合**においては、当該行政財産本来の用途又は目的上の**必要が生じた時点**において、**原則として使用権は消滅すべき**ものであり、その**例外**は、使用権者がなお当該使用権を保有する実質的理由を有すると認めるに足りる**特別の事情**が存する場合に**限られ**、それゆえ**本件取消しによって使用権が消滅することを受忍すべき立場にある**といえることから、**土地使用権の喪失という損失につき補償を必要としない**。

> 上の判例は、**行政財産の使用許可の取消しに基づく損失が、損失補償の対象となるのか**が争点となった判例だけれども、特別な事情がない限り、補償は不要とした判例だよ。

POINT 2 行政行為の撤回

　行政行為の撤回とは、**行政行為の成立時には瑕疵がなく**、その後の事情の変化により、その行政行為から生じた**法律関係を存続させることが妥当でなくなった**場合に、**将来においてその行政行為の効力を失わせる**ことである。なお、この**行政行為の撤回は、処分庁にのみ認められている**。

　行政行為の「取消し」の効果は遡及（過去にさかのぼって効力が発生）するけれども、「撤回」は将来に向かってのみ効力が発生するという違いがあるよ。

　行政行為の撤回に関して、具体的な根拠規定がなくても行政庁は撤回権を行使できるのかについて争われた事案が以下の判例である。

最判昭63.6.17

判例（事案と判旨） 人工妊娠中絶を行うことができる医師（指定医師）として指定されていたXは、中絶時期を逸しながらも中絶を求める女性に出産をさせて、その生まれた子の引取りを希望する女性が出産したとする虚偽の出生証明書を作成し、戸籍上も引き取った女性の実子とする実子あっせん行為を行っていた。そこで、指定医師の指定の撤回について、撤回についての明文規定がない場合にも撤回ができるのか等が争点となった事案。

☞旧優生保護法により人工妊娠中絶を行いうる医師の指定を受けた医師が、実子あっせん行為を行ったことが判明し、医師法違反等の罪により罰金刑に処せられたため、当該指定を存続させることが公益に適合しない状態が生じたというべきところ、実子あっせん行為のもつ法的問題点、指定医師の指定の性質等に照らすと、指定医師の指定の撤回によって被る不利益を考慮しても、なおそれを撤回すべき公益上の必要性が高いと認められるから、**法令上その撤回について直接明文の規定がなくとも、指定医師の指定の権限を付与されている医師会**（指定に関する限りにおいて医師会は行政庁とみなされる）**は、その権限において指定を撤回することが**できる。

ここで きゃめる! 行政行為の「取消し」と「撤回」の違い

・行政行為の成立時から違法だった（瑕疵があった）か？
　　取消し　☞違法だった
　　撤　回　☞違法ではない
・効果は、行政行為の成立時に遡及するか？
　　取消し　☞遡及する
　　撤　回　☞遡及しない

1 行政行為の取消しとは、行政行為の成立時は適法であったものが、後発の事情で当該行政行為を維持できなくなった場合に、これを消滅させることをいい、取消しは将来に向かってのみその効果を生じる。

× 行政行為の取消しとは、**行政行為が**成立当初から違法であった場合に、行政行為を取り消すことをいい、その効果は遡及する。

2 行政行為の撤回とは、行政行為に成立当初から瑕疵があり、当該瑕疵を理由に行政行為を消滅させることをいい、行政行為が撤回されると、当該行政行為は成立時に遡って消滅する。

× 行政行為の撤回とは、**行政行為の**成立時には瑕疵がなく、その後の事情の変化により、その行政行為から生じた法律関係を存続させることが妥当でなくなった場合に、**将来においてその行政行為の**効力を失わせることである。

3 判例は、行政財産たる土地につき使用期間を定めないで使用の許可を受けていたところ、当該行政財産本来の用途・目的上の必要が生じて使用許可が取り消された場合、原則として、使用権は消滅しないとしている。

× 判例は、行政財産たる土地につき使用期間を定めないで使用の許可を受けていたところ、当該行政財産本来の用途又は目的上の必要が生じて使用許可が取り消された場合、原則として、使用権は消滅すべきものであるとしている（最判昭49.2.5）。

4 行政行為の取消しと撤回に関して、行政行為の成立時から違法であった場合が対象となるのは、行政行為の撤回である。

× **行政行為が**成立当初から違法であった場合を対象とするのは、**行政行為の取消し**である。何度も問われている部分なので、混乱しないように覚えておこう。

5 行政行為の撤回は、処分庁のみならず、上級行政庁にも認められている。

× 行政行為の撤回は、**処分庁のみ**に認められている。

6 判例は、法令上その撤回について直接明文の規定がなくとも、指定医師の指定の権限を付与されている医師会は、その権限において指定を撤回することができるとしている。

○ 判例は、法令上その撤回について直接明文の規定がなくとも、指定医師の指定の権限を付与されている医師会は、その権限において**指定を撤回することができる**としている（最判昭63.6.17）。

7 判例は、処分当初に瑕疵があり、処分をした行政庁その他正当な権限を有する行政庁は、当該処分を放置することが公共の福祉の要請に照らし違法・無効であると認められるときに限り、これを取り消すことができるとしている。

× 判例は、処分当初に瑕疵があり、処分をした行政庁その他正当な権限を有する行政庁は、**当該処分を放置することが公共の福祉の要請に照らし著しく不当であると認められるときに限り**、これを取り消すことができるとしている（最判昭43.11.7）。

8 行政行為の取消しと撤回に関して、その効果が行政行為の成立時まで遡及するものは、行政行為の撤回である。

× 効果が行政行為の成立時まで遡及するものは、行政行為の取消しである。なお、「民法」においても「取消し」という場合は、その効果は遡及するものを意味し、「撤回」という場合は、効果が撤回を行った時点から将来に向かって生じるものを意味する。ここは民法とセットで覚えておこう。

STEP 3 過去問にチャレンジ！

問題 1 　　　　　　　　　　　　　　　　　　　　　特別区Ⅰ類（2021年度）

行政法学上の行政行為の取消し又は撤回に関する記述として、判例、通説に照らして、妥当なのはどれか。

1 行政行為の取消しとは、行政行為の成立時は適法であったものが、後発の事情で当該行政行為を維持できなくなった場合に、これを消滅させることをいい、取消しは将来に向かってのみその効果を生じる。

2 行政行為の撤回とは、行政行為に成立当初から瑕疵があり、当該瑕疵を理由に行政行為を消滅させることをいい、行政行為が撤回されると、当該行政行為は成立時に遡って消滅する。

3 上級行政庁は、その指揮監督する下級行政庁が瑕疵ある行政行為を行った場合は、法律の根拠がなくても、指揮監督権を根拠として当該行為の撤回をすることができる。

4 最高裁判所の判例では、旧優生保護法により人工妊娠中絶を行い得る医師の指定を受けた医師が、実子あっせんを行ったことが判明し、医師法違反等の罪により罰金刑に処せられたため、当該指定の撤回により当該医師の被る不利益を考慮してもなおそれを撤回すべき公益上の必要性が高いと認められる場合に、指定権限を付与されている都道府県医師会は、当該指定を撤回できるとした。

5 最高裁判所の判例では、都有行政財産である土地について建物所有を目的とし期間の定めなくされた使用許可が当該行政財産本来の用途又は目的上の必要に基づき将来に向かって取り消されたときは、使用権者は、特別の事情のない限り、当該取消による土地使用権喪失についての補償を求めることができるとした。

➡解答・解説は別冊 P.022

問題 2

行政法学上の行政行為の撤回に関する記述として、判例、通説に照らして、妥当なのはどれか。

1　最高裁判所の判例では、都有行政財産である土地について建物所有を目的とし期間の定めなくされた使用許可が当該行政財産本来の用途又は目的上の必要に基づき将来に向って取り消されたとき、使用権者は、特別の事情のない限り、当該取消による土地使用権喪失についての補償を求めることはできないとした。

2　最高裁判所の判例では、旧優生保護法による指定を受けた医師が指定の撤回により被る不利益を考慮してもなおそれを撤回すべき公益上の必要性が高いと認められる場合であったとしても、法令上その撤回について直接明文の規定がなければ、行政庁は当該指定を撤回することはできないとした。

3　行政行為を行った処分庁の上級行政庁は、処分庁を指揮監督する権限を有しているので、法律に特段の定めがなくても、処分庁の行った行政行為を当然に撤回することができる。

4　行政行為の撤回は、その理由が行政庁の責めに帰すべき事由によって生じたときは、相手方の利益を保護する必要があるため、いかなる場合であっても、当該行政行為の効力をその成立時に遡って失わせる。

5　行政行為の撤回とは、行政行為が当初から違法又は不当であったと判明したときに、そのことを理由に行政庁が当該行政行為の効力を消滅させることをいう。

→解答・解説は別冊P.023

STEP 1 要点を覚えよう！

POINT 1 附款① （性質）

行政行為の**附款**とは、行政庁の**裁量権**行使の一環として、行政行為の効果を**制限する**ために、行政行為に付加される意思表示である。

行政行為の効果を**制限**するために、行政行為に付加される従たる意思表示である以上、**附款も行政行為**である。

よって、行政行為の根拠法において、**附款に対する明文規定がなくても**、根拠法における**行政庁の裁量の範囲内**において付すことができる。

また、**附款も行政行為**である以上、たとえ**附款が違法**であっても、その違法が**重大かつ明白**であり、当該処分を当然無効ならしめるものと認めるべき場合を除いては、**適法に取り消されない限り**、完全にその効力を有する（最判昭30.12.26）という行政行為の公定力が認められる。

POINT 2 附款② （制約）

行政行為の附款についても裁量権行使についての制約がかかるため、たとえ明文の規定がなかったとしても、**平等原則や比例原則*に違反する附款は許されない**。

そして、附款も行政行為であるから、**附款だけでも取消しの訴えの対象**となる。また、附款が行政行為の本体と同様の性質を有するものとして、**本体の行政行為と分離可能な場合は、附款のみの取消しの訴えを提起**することができ、さらに附款の**全部又は一部の取消し**を求めることができる。

POINT 3 条件

条件とは、行政行為の**効果**を、**将来発生することの不確実な事実**にかからせる附款である。

そして、①その事実の発生によって**行政行為の効果が生じる停止条件**と、②その事実の発生によって**行政行為の効果が消滅する解除条件**とに分類される。

> **ここで きめる！** 停止条件と解除条件
>
> ・将来発生することが**不確実**な事実の発生によって、行政行為の効果が**生じる**条件☞**停止条件**
> ・将来発生することが**不確実**な事実の発生によって、行政行為の効果が**消滅**する条件☞**解除条件**

---

* **比例原則**…行政法の一般的な原則で、目的を達成するための手段は、不相当ではないこと（均衡）が求められること。

POINT 4 期限

期限とは、**行政行為の効力の発生・消滅を発生確実な事実にかからせる附款**である。

そして、期限は、①**事実の発生により効果が生じる始期**と、②**事実の発生により効果が消滅する終期**とに分類される。なお、**到来時期は不確定**だが、**発生することは確実**であるという事実にかからせることもある。

例えば、「試験に合格したら〇〇」という場合は、将来の発生が不確実な事実なので条件となるけれども、「来年の春が来たら〇〇」という場合は、将来の発生は確実なので期限となるんだ。

POINT 5 負担

負担とは、**法令に規定されている義務とは別に、相手方に特別の義務を命じる附款**である。この**負担を履行しなくても、本体たる行政行為の効力が当然に失われることはない**。

なお、**本来の行政行為による効果以上の義務を相手方に課す場合、これは附款としての従たる意思表示とはいえず、別個の主たる行政行為**になる。

また、行政活動は法律に基づき行われるべきとする**法律による行政の原理**の下で、個人の権利を制約し又は義務を課す侵害行政は、**法律の根拠**が必要とされる。よって、**本来の行政行為による効果以上の義務を相手方に課す場合**は、侵害行政にあたるから、**法律の根拠が必要**となる。

もし法律の根拠なく許されるのならば、本来の行政行為に「負担（附款）」という形で付加することで、重い義務を課すことができてしまうよ。

POINT 6 法律効果の一部除外

法律効果の一部除外とは、行政行為をするにあたって、法令が一般にその行政行為に付した**効果の一部を発生させないとする附款**である。

POINT 7 撤回権の留保

撤回権の留保とは、特定の場合、**将来において行政行為を撤回することを留保しておく附款**である。

もっとも、**撤回権の留保がない場合**であっても、行政行為の根拠法における**行政庁の裁量の範囲内**において、**行政行為の撤回は可能**である。

1 行政行為の附款は、行政庁の裁量権行使の一環として、行政行為の効果を拡張するために付加される意思表示であるから、附款は行政行為ではない。

× **行政行為の附款は、行政庁の裁量権行使の一環として、行政行為の効果を制限するために付加される従たる意思表示であるから、附款も行政行為である。**

2 附款のみの取消しの訴えを提起することはできない。

× **附款が、行政行為の本体と同様の性質を有するものとして、本体の行政行為と分離可能な場合は、附款のみの取消しの訴えを提起することができる。**

3 条件とは、行政行為の効力の発生・消滅を発生確実な事実にかからせる附款である。

× **条件とは、行政行為の効果を将来発生することの不確実な事実にかからせる附款である。**

4 期限とは、行政行為の効果を将来発生することの不確実な事実にかからせる附款である。

× **期限とは、行政行為の効力の発生・消滅を発生確実な事実にかからせる附款である。**

5 将来発生することが不確実な事実の発生によって、行政行為の効果が生じる条件のことを解除条件という。

× **将来発生することが不確実な事実の発生によって、行政行為の効果が生じる条件は、停止条件である。**

6 将来発生することが不確実な事実の発生によって、行政行為の効果が消滅する条件のことを停止条件という。

× **将来発生することが不確実な事実の発生によって、行政行為の効果が消滅する条件は、解除条件である。**

7 期限は、①事実の発生により効果が生じる始期と、②事実の発生により効果が消滅する終期とに分類される。

○ 本問の記述のとおりである。

8 期限については、到来する時期は不確定であるが、発生することは確実であるという事実にかからせることもできる。

○ 本問の記述のとおりである。

9 負担とは、法令に規定されている義務とは別に、相手方に特別の義務を命じる附款である。

○ 本問の記述のとおりである。

10 負担を履行しない場合は、本体たる行政行為の効力が当然に失われる。

× 負担を履行しなかったとしても、そのことによって、**本体たる行政行為の効力が当然に失われることは**ない。

11 法律効果の一部除外とは、特定の場合において、将来において行政行為を撤回することを留保しておく附款である。

× **法律効果の一部除外**とは、行政行為をするにあたって、法令が一般にその行政行為に付した**効果の一部を発生させない**とする附款である。**本問の内容は、撤回権の留保**である。

12 撤回権の留保とは、行政行為をするにあたって、法令が一般にその行政行為に付した効果の一部を発生させないとする附款である。

× **撤回権の留保**とは、特定の場合には、**将来において行政行為を撤回することを留保しておく附款**である。**本問の内容は、法律効果の一部除外**である。

過去問にチャレンジ！

問題 1

特別区Ⅰ類（2006年度）

行政法学上の行政行為の附款に関する記述として、通説に照らして、妥当なのはどれか。

1 条件とは、行政行為の効果を将来発生することの確実な事実にかからせる附款であり、条件には、その事実の発生によって、行政行為の効果が生じる停止条件とそれが消滅する解除条件とがある。

2 負担とは、相手方に特別の義務を命じる附款であり、負担を履行しなくても、本体たる行政行為の効力が当然に失われることはない。

3 法律効果の一部除外とは、行政行為をするに当たって、撤回する権利を行政庁に留保する附款である。

4 行政行為の附款は、法律留保の原則により、法律が認めている場合に限り付すことができる。

5 行政行為の附款は、行政行為の効果を制限するために付加される意思表示であるから、附款が違法で本体の行政行為と可分の場合であっても、附款のみの取消しの訴えを提起することはできない。

→解答・解説は別冊 P.024

問題 2

行政行為の附款に関するア～オの記述のうち、妥当なもののみを全て挙げているのはどれか。

ア　附款は行政庁の裁量権行使の一環であるため、裁量権行使についての制約がかかることになり、明文の規定がなくとも、平等原則や比例原則に違反する附款は許されない。

イ　条件とは、行政行為の効力・消滅を発生確実な事実にかからしめる附款をいう。

ウ　附款は、あくまで主たる意思表示に付加された行政庁の従たる意思表示にすぎないから、本来の行政行為による効果以上の義務を相手方に課す負担を付す場合であっても、法律の根拠は不要である。

エ　行政行為を撤回するためには、あらかじめ撤回権を留保する附款を付さなければならない。

オ　附款は主たる意思表示に付加された行政庁の従たる意思表示であることから、附款のみを対象とする取消訴訟を提起することはできない。

1．ア
2．イ
3．ア、ウ
4．ウ、エ
5．エ、オ

➡解答・解説は別冊 P.025

問題3

行政法学上の行政行為の附款に関する記述として、通説に照らして、妥当なのはどれか。

1 附款は、行政行為の効果を制限したり、あるいは特別な義務を課すため、主たる意思表示に付加される行政庁の従たる意思表示であり、法律が附款を付すことができる旨を明示している場合に限り付すことができる。

2 附款は、法律の目的を確実に実現するためのものであり、瑕疵ある附款が付けられた場合、それが本体たる行政行為から分離可能であっても、附款だけを対象に取消訴訟を提起することはできない。

3 条件とは、行政行為の効力の発生、消滅を発生確実な事実にかからしめる附款であり、条件成就により効果が発生する停止条件、効果が消滅する解除条件に区別することができる。

4 期限とは、行政行為の効力の発生、消滅を発生不確実な事実にかからしめる附款であり、事実の発生により効果が生じるものが始期、効果が消滅するものが終期である。

5 負担とは、相手方に特別の義務を命ずる附款であり、法令に規定されている義務以外の義務を課すことになるが、負担に違反しても本体たる行政行為の効力が当然に失われることはない。

→解答・解説は別冊 P.026

行政法学上の行政行為の附款に関する記述として、妥当なのはどれか。

1　条件は、行政行為の効力の発生、消滅を発生不確実な事実にかからしめる附款で、成就により効果が生ずる停止条件と成就により効果が失われる解除条件がある。

2　期限は、行政行為の効力の発生、消滅を発生確実な事実にかからしめる附款で、到来時期が不確定な期限を付すことはできない。

3　負担は、行政処分に付加して特別の義務を課すもので、定められた義務を履行しなかった場合、行政処分の効力は当然に失われる。

4　附款は相手方に不利益を与えるものであるので、無制限に許されるものではなく、法律が附款を付すことができる旨を明示している場合のみに付すことができる。

5　附款に瑕疵があり、その附款がそれほど重要ではなく行政行為の本体と可分である場合でも、附款だけの取消しを求めることはできない。

➡解答・解説は別冊P.027

7 行政行為⑥（行政裁量）

STEP 1 要点を覚えよう！

POINT 1　行政裁量

　行政裁量とは、**行政庁**がある決定を行う際に認められている**一定の判断の余地**のことである。行政裁量は、**法規裁量（羈束裁量）行為**と、**便宜裁量（自由裁量）行為**とに分けられる。

　まず、**法規裁量（羈束裁量）**とは、**行政行為の判断に対して、全面的に裁判所の司法審査が及ぶ**場合の行政の裁量行為である。

　そして、**便宜裁量（自由裁量）**とは、**行政行為の判断が優先**され、**裁量権の逸脱・濫用がない限り、裁判所の司法審査が及ばない**行政の裁量行為である。

◆二つの行政裁量

行政裁量	法規裁量（羈束裁量）…全面的に司法審査が及ぶ。
	便宜裁量（自由裁量）…原則として、司法審査が及ばない。

POINT 2　行政裁量に関する学説

　行政裁量に対しては、効果裁量説と要件裁量説という二つの学説がある。

　効果裁量説は、行政行為の**効果に着目**して、**行政庁の裁量は専ら行政行為の決定ないし選択に存在する**という考えの学説である。

　上記のとおり、行政の裁量行為（処分等）は、法規裁量（羈束裁量）行為と便宜裁量（自由裁量）行為とに分けられるが、**この効果裁量説が、便宜裁量（自由裁量）と法規裁量（羈束裁量）とを区別する基準**になると解されている。

　これに対して、**要件裁量説**は、行政行為が規定されている文言に着目し、行政庁の**裁量は、規定されている文言上の要件が充足されるか否かの認定に対して存在する**という考えの学説である。

> 要件裁量説は、法律の要件を満たすか否かの判断に裁量があるという考え方。効果裁量説は、要件の認定後、行政行為を行うか否か（決定）、行う場合には何を行うか（選択）に裁量があるという考え方だよ。

　次ページのように効果裁量説を前提とした場合、具体的な行為が法規裁量と便宜裁量のどちらに該当するかのあてはめができるようにしておこう。

ここで $\overset{きわ}{極}$ める！ ▶ **効果裁量説のあてはめ（古典的な裁量論からの処理）**

①**行政行為の効果として国民の権利利益を**制限する**場合**

☞この場合、裁判所の司法審査が**及ぶべきである**から、**法規裁量（羈束裁量）**にあたると解される。

②**行政行為の効果として国民に**権利を付与**する（権利利益を**制限しない**）場合**

☞この場合、行政行為の判断が**優先**され、**便宜裁量（自由裁量）**にあたると解される。

POINT 3 　裁量権の逸脱・濫用

　行政の裁量行為（処分等）について、**行政事件訴訟法は、裁量権の範囲を超え又はその**濫用**があった場合に**限り、**裁判所は、その処分を取り消すことができる**と規定されている（行政事件訴訟法30条）。

> 　裁量権の範囲を超えたり、その濫用があれば、法規裁量（羈束裁量）行為であろうが、便宜裁量（自由裁量）行為であろうが、裁判所の司法審査の対象となるよ。

最判昭46.10.28

判例（事案と判旨）　Xは、新規の個人タクシー事業の免許申請をしたところ、申請が却下された。そこでXは、当該申請が個人の職業選択の自由に関する重要なものであり、当該免許の基準として具体化した審査基準を設定していないことなどを主張して、本件却下処分を争った事案。

☞**当時の道路運送法による個人タクシー事業の免許の許否は、**個人の職業選択の自由にかかわりを有するものであり、多数の者のうちから少数特定の者を具体的個別的事実関係に基づき選択して、免許の許否を決しようとする行政庁としては、事実の認定につき行政庁の独断を疑うことが客観的にもっともと認められるような**不公正な手続をとってはならず、すなわち、同法は抽象的な免許基準を定めているにすぎないのであるから、内部的にせよ、さらに、その趣旨を**具体化**した**審査基準**を設定し、これを公正かつ合理的に適用すべきである。**

➡最終的に、本件却下処分は違法と判断された。

マクリーン事件（最大判昭53.10.4）

判例（事案と判旨） アメリカ国籍のXは、在留期間の更新を申請したが、Xが在留期間中に、日本国内における反戦を目的とする活動や集会への参加等の政治活動を行っていたことを理由として、法務大臣Yが在留期間の更新を不許可としたため、Xがこの法務大臣の処分について争った事案。

☞旧出入国管理令に基づく法務大臣の「在留期間の更新を適当と認めるに足りる相当の理由」があるかどうかの判断の場合についてみれば、裁判所は、**法務大臣の判断について、それが違法となるかどうかを審理、判断するにあたっては、法務大臣の裁量権の行使としてされたものであることを前提**として、その判断の基礎とされた重要な事実に誤認があること等により、その判断が全く事実の基礎を欠くかどうか、又は事実に対する評価が明白に合理性を欠くこと等により、**その判断が**社会通念に照らし著しく妥当性を欠くことが明らかであるかどうかについて**審理し、それが認められる場合に限り、その判断が裁量権の範囲を超え又はその濫用があったものとして違法であるとすることができる。**

伊方原発訴訟（最判平4.10.29）

判例（事案と判旨） 原子炉施設の設置許可処分がなされたところ、周辺住民が、原子炉施設の安全性に関する判断の違法を主張して、当該設置許可処分について争った事案。

☞原子炉施設の安全性に関する判断の適否が争われる原子炉設置許可処分の取消訴訟における裁判所の審理、判断は、**原子力委員会若しくは原子炉安全専門審査会の専門技術的な調査審議及び判断を基**にしてされた被告行政庁の判断に不合理な点があるか否かという観点から行われるべきであって、現在の科学技術水準に照らし、その調査審議において用いられた具体的審査基準に不合理な点があり、あるいは当該原子炉施設が具体的審査基準に適合するとした**原子力委員会若しくは原子炉安全専門審査会の調査審議及び**判断の過程に看過し難い過誤、**欠落があり、被告行政庁の判断が**これに依拠してされたと認められる場合には、被告行政庁の判断に不合理な点があるものとして、**原子炉設置許可処分は違法である。**

ここで極める！ ▶ 原子炉施設の設置許可処分に対する判断のポイント

①**判断対象は、原子力委員会等の行った判断等か？**
　☞違う。それらを基にしてされた行政庁の判断が対象。
②**科学技術水準は、当時のものと現在のもののどちらに照らして判断する？**
　☞現在の水準に照らして判断。

最判昭52.12.20

判例（事案と判旨） 国家公務員であるＸらが行った活動が、国家公務員法・人事院規則に違反するとして、Ｘらに対して懲戒免職処分がなされたところ、Ｘらはこれを不服として争った事案。

☞ 懲戒権者の裁量権の行使としてなされた公務員に対する懲戒処分の適否を裁判所が審査するにあたっては、**懲戒権者と同一の立場に立って、懲戒処分をすべきであったかどうか又はいかなる処分を選択すべきであったかについて判断し、その結果と懲戒処分とを比較してその軽重を論ずべきものではなく**、懲戒権者の裁量権の行使に基づく処分が社会観念上著しく妥当を欠き、裁量権を濫用したと認められる場合に限り、違法であると判断すべきである。

> 回りくどい言い方をしているけれども、当該処分と、懲戒権者の立場に立って考えてみた処分とを比較するのではなく、当該処分が著しく妥当性を欠いているか等で判断するということだよ。

POINT 4 裁量権収縮論

裁量権収縮論とは、**規制行政**に関して、**行政権を発動するか否かの判断は、行政庁の裁量がゼロに収縮**され、行政権の**発動が義務付けられる**という理論である。

もっとも、判例は以下のとおり、裁量権収縮論とは別の立場であると解されている。

最判平元.11.24

判例（事案と判旨） 宅地建物取引業者であるＺは、不動産所有権を移転することが困難な経営状態であったが、知事Ｙから免許の更新を受けて営業を継続していた。ＺはＸに対して不動産を売却したところ、売却金をＸへの所有権移転ではなく、他の用途へ流用したためＸは損害を被った。そこで、ＸはＹに対して、Ｚへの免許の停止・取消処分等の不行使が違法であるとして争った事案。

☞ 処分権限が付与された趣旨・目的に照らし、その**不行使が著しく不合理**と認められるときでない限り、その**権限の不行使は、違法の評価を受けるものではない**（裁量権消極的濫用論）。

1 行政裁量とは、行政機関がある決定を行う際に認められている一定の判断の余地のことであり、法規裁量（羈束裁量）行為と、便宜裁量（自由裁量）行為とに分けられる。

○ 本問の記述のとおりである。

2 要件裁量説とは、行政行為の効果に着目し、行政庁の裁量は専ら行政行為の決定ないし選択に存在するという考えの学説である。

× 本問の学説は、**効果裁量説**である。**要件裁量説**は、行政行為が規定されている文言に着目し、行政庁の**裁量は、規定されている文言上の要件が充足されるか否かの認定**に対して存在するという考えの学説である。

3 便宜裁量（自由裁量）とは、行政行為の判断に対して全面的に裁判所の司法審査が及ぶ場合であり、効果裁量説からすると、行政行為の効果として国民の権利利益を制限する場合は、裁判所の司法審査が及ぶべきであるから、便宜裁量（自由裁量）にあたると解される。

× **法規裁量（羈束裁量）**とは、**行政行為の判断に対して全面的に裁判所の司法審査が及ぶ場合**であり、効果裁量説からすると、行政行為の効果として**国民の権利利益を制限する場合**は、裁判所の司法審査が及ぶべきであるから、**法規裁量（羈束裁量）にあたる**と解される。

4 行政の裁量行為（処分等）については、裁量権の行使が不当又は不適切だった場合に限り、裁判所は、取り消すことができると規定されている。

× **行政の裁量行為（処分等）**については、**裁量権の範囲を超え又はその濫用があった場合に限り、裁判所は、その処分を取り消すことができる**と規定されている（行政事件訴訟法30条）。

5 判例は、原子力委員会若しくは原子炉安全専門審査会の調査審議及び判断の過程に看過し難い過誤、欠落があり、被告行政庁の判断がこれに依拠してされたと認められる場合には、被告行政庁の判断に不合理な点があるものとして、原子炉設置許可処分は違法であるとしている。

○　本問の記述のとおりである（伊方原発訴訟：最判平4.10.29）。

6 判例は、懲戒権者の裁量権の行使としてなされた公務員に対する懲戒処分の適否を裁判所が審査するにあたっては、懲戒権者と同一の立場に立って、懲戒処分をすべきであったかどうか又はいかなる処分を選択すべきであったかについて判断し、その結果と懲戒処分とを比較して、その軽重を論ずべきとしている。

×　**判例は、懲戒権者の裁量権の行使としてなされた**公務員に対する懲戒処分の適否を**裁判所が審査するにあたっては、**懲戒権者の裁量権の行使に基づく処分が社会観念上著しく妥当を欠き、裁量権を濫用したと認められる場合に限り、違法であると判断すべきであるとしている（最判昭52.12.20）。

7 判例は、処分権限の不行使について、処分権限が付与された趣旨・目的に照らし、その不行使が著しく不合理と認められるときでない限り、その権限の不行使は、違法の評価を受けるものではないとしている。

○　本問の記述のとおりである（最判平元.11.24）。

8 判例は、個人タクシー事業の免許申請を却下した行政処分について、当時の道路運送法は抽象的な免許基準を定めているにすぎないのであるから、その趣旨を具体化した審査基準を設定し、これを公正かつ合理的に適用すべきであるとして、当該申請の却下処分を違法としている。

○　本問の記述のとおりである（最判昭46.10.28）。

STEP 3 過去問にチャレンジ！

特別区Ⅰ類（2008 年度）

行政裁量に関する記述として、通説に照らして、妥当なのはどれか。

1 要件裁量説は、便宜裁量と法規裁量を区別する基準として、行政行為の効果に着目し、行政庁の裁量はもっぱら行政行為の決定ないし選択に存在するとする考えで、国民に権利を付与する行為の決定は、法規裁量であるとする。

2 裁量権収縮論は、規制行政に関して行政権を発動するかどうかの判断は行政庁の裁量判断に委ねられるべきものであり、行政行為の発動の時期については、いかなる場合であっても行政庁に自由な選択の余地があるとする理論である。

3 行政事件訴訟法は、行政庁の裁量処分については、裁量権の範囲をこえ又は裁量権の濫用があった場合に限り、裁判所は、その処分を取り消すことができると定めている。

4 裁量行為は、法規裁量行為と便宜裁量行為とに分けられ、便宜裁量行為については裁判所の審査に服するが、法規裁量行為については裁判所の審査の対象となることはない。

5 行政庁に行政裁量を認める裁量条項の執行に関して、裁量行為の不作為ないし権限不行使があっても、それは当不当の問題となるにとどまり、違法となることは一切ない。

➡解答・解説は別冊 P.028

問題 2　　　　　　　　　　　　　　　　　　　特別区 I 類（2012 年度）

行政裁量に関するA〜Dの記述のうち、最高裁判所の判例に照らして、妥当なものを選んだ組合せはどれか。

A　道路運送法に定める個人タクシー事業の免許にあたり、多数の申請人のうちから少数特定の者を具体的個別的事実関係に基づき選択してその免許申請の許否を決しようとするときには、同法は抽象的な免許基準を定めているにすぎないのであるから、行政庁は、同法の趣旨を具体化した審査基準を設定し、これを公正かつ合理的に適用すべきである。

B　旧出入国管理令に基づく外国人の在留期間の更新を適当と認めるに足りる相当の理由の有無の判断は、法務大臣の裁量に任されており、その判断が全く事実の基礎を欠く場合又は社会通念上著しく妥当性を欠くことが明らかな場合に限り、裁判所は、当該判断が裁量の範囲を超え又はその濫用があったものとして違法であるとすることができる。

C　原子炉施設の安全性に関する判断の適否が争われる原子炉設置許可処分においては、行政庁の判断が、原子力委員会若しくは原子炉安全専門審査会の専門技術的な調査審議及び判断を基にしてなされたものである限り、当該行政庁の処分が、裁判所の審理、判断の対象となることはない。

D　懲戒権者の裁量権の行使としてされた公務員に対する懲戒処分の適否を裁判所が審査するにあたっては、懲戒権者と同一の立場に立って、懲戒処分をすべきであったかどうか又はいかなる処分を選択すべきであったかについて決定し、その結果と当該懲戒処分とを比較して、その違法性を判断しなければならない。

1．A、B
2．A、C
3．A、D
4．B、C
5．B、D

➡解答・解説は別冊P.029

問題3 国家専門職（2021年度）

行政裁量に関するア～エの記述のうち、判例に照らし、妥当なもののみを全て挙げているのはどれか。

ア 裁判所が都市施設に関する都市計画の決定又は変更の内容の適否を審査するに当たっては、当該決定又は変更が裁量権の行使としてされたことを前提として、その基礎とされた重要な事実に誤認があること等により重要な事実の基礎を欠くこととなる場合、又は事実に対する評価が明らかに合理性を欠くこと、判断の過程において考慮すべき事情を考慮しないこと等によりその内容が社会通念に照らし著しく妥当性を欠くものと認められる場合に限り、裁量権の範囲を逸脱し又はこれを濫用したものとして違法となる。

イ 裁判所が懲戒権者の裁量権の行使としてされた公務員に対する懲戒処分の適否を審査するに当たっては、懲戒権者と同一の立場に立って懲戒処分をすべきであったかどうか又はいかなる処分を選択すべきであったかについて判断し、その結果と当該処分とを比較してその軽重を論ずべきものではなく、懲戒権者の裁量権の行使に基づく処分が社会観念上著しく妥当を欠き、裁量権を濫用したと認められる場合に限り違法と判断すべきである。

ウ 公立高等専門学校の校長が学生に対し、原級留置処分又は退学処分を行うかどうかの判断は校長の合理的な教育的裁量に委ねられるべきものであるが、このうち原級留置処分については、必ずしも退学処分と同様の慎重な配慮が要求されるものではなく、校長がその裁量権を行使するに当たり、原級留置処分に至るまでに何らかの代替措置を採ることの是非、その方法、態様等について考慮する必要はない。

エ 農地に関する賃借権の設定移転は、本来個人の自由契約に任せられていた事項であって、旧農地調整法が小作権保護の必要上これに制限を加え、その効力を市町村農地委員会による承認にかからせているのは、個人の自由の制限である面があるものの、同法はその承認について客観的な基準を定めていないから、その承認をするか否かは市町村農地委員会の自由な裁量に委ねられる。

1. ア、イ
2. ア、エ
3. イ、ウ
4. ア、イ、エ
5. イ、ウ、エ

➡解答・解説は別冊 P.030

CHAPTER 3

行政作用法（後編）

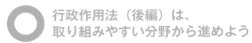

この章で学ぶこと

行政作用法（後編）は、取り組みやすい分野から進めよう

　CHAPTER3・行政作用法（後編）では、行政上の義務の履行確保、行政行為以外の活動（行政指導・行政計画・行政契約・行政調査）、情報公開法と行政手続法を学んでいきます。

　後編では、行政行為以外の行政活動などを個別に学習していくので、前編に比べると各分野の独立性が高いです。そのため、自分にとって取り組みやすい分野から個別に進めて行くのがおすすめです。

　この分野では、行政代執行法・情報公開法・行政手続法などの個別法の条文知識が重要になるので、民法のように条文重視で進めるとはかどりやすいです。

条文知識の理解を深めよう

　前編では、行政行為を中心に抽象的なロジックやメカニズムに関する学習が多かったですが、後編では個別法の条文知識を押さえることの重要度が上がります。

　特に行政代執行法・情報公開法・行政手続法においては、出題されやすい条文知識がある程度決まっていますので、条文知識を確実に押さえていきましょう。

行政行為との違いを意識しよう

　行政指導・行政計画・行政契約・行政調査においては、これらが行政行為とは異なる面があることを念頭に置きましょう。

　行政行為は、一方的に国民の権利義務を規律するものです。しかし、後編で学ぶこれらの活動は基本的には行政行為と異なり、国民と対等の関係で契約を結んだり（行政契約）、国民に対して任意の協力を求めたりする（行政指導）という違いがあります。

　これらの分野では、行政行為とは異なる内容の議論が展開されるので、行政行為と混同しないように注意しましょう。

国家一般職

　出題頻度はかなり高く、全範囲から満遍なく問われる。穴を作らないように、時間をかけて網羅的な学習をしっかり行っていこう。

　他の試験種に比べて、行政調査と情報公開が問われやすいので、この分野にしっかり取り組んでおくとアドバンテージがとれる。

国家専門職

　国家一般職と同様、出題頻度の高い分野である。行政手続法が問われやすいので、同法の条文知識は念入りに学習しておこう。あとは、行政指導と行政契約も念入りに見ておくと良い。

地方上級

　行政上の義務の履行確保、行政手続法からの出題が多い。行政代執行法と行政手続法の条文知識を中心に学習するのがおすすめ。

特別区Ⅰ類

　他の試験種に比べて、行政上の義務の履行確保の出題頻度がやや高い。地方上級と同様、行政代執行法の条文知識をしっかりと網羅的に学習しておこう。

市役所

　出題頻度はそれなりに高く、行政上の義務の履行確保、行政手続法からの出題が多い。地方上級と同様、この2分野をしっかりと準備しておこう。

SECTION

1 行政上の義務の履行確保

STEP 1 要点を覚えよう！

POINT 1 行政上の義務の履行確保

　行政上の義務の履行確保では、行政上の義務を履行しない者がいる場合、どのようにして、その履行を確保していくかという手段を確認する。

　履行確保の手段は大きく分けて、①行政上の強制執行（直接強制、執行罰、行政代執行、行政上の強制徴収）と、②行政上の制裁（行政刑罰、行政上の秩序罰等）がある。

　まずは、**別に法律で定める**ものを除いては、**行政代執行法**の定めるところによると規定されているから（行政代執行法1条）、**行政上の義務の履行確保手段に関しては、法律による根拠が必要**であり、**条例を根拠規範とすることができない**。

　他方、**行政上の「義務」の根拠規定**については、**法律の委任に基づく命令、規則及び条例を含む**と規定されている（同法2条）。よって、行政上の義務の根拠規定については、**条例を根拠とすることができる**。

　もっとも、後述する**即時強制は、義務の不履行を前提とするものではなく**、行政上の義務の履行確保手段には**あたらない**ことから、**即時強制の根拠規範を条例で定めることができる**。

　なお、行政代執行を規定する行政代執行法や、行政上の強制徴収を規定する国税徴収法を除き、行政上の義務の履行確保手段のうち直接強制や執行罰に関しては、**個別法**によって規定されている。

◆行政上の義務の履行確保手段の概観

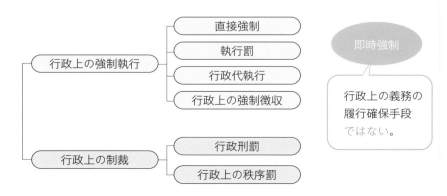

POINT 2 直接強制

　直接強制とは、義務者が**義務を履行しない**場合、**義務者の身体や財産に実力を加え、義務の内容を実現**する強制執行制度である。

　直接強制は、義務を課した**行政機関が自ら義務を強制執行**するものであり、自力救済を禁止された国民には認められていない特別な手段である。**直接強制の一般法は存在せず**、**個別法で特に定められた場合にのみ**認められる。

> **最大判昭41.2.23**
>
> **判例（事案と判旨）** 農業共済組合が、法律で認められた行政上の強制徴収手段によらずに、組合員に対して、一般私法上の債権と同様に民事訴訟法上の強制執行の手段で権利行使することが許されるのかが争われた事案。
>
> ☞**農業共済組合が、法律上特に独自の強制徴収の手段を与えられながら、この手段によることなく、一般私法上の債権と同様、訴えを提起し、民訴法上の強制執行の手段によってこれら債権の実現を図ることは、公共性の強い農業共済組合の権能行使の適正を欠くものとして、許されない。**

POINT 3 執行罰

　執行罰とは、**義務を履行しない者**に対して過料*を科す旨を通告することで義務者に**心理的圧迫を与え、義務を履行させる**強制執行制度である。

　執行罰は、**非代替的作為**義務の不履行又は**不作為**義務の不履行に対して適用することはできるが、**代替的作為**義務の不履行に対して適用することはできない。

> 心理的にプレッシャーを与えて履行させるものなので、その人に履行させねばならない…というケースに適切な方法なんだ。

　なお、**執行罰は、刑罰ではない**ので、当該義務が履行されるまで**反復して科す**ことが**できる**。

POINT 4 行政代執行（総論）

　行政代執行は、行政上の義務が履行されない場合に、**行政庁が自ら行い、又は第三者にこれをさせて、その費用を義務者から徴収**するものである。

　この行政代執行については、**法律（法律の委任に基づく命令、規則及び条例を含む）により直接に命ぜられ**、又は**法律に基づき行政庁により命ぜられた行為（他人が代わってなすことのできる行為に限る）**について義務者がこれを**履行しない**場合、**他の手段**によってその履行を確保することが**困難**であり、かつ、その不履行を放置することが**著しく公益に反する**と認められるときは、行うことができると規定されている（行政代執行法2条）。

---

*　**過料（かりょう）**…国又は地方公共団体が、行政上の義務違反に対して科す金銭罰のうち、刑法上の刑罰以外のもの。

POINT 5 行政代執行（各論）

行政代執行をなすには、**あらかじめ文書**による**戒告**＊が必要となり（行政代執行法3条1項）、代執行令書をもって、行政代執行をなすべき時期・派遣する執行責任者の氏名及び代執行に要する費用の概算による見積額を義務者に通知する（同条2項）。

もっとも、**非常の場合**又は**危険切迫**の場合で緊急の必要があるときは、その手続を経ないで行政代執行をすることができる（同条3項）。

また、行政代執行に要した費用の徴収については、実際に要した費用の額及びその納期日を定め、義務者に対し、文書をもってその納付が命じられ（同法5条）、**国税滞納処分**の例により徴収される（同法6条1項）。

> **最判平3.3.8**
>
> **判例（事案と判旨）** 漁港管理者である町が、当該漁港の区域内の水域に不法に設置されたヨット係留杭を強制撤去したことが違法であるとして争われた事案。
>
> ☞ **町長として本件鉄杭撤去を強行**したことは、**漁港法及び行政代執行法上、適法と認めることのできないもの**であるが、**緊急の事態に対処**するためにとられたやむを得ない措置であり、民法720条の法意に照らしても、町としては**当該撤去に直接要した費用を同町の経費として支出したことを容認すべきものであって、公金支出については、その違法性を肯認することはできず、損害賠償責任を負うものとすることはできない。**

POINT 6 行政上の強制徴収

行政上の強制徴収は、国又は地方公共団体が、**公法上の金銭債務**の内容を、**裁判所の判決に基づくことなく、滞納処分の手続によって、自ら強制的に実現する**ものである。

国税に関する債権は、国税通則法と国税徴収法の定めに従って強制徴収され、地方税法については、地方税法の規定のほか、各税ごとに「国税徴収法に規定する滞納処分の例による」とされている。

> ここまでが104ページの「①行政上の強制執行」に含まれる4つの手段だよ。次からの4つが「②行政上の制裁」だ。

POINT 7 行政刑罰

行政刑罰とは、**刑法以外の法律に規定された犯罪**であるが、刑法に刑名のある罰を科すものである。

行政刑罰においては、**罪刑法定主義が適用される**とともに、原則として、刑法総則や刑事訴訟法の規定の適用がある。

＊ **戒告（かいこく）**…行政代執行上では、行政上の義務を履行しない者に対して、履行を催告する通知行為を意味する。

POINT 8　行政上の秩序罰

　行政上の秩序罰とは、**行政上の軽微な義務違反に科される過料の総称**である。

　具体的には、①地方公共団体の**条例違反**に対する過料は、他の法令に特別の定めがある場合を除いて、地方自治法の規定により、過料に処せられるべき者の住所地の**普通地方公共団体**によって科されるとされ（同法14条3項）、また、②地方公共団体の**規則違反**に対する過料は、他の法令に特別の定めがある場合を除いて、地方自治法の規定により、過料に処せられるべき者の住所地の**普通地方公共団体の長**によって科されるとされている（同法15条2項）。

POINT 9　併科

　行政刑罰と行政上の秩序罰の関係について判例は、目的・要件及び実現の手続を異にしており、必ずしも二者択一の関係にあるものではないから、**併科を妨げず**、併科することは憲法31条、39条後段に違反しないとしている（最判昭39.6.5）。

POINT 10　即時強制

　即時強制とは、**目前急迫の必要があって義務を命じる暇がない場合、行政機関が相手方の義務の不履行を前提と**することなく、**直接、国民の身体や財産に実力を加え、行政上必要な状態を作り出す作用**のことである。

　行政活動は法律に基づき行われるべきとする**法律による行政の原理**の下で、**個人の権利を制約し又は義務を課す侵害行政**については、**法律の根拠が必要**であるとされていることから、**即時強制には法律の根拠が必要**である。

　もっとも、即時強制は義務の不履行を前提としない以上、行政上の「義務の履行確保」の手段には**あたらず**、根拠規範を条例で定めることも**できる**。

　なお、**比例原則等の一般原則は、即時強制にも適用される**。また、**即時強制に対して、行政不服申立てや取消訴訟によって不利益状態の排除を求めることができる**。

川崎民商事件①（最大判昭47.11.22）

判例（事案と判旨） 民主商工会員は、税務職員による所得税法に基づく帳簿書類等の検査を拒否したため起訴された。そこで、民主商工会員がこれを争った事案。

☞行政手続が刑事責任追及を目的とするものでないとの理由のみで、**行政手続における一切の強制**が、主として刑事責任追及手続における強制に関して司法権による事前の抑制の下におかれるべきことを保障した**憲法における適正手続（令状主義）の保障の枠外にあることにはならない**。

---

1 直接強制とは、目前急迫の必要があって義務を命じる暇がない場合、行政機関が相手方の義務の不履行を前提とすることなく、直接、国民の身体や財産に実力を加え、行政上必要な状態を作り出す作用のことである。

× **直接強制とは**、義務者が義務を履行しない場合、義務者の身体や財産に実力を加え、義務の内容を実現する強制執行制度である。**本問の内容は即時強制**である。

2 執行罰とは、行政上の軽微な義務違反に科される過料の総称である。

× **執行罰とは**、義務を履行しない者に対して過料を科す旨を通告することで義務者に心理的圧迫を与え、義務を履行させる強制執行制度である。**本問の内容は行政上の秩序罰**である。

3 行政代執行が実施できるのは、義務者がこれを履行しない場合において、他の手段によってその履行を確保することが可能であったとしても、不履行を放置することが著しく公益に反しないと認められるときである。

× **行政代執行が実施できるのは**、義務者がこれを履行しない場合、他の手段によってその履行を確保することが困難であり、かつ、その不履行を放置することが著しく公益に反すると認められるときである（行政代執行法2条）。つまり、他の手段によってその履行を確保することができる場合は、行うことができない。

4 行政刑罰においては、信義誠実の原則が適用される一方、原則として刑法総則・刑事訴訟法の規定は適用されない。

× **行政刑罰においては、罪刑法定主義が適用される**とともに、原則として**刑法総則・刑事訴訟法の規定の適用がある**。

5 判例は、行政刑罰と行政上の秩序罰とは、目的・要件及び実現の手続を異にし、二者択一の関係にあるから、これらを併科することはできないとしている。

× 判例は、**行政刑罰と行政上の秩序罰**とは、目的・要件及び実現の手続を異にし、必ずしも二者択一の関係にあるものではないから、**併科を妨げず、これらは憲法31条、39条後段に違反しない**としている（最判昭39.6.5）。

6 即時強制とは、義務者が義務を履行しない場合、義務者の身体や財産に実力を加え、義務の内容を実現する強制執行制度である。

× **即時強制**とは、**目前急迫**の必要があって義務を命じる暇がない場合、行政機関が**相手方の義務の不履行を前提とする**ことなく、直接、国民の身体や財産に実力を加え、行政上必要な状態を作り出す作用のことである。

7 即時強制は、行政上の義務の履行確保手段の一つであるから、根拠規範を条例で定めることができない。

× **即時強制は、行政上の義務の履行確保手段には**あたらず、**根拠規範を条例で定めることが**できる。

8 行政刑罰は、刑罰とはいうものの刑法上の刑名をもって処罰するものではないため、罪刑法定主義は適用されない。

× **行政刑罰とは、刑法以外の法律に規定された**犯罪であるが、**刑法に刑名の**ある罰を科すものである。よって、行政刑罰には、**罪刑法定主義が**適用されるとともに、原則として、刑法総則や刑事訴訟法の規定の適用が**ある。**

STEP 3　過去問にチャレンジ！

問題 1　　　　　　　　　　　　　　　　　　　　　　　特別区Ⅰ類（2015 年度）

行政法学上の行政強制に関する記述として、判例、通説に照らして、妥当なのはどれか。

1　直接強制とは、目前急迫の必要があって義務を命じる暇がない場合、行政機関が相手方の義務の不履行を前提とすることなく、直接、国民の身体や財産に実力を加え、行政上必要な状態を作り出す作用をいう。

2　即時強制とは、義務者が義務を履行しない場合、義務者の身体や財産に実力を加え、義務の内容を実現する作用をいうが、苛酷な人権侵害を伴うおそれが強いため、例外的に最小限、個別法に特別の定めが置かれている。

3　行政代執行とは、義務者が代替的作為義務を履行しない場合、他の手段によってその履行を確保することが困難であるとき、行政庁自らが義務者の義務を履行できるとするものであるが、代執行に要した費用を義務者から徴収することはできない。

4　最高裁判所の判例では、漁港管理者である町が当該漁港の区域内の水域に不法に設置されたヨット係留杭を強制撤去したのは、行政代執行法上適法と認めることができないものであるので、この撤去に要した費用の支出は、緊急の事態に対処するためのやむを得ない措置であるとしても違法であるとした。

5　最高裁判所の判例では、農業共済組合が組合員に対して有する農作物共済掛金の債権について、行政上の強制徴収の手段を与えられながら、強制徴収の手段によることなく、一般私法上の債権と同様に訴えを提起し、民事訴訟法上の強制執行の手段によって実現を図ることは許されないとした。

➡解答・解説は別冊 P.031

問題 2

行政代執行法に規定する代執行に関する記述として、妥当なのはどれか。

1 法律により直接に命ぜられ、又は法律に基づき行政庁により命ぜられた代替的作為義務又は不作為義務を義務者が履行しない場合、行政庁は、自ら義務者のなすべき行為をなし、又は第三者にこれをなさしめることができる。

2 行政庁は、法律により直接に命ぜられた行為を義務者が履行しない場合、不履行を放置することが著しく公益に反すると認められるときであっても、他の手段によってその履行を確保することが困難でなければ、代執行はできない。

3 行政代執行法は行政上の強制執行に関する一般法であり、行政庁が自ら義務者のなすべき行為を行う場合には、個別法に特別な代執行の定めがなければならない。

4 代執行を実施する場合、緊急の必要があるときは、義務者に対する戒告を省略することができるが、義務者に対する代執行令書による通知は、代執行の時期や執行責任者の氏名が記載されるので省略することができない。

5 行政庁は、代執行を行った場合、実際に要した費用の額及びその納期日を定め、義務者に対し、文書をもってその納付を命じるが、その費用を強制徴収することはできない。

➡解答・解説は別冊 P.032

問題 3

特別区Ⅰ類（2018年度）

行政法学上の執行罰又は直接強制に関する記述として、通説に照らして、妥当なのはどれか。

1 執行罰は、地方公共団体においては、条例を根拠規範とすることができるが、直接強制は、条例を根拠規範とすることができない。

2 執行罰は、代替的作為義務又は非代替的作為義務の不履行に対して適用することはできるが、不作為義務の不履行に対して適用することはできない。

3 執行罰は、義務を履行しない者に対し過料を科す旨を通告することで義務者に心理的圧迫を与え、義務を履行させる強制執行制度であるが、当該義務が履行されるまで反復して科すことはできない。

4 直接強制は、義務者の身体又は財産に対し、直接に実力を加え、義務が履行された状態を実現させる強制執行制度であり、個別法で特に定められた場合にのみ認められる。

5 直接強制は、義務を課した行政が自ら義務を強制執行するものであり、自力救済を禁止された国民には認められていない特別な手段であるため、直接強制を許容する一般法として行政代執行法が制定されている。

→解答・解説は別冊 P.033

問題4

行政法学上の即時強制に関する記述として、妥当なのはどれか。

1 最高裁判所の判例では、川崎民商事件において、即時強制は、緊迫した状況において展開される緊急措置であり、令状主義を機械的に適用するのは困難なので、その手続における一切の強制は、当然に憲法に規定する令状主義の保障の枠外にあるとした。

2 即時強制は、執行機関の裁量に委ねられ、その要件、内容の認定や実力行使の程度、態様、方法を選択する場合、法規の趣旨目的を厳格に解釈し、相手方の人権侵害を最小限にとどめるよう配慮しなければならないが、比例原則は適用されない。

3 身柄の収容や物の領置などの即時強制が実施され、継続して不利益状態におかれている者は、行政不服申立て又は取消訴訟によって不利益状態の排除を求めることができる。

4 行政上の強制執行の定めは法律の専権事項であり、条例で強制執行の権限を創設することはできないので、即時強制の根拠を条例で定めることは、緊急避難的な措置であっても許されない。

5 即時強制は、義務者の身体又は財産に直接実力を加え、義務の履行を確保する手続であり、即効的に義務を実現することができるが、その反面、人権侵害の危険が大きい。

➡解答・解説は別冊 P.034

STEP **1** 要点を覚えよう！

POINT **1** 行政指導の定義

　行政指導とは、行政機関がその任務又は所掌事務の範囲内において、一定の行政目的を実現するため、特定の者に一定の作為又は不作為を求める**指導、勧告、助言その他の行為**であって、**処分に該当しないもの**をいうと規定されている（行政手続法2条6号）。

POINT **2** 行政指導の一般原則

　行政指導に携わる者は、行政指導の内容が**あくまでも相手方の任意の協力**によってのみ実現されるものであることに留意し（行政手続法32条1項）、その**相手方が行政指導に従わなかったことを理由**として、**不利益な取扱い**をしてはならない（同条2項）。

　そして、私人の権利又は利益を侵害する場合には、法律の根拠が必要とされているが、**行政指導は、法律の根拠なく**行うことができる。

> 最判平5.2.18
> **判例（事案と判旨）** 市が行政指導として教育施設の充実に充てるために、マンションを建築する事業主Xに対して、（行政指導として）寄付金の納付を求めたところ、Xは当該寄付に強い不満をもったため、この要否を争った事案。
> ☞市が行政指導として教育施設の充実に充てるために、マンションを建築する事業主に対して寄付金の納付を求めることは、**教育施設負担金を納付しなければ、水道の給水契約の締結及び下水道の使用を拒絶されると考えさせるに十分なもの**であって、マンションを建築しようとする以上、その行政指導に従うことを余儀なくさせるものであり、**教育施設負担金の納付を事実上強制しようとしたものということができる**から、その行政指導が市民の生活環境をいわゆる乱開発から守ることを目的とすることなどを考慮しても、**本来任意に寄付金の納付を求めるべき行政指導の限度を超える**ものであり、**違法**となる。

POINT **3** 行政指導に従う意思がない旨を表明

　申請の取下げ又は内容の変更を求める行政指導にあっては、行政指導に携わる者は、**申請者が当該行政指導に従う意思がない**旨を**表明**したにもかかわらず、当

該行政指導を継続すること等により当該申請者の権利の行使を妨げるようなことをしてはならないと規定されている（行政手続法33条）。

> **品川区マンション事件**（最判昭60.7.16）
>
> **判例（事案と判旨）** Xはマンションの建築確認の申請をしたところ、地方公共団体が反対住民との紛争を話し合いで円満に解決するようにと行政指導をし、さらに、当該紛争が解決するまでは建築確認処分を行わないとの決定をした。そこで、Xが行政指導を理由とする確認処分の留保が違法であると争った事案。
>
> ☞地方公共団体が、地域の生活環境の維持、向上を図るため、建築主に対し、建築物の**建築計画につき一定の譲歩・協力を求める行政指導**を行った場合において、建築主において建築主事に対し、**確認処分を留保されたままの行政指導にはもはや協力できないとの意思を真摯かつ明確に表明**し、当該確認申請に対して直ちに応答すべきことを求めているものと認められるときには、他に前記特段の事情が存在するものと認められない限り、**当該行政指導を理由に、建築主に対して確認処分の留保の措置を受忍せしめることは許されない**から、それ以後の**行政指導を理由とする確認処分の留保は違法**である。
>
> ➡ この判例からすれば、**行政指導に不協力の意思を真摯かつ明確に表明していない場合は、行政指導に応じるよう説得を重ねることは許される**といえる。

　上記の判例のほかにも、給水契約の**申込者が行政指導に従わない意思を明確に表明しており、給水を現実に必要としていたときは、水道法上、給水契約の締結を義務付けられている水道事業者**としては、**行政指導を継続する必要があったとしても、これを理由として事業主らとの給水契約の締結を留保することは許されない**とした判例がある（最決平元.11.8）。

POINT 4　行政指導の方式①

　行政指導に携わる者は、**行政指導をする際に、行政機関が許認可等をする権限又は許認可等に基づく処分をする権限を行使しうる旨を示すとき**は、その**相手方に対して、**①当該権限を行使しうる**根拠となる法令の条項**、②その条項に規定する**要件**、③当該権限の行使が②の**要件に適合する理由を示さなければならない**（行政手続法35条2項）。

POINT 5　行政指導の方式②

　行政指導が口頭でされた場合において、その相手方から行政手続法35条1項、2項に規定する事項を記載した**書面の交付を求められたとき**は、当該行政指導に携わる者は、**行政上特別の支障がない限り、これを交付しなければならない**（行政手続法35条3項）。

「行政上特別の支障がない限り」という例外がある点は注意しよう。POINT4、5は手続に関する内容であり、行政指導を行うには何が必要なのか、という知識が問われることになるんだ。

なお、交付を求められた書面に記載すべき行政手続法35条1項、2項に規定する事項とは、次のものである。

STEP 1

要点を覚えよう！

◆行政手続法35条1項、2項に規定する事項

1項：行政指導の趣旨、内容、責任者
2項：行政指導をする際に、行政機関が許認可等をする権限又は許認可等に基づく処分をする権限を行使しうる旨を示すときは、その相手方に対して、次に掲げる事項を示さなければならない。
　①当該権限を行使しうる根拠となる法令の条項
　②前号の条項に規定する要件
　③当該権限の行使が前号の要件に適合する理由

上記の2項はPOINT4で解説した内容だよ。また1項において、行政指導に携わる者は、その相手方に対して、当該行政指導の趣旨及び内容並びに責任者を明確に示さなければならないと規定されているんだ。

POINT 6　複数の者を対象とする行政指導

同一の行政目的を実現するため、一定の条件に該当する複数の者に対して行政指導をしようとするときは、行政機関は、あらかじめ、事案に応じ、行政指導指針を定め、かつ、行政上特別の支障がない限り、これを公表しなければならない（行政手続法36条）。

POINT 7　行政指導の中止等の求め

法令に違反する行為の是正を求める行政指導（その根拠となる規定が法律に置かれているものに限る）の相手方は、当該行政指導が当該法律に規定する要件に適合しないと思料するときは、当該行政指導をした行政機関に対し、その旨を申し出て、当該行政指導の中止その他必要な措置をとることを求めることができる（行政手続法36条の2第1項本文）。

なお、当該「申出」は、行政機関が応答義務を負う「申請」（同法7条）とは異なり、当該申出を受けた行政機関が応答義務を負う規定は存在しない。

「思料」とは、そのように考えるということだよ。

POINT 8　処分等の求め

　何人も、**法令に違反する事実がある場合**において、その**是正のためにされるべき処分又は行政指導**（その**根拠**となる規定が**法律に置かれているものに限る**）が**されていないと思料**するときは、当該処分をする権限を有する行政庁又は当該行政指導をする権限を有する行政機関に対し、その旨を申し出て、**当該処分又は行政指導をすることを求める**ことができる（行政手続法36条の3第1項）。

> ここで前きめる！　「行政指導の中止等」と「処分等」の求め
>
> ・行政指導の中止等の求め
> 　☞法令違反行為の是正を求める行政指導の相手方が、当該行政指導が法律の要件に適合しないと思料した場合に、**行政指導の中止等**を求めるもの。
> ・処分等の求め
> 　☞法令違反の事実がある場合、その是正のための行政指導等がされていないと思料する場合に、**行政指導等**をすることを求めるもの。

上の二つは行政指導を**「中止等」**又は**「すること」**を求めるという方向性が異なる話なので、混乱しないようにしよう。

POINT 9　意見公募手続

　命令等制定機関は、命令等を定めようとする場合には、当該命令等の案及びこれに関連する**資料をあらかじめ公示**し、意見の提出先及び意見の提出のための期間を定めて**広く一般の意見を求めなければならない**（行政手続法39条1項）。

　この「命令等」には、「**行政指導指針**（同一の行政目的を実現するため一定の条件に該当する複数の者に対し行政指導をしようとするときにこれらの行政指導に共通してその内容となるべき事項）」が**含まれる**（同法2条8号ニ）。

意見公募手続は、いわゆるパブリック・コメント（パブコメ）と呼ばれているものなんだ。**行政機関が命令等（政令、省令等）を定める場合に、事前に案を示して、国民の意見を募る手続**のことだよ。

1 行政指導に携わる者は、行政指導の内容があくまでも相手方の任意の協力によってのみ実現されるものであることに留意しなければならないが、その相手方が行政指導に従わなかったときは不利益な取扱いをしてもやむを得ない。

× 行政指導に携わる者は、行政指導の内容があくまでも相手方の**任意の協力**によってのみ実現されるものであることに留意し（行政手続法32条1項）、その**相手方が行政指導に従わなかったことを理由として不利益な取扱いをしてはならない**（同条2項）。

2 申請の取下げ又は内容の変更を求める行政指導にあっては、行政指導に携わる者は、申請者が当該行政指導に従う意思がない旨を表明した場合であっても、公益を図る必要性があるときであれば、当該申請者の権利の行使を妨げることになったとしても、当該行政指導を継続することができる。

× **申請の取下げ又は内容の変更**を求める行政指導にあっては、行政指導に携わる者は、**申請者が当該行政指導に従う意思がない旨を表明**したにもかかわらず、**当該行政指導を継続すること等により当該申請者の権利の行使を妨げる**ようなことをしてはならない（行政手続法33条）。

3 行政指導に携わる者は、当該行政指導をする際に、行政機関が許認可等をする権限又は許認可等に基づく処分をする権限を行使しうる旨を示すときは、その相手方に対して、当該権限を行使しうる根拠となる法令の条項を示せば足りる。

× 行政指導に携わる者は、**行政指導をする際に、行政機関が許認可等をする権限**又は**許認可等に基づく処分をする権限**を行使しうる旨を示すときは、その**相手方に対して、**①当該権限を行使しうる**根拠となる法令の条項**、②その条項に規定する**要件**、③当該権限の行使が②の**要件に適合する理由を示さなければならない**（行政手続法35条2項）。

④ 同一の行政目的を実現するため、一定の条件に該当する複数の者に対して行政指導をしようとするときは、行政指導指針を定める必要はあるが、これを公表することまでは求められていない。

× **同一の行政目的**を実現するため一定の条件に該当する**複数の者に対して行政指導を**しようとするときは、**行政機関は、あらかじめ、事案に応じ、行政指導指針を定め、かつ、行政上特別の支障がない限り、これを公表しなければならない**（行政手続法36条）。

⑤ 命令等制定機関は、命令等を定めようとする場合には、これに関連する資料をあらかじめ公示し、広く一般の意見を求めなければならない。

○ 本問の記述のとおりである（行政手続法39条1項）。

⑥ 何人も、法令に違反する事実がある場合において、その是正のためにされるべき処分又は行政指導（その根拠となる規定が法律に置かれているものに限る）がされていないと思料するときは、当該処分をする権限を有する行政庁又は当該行政指導をする権限を有する行政機関に対し、その旨を申し出て、当該処分又は行政指導をすることを求めることができる。

○ 本問の記述のとおりである（行政手続法36条の3第1項）。

⑦ 法令に違反する行為の是正を求める行政指導（その根拠となる規定が法律に置かれているものに限る）の相手方は、当該行政指導が当該法律に規定する要件に適合しないと思料するときは、当該行政指導をした行政機関に対し、その旨を申し出て、当該行政指導の中止その他必要な措置をとることを求めることができる。

○ 本問の記述のとおりである（行政手続法36条の2第1項本文）。

STEP 3 過去問にチャレンジ！

問題 1　　　　　　　　　　　　　　特別区Ⅰ類（2019年度）

行政手続法に規定する行政指導に関するA～Dの記述のうち、妥当なものを選んだ組合せはどれか。

A 同一の行政目的を実現するため一定の条件に該当する複数の者に対し行政指導をしようとするときは、行政機関は、あらかじめ、事案に応じ、行政指導指針を定め、かつ、行政上特別の支障がない限り、これを公表しなければならない。

B 申請の取下げ又は内容の変更を求める行政指導にあっては、行政指導に携わる者は、申請者が当該行政指導に従う意思がない旨を表明したにもかかわらず当該行政指導を継続すること等により当該申請者の権利の行使を妨げるようなことをしてはならない。

C 行政指導に携わる者は、当該行政指導をする際に、行政機関が許認可等に基づく処分をする権限を行使し得る旨を示すときは、その相手方に対して、当該権限を行使し得る根拠となる法令の条項、当該法令の条項に規定する要件を示せば足りる。

D 行政指導に携わる者は、行政指導を口頭で行った場合において、その相手方から当該行政指導の趣旨及び内容並びに責任者を記載した書面の交付を求められたときは、必ずこれを交付しなければならない。

1. A、B
2. A、C
3. A、D
4. B、C
5. B、D

➡解答・解説は別冊P.035

STEP 3 過去問にチャレンジ！

問題 2

行政指導に関する次の記述のうち、妥当なのはどれか。

1 　行政指導に携わる者は、当該行政指導をする際に、行政機関が許認可等をする権限又は許認可等に基づく処分をする権限を行使し得る旨を示すときは、その相手方に対して、当該権限を行使し得る根拠となる法令の条項を示せばよく、当該条項に規定する要件まで示す必要はない。

2 　法令に違反する行為の是正を求める行政指導の根拠となる規定が法律に置かれている場合、当該行政指導の相手方は、当該行政指導が当該法律に規定する要件に適合しないと思料するときは、当該行政指導をした行政機関に対し、その旨を申し出て、当該行政指導の中止を求めることができる。また、当該申出を受けた行政機関は応答義務を負うと一般に解されている。

3 　何人も、法令に違反する事実があり、その是正のためにされるべき行政指導がされていないと思料する場合は、当該行政指導の根拠となる規定が法律に置かれているときに限り、当該行政指導をする権限を有する行政機関に対し、その旨を申し出て、当該行政指導をすることを求めることができる。

4 　同一の行政目的を実現するため一定の条件に該当する複数の者に対し行政指導をしようとするときに、これらの行政指導に共通してその内容となるべき事項を定めた行政指導指針は、原則として意見公募手続の対象とはならない。

5 　行政指導は相手方の任意の協力によってのみ実現されるものであるから、行政指導に携わる者は、相手方に行政指導に応じるよう説得を重ねることは一切許されず、また、その相手方が行政指導に従わなかったことを理由として、不利益な取扱いをしてはならない。

➡解答・解説は別冊 P.035

3 行政計画・行政契約

STEP **1** 要点を覚えよう！

POINT 1 行政計画（総論）

　行政計画とは、**行政機関が定立する計画**であって、**行政権が一定の目的のため
に目標を設定し**、その実現のための**手段・方策の総合的調整を図るもの**である。

　行政計画の策定においては、計画策定権者に広範囲な行政裁量が認められており、
基本的に法律の根拠は不要であるが、**私人に対して法的拘束力をもつ場合は、法
律の根拠が必要**となる。

> 　行政計画は、行政活動の目標とそれを実現する手段
> を定めたものだよ。文字どおり「計画書」をイメージ
> すればよいよね。

POINT 2 個別法による行政計画の規定

　行政計画の策定については、個別の法律において公聴会の開催（例：都市計画
法16条等）、審議会の開催（例：同法5条3項等）や意見書の提出（例：同法17条
2項等）についての規定があるが、**行政手続法においては規定がない**。

POINT 3 拘束的計画・非拘束的計画

　行政計画は、法的拘束力の有無によって、拘束的計画と非拘束的計画とに分類
できる。**非拘束的計画の例としては、都市計画**がある（都市計画法6条の2第1項）。

> 　秩序なく都市開発をしてしまうと利便性や景観等に
> 問題が生じるので、どのように土地を利用するか、
> 施設の整備をするかなどの計画を立てるんだ。

　一方で、判例は、**土地区画整理事業計画**（都市計画法12条1項1号）の決定は、
国民の法的地位に影響を与えるため「行政庁の処分その他公権力の行使に当たる
行為」（行政事件訴訟法3条2項）にあたるとしており（最大判平20.9.10）、**法的
拘束力を有する**と解されることから、**拘束的計画**に該当する。

　なお、土地区画整理事業とは、都市基盤が未整備な市街地や、市街化の予想さ
れる地区を健全な市街地にするために、道路・公園・河川等の公共施設を整備・
改善し、土地の区画を整え、宅地の利用の増進を図る事業のことである。

試験では、具体的な行政計画（の変更等）について、抗告訴訟の対象となるのか等の結論が問われるんだ。確認していこう。

最判昭56.1.27

判例（事案と判旨） 地方公共団体が**工場誘致**をしたところ、**X がこれに応じて必要な手続を完了**した。しかし、選挙によって地方公共団体の長が交代したことから、**後任の長によって工場建築確認が不同意**とされたため、X がこの建築確認の不同意について不法行為責任（民法709条）を争った事案。

☞地方公共団体が継続的な施策を決定した後に社会情勢の変動等により当該施策が変更された場合、特定の者に対して当該施策に適合する特定内容の活動をすることを促す個別的、具体的な勧告ないし勧誘を伴うものであり、かつ、その活動が相当長期にわたる当該施策の継続を前提としてはじめてこれに投入する資金又は労力に相応する効果を生じうる性質のものである場合には、たとえ当該勧告ないし勧誘に基づいてその者と当該地方公共団体との間に当該施策の維持を内容とする契約が締結されたものとは認められない場合であっても、**代償的措置を講ずることなく施策を変更することは、**それがやむをえない客観的事情によるものでない限り、当事者間に形成された信頼関係を不当に破壊するものとして**違法性**を帯び、地方公共団体の**不法行為責任**を生ぜしめる。

最大判平20.9.10

判例（事案と判旨） 西遠広域都市計画事業上島駅周辺**土地区画整理事業の事業計画の決定**について、取消訴訟の対象となるのかが争われた事案。

☞西遠広域都市計画事業上島駅周辺土地区画整理事業の事業計画の決定は、**施行地区内の宅地所有者等の法的地位に変動をもたらす**ものであって、**抗告訴訟の対象とするに足りる法的効果を有する**ものということができ、実効的な権利救済を図るという観点から見ても、これを対象とした**抗告訴訟の提起を認める**のが合理的である。

☞つまり、土地区画整理事業計画の決定は、行政事件訴訟法3条2項にいう「行政庁の処分その他公権力の行使に当たる行為」にあたる。

抗告訴訟とは、行政庁の公権力行使に対して、不服を申し立てる訴訟のことだよ。抗告訴訟が認められるためには、該当の行為について「処分性（行政庁の処分その他公権力の行使に当たる行為）」という要件が必要となるんだ。

最判昭57.4.22

判例（事案と判旨） 都市計画区域内の工業地域を指定する決定に対して、抗告訴訟が認められるのかが争われた事案。

☞都市計画区域内において工業地域を指定する決定は、当該決定が告示されて効力を生ずると、当該地域内の土地所有者等に建築基準法上、新たな制約を課し、その限度で一定の法状態の変動を生ぜしめるものであることは否定できないが、かかる効果は、あたかも新たに制約を課する法令が制定された場合におけると同様の当該地域内の不特定多数の者に対する**一般的抽象的**なそれに**すぎ**ず、このような効果を生ずるということだけから直ちに当該地域内の個人に対する具体的な権利侵害を伴う処分があったものとして、**これに対する抗告訴訟を肯定することは**できない。

最判平4.11.26

判例（事案と判旨） 都市再開発法に基づく第二種市街地再開発事業計画の決定について、抗告訴訟の対象となるのかが争われた事案。

☞都市再開発法に基づく第二種市街地再開発事業計画の決定は、**施行地区内の土地の所有者等の法的地位に直接的な影響を**及ぼすものであって、**抗告訴訟の対象となる行政処分に**あたる。

ここで前きめる！ ▸ 行政計画に関する重要判例の結論

①地方公共団体の工場誘致後に、後任の長によって工場建築確認が不同意とされた事案

　☞原則として、**違法性**を帯び、地方公共団体の**不法行為責任**が生じる

②西遠広域都市計画事業上島駅周辺土地区画整理事業の事業計画の決定が、取消訴訟の対象となるか？

　☞なる

③都市計画区域内の工業地域を指定する決定が、取消訴訟の対象となるか？

　☞ならない

④都市再開発法に基づく第二種市街地再開発事業計画の決定が、取消訴訟の対象となるか？

　☞なる

POINT 4 行政契約（定義）

　行政契約とは、国や地方公共団体が、その相互間又は私人との間で締結する契約である。行政契約は、行政作用の一形態ではあるが、**対等な立場**で当事者間の**合意**に基づくものである。次ページのPOINT6の協定も行政契約に含まれる。

POINT 5　行政契約への適用法規

　行政契約に関する判例は、民法等の私法が適用又は類推適用されるため（最判平16.7.13）、行政事件訴訟法が適用されるとはしていない。

　よって、**行政契約に対して不服のある者は、抗告訴訟ではなく、民事訴訟で争う**こととなる。なお、行政手続法上において、行政契約に関する規定は存在しない。

POINT 6　協定

　行政契約は、契約や協定の**当事者間のみ**を拘束するのが原則であるが、私人間で協定を締結し、行政庁から認可を受けることにより、協定の当事者以外の第三者に対しても効果をもつものがある。

　例えば、①建築基準法上の建築協定については、建築協定の目的（同法69条）、建築協定の認可の申請（同法70条）、建築協定の認可（同法73条）、建築協定の効力（同法75条）等が規定されている。

　また、②都市緑地法上の緑地協定については、管理協定の締結等（同法24条）、管理協定の認可（同法26条）、管理協定の効力（同法29条）等が規定されている。

最判平21.7.10

判例（事案と判旨） 産業廃棄物処理業を営む事業者Ｙが産業廃棄物の最終処分場の建設・使用をしていたが、Ｘ町との間で公害防止協定を締結した。**当該協定には使用期限が設定され**、この使用期限を超えて当該最終処分場を利用してはならないとなっていたが、**Ｙは最終処分場を使用**していたため、ＸがＹに対して最終処分場の使用の差止めを求めて民事訴訟を提起したところ、**使用期限を定めた公害防止協定の条項**は、**廃棄物の処理及び清掃に関する法律（廃棄物処理法）の趣旨に反し、法的拘束力が否定されるのではないか**が争われた事案。

☞廃棄物の処理及び清掃に関する法律には、処分業者による事業の廃止、処理施設の廃止については、知事に対する届出で足りる旨が規定されているところ、**処分業者が、公害防止協定において、協定の相手方に対し、その事業や処理施設を将来廃止する旨を約束**することは、**処分業者自身の自由な判断で行える**ことであり、その結果、許可が効力を有する期間内に事業や処理施設が廃止されることがあったとしても、**同法に何ら抵触するものではない。**

POINT 7　一般競争入札

　契約担当官等は、**売買、貸借、請負その他の契約を締結する場合**においては、**公告して申込みをさせる**ことにより競争に付さなければならないと規定されており（会計法29条の3第1項）、現在においても**一般競争入札が原則**となっている。

STEP 2 一問一答で理解を確認！

1 行政計画の策定において、計画策定権者に対しては広範囲な行政裁量が認められており、どのような場合であっても、法律の根拠は不要となる。

× 行政計画の策定において、計画策定権者に対して広範囲な行政裁量が認められており、基本的に法律の根拠は不要であるが、**私人に対して法的拘束力をもつ**場合は、**法律の根拠が必要**となる。

2 行政計画は、法的拘束力の有無により拘束的計画と非拘束的計画とに分類でき、非拘束的計画の例としては、土地区画整理事業計画がある。

× **前半は正しいが、土地区画整理事業計画は「拘束的」計画**の例である。なお、非拘束的計画の例としては、**都市計画**（都市計画法6条の2第1項）がある。

3 判例は、都市計画区域内において工業地域を指定する決定について、抗告訴訟を肯定するとしている。

× 判例は、**都市計画区域内において工業地域を指定する決定**について、**抗告訴訟を肯定することはできない**としている（最判昭57.4.22）。

4 判例は、都市再開発法に基づく第二種市街地再開発事業計画の決定は、施行地区内の土地の所有者等の法的地位に直接的な影響を及ぼすものであって、抗告訴訟の対象とはならないとしている。

× 判例は、**都市再開発法に基づく第二種市街地再開発事業計画の決定**は、施行地区内の土地の所有者等の法的地位に直接的な影響を及ぼすものであって、**抗告訴訟の対象となる行政処分にあたる**としている（最判平4.11.26）。

5 行政手続法には、行政契約に対する規定がある。

× **行政手続法**において、**行政契約に関する規定は存在しない**。

6 行政契約に対して不服のある者は、民事訴訟で争うことはできず、抗告訴訟で争うことになる。

× **行政契約に対して不服のある者は、**民事訴訟で争うこととなる。

7 行政契約は、契約や協定の当事者間のみを拘束するのが原則であるが、私人間で協定を締結し、行政庁から認可を受けることにより、協定の当事者以外の第三者に対しても効果をもつものがある。

○ **行政契約は、**契約や協定の**当事者間のみを**拘束するのが原則であるが、私人間で協定を締結し、行政庁から認可を受けることにより、**協定の当事者以外の第三者に対しても効果をもつものが**ある。

8 判例は、使用期限を定めた公害防止協定の条項は、廃棄物の処理及び清掃に関する法律（廃棄物処理法）の趣旨に反して、法的拘束力が否定されるとしている。

× 判例は、**処分業者が、公害防止協定において、協定の相手方に対し、その事業や処理施設を将来廃止する旨を約束することは、処分業者自身の自由な判断で行える**ことであり、その結果、許可が効力を有する期間内に事業や処理施設が廃止されることがあったとしても、**同法に何ら抵触するものではない**としている（最判平21.7.10）。

9 国の契約等を規律している会計法では、不誠実な者が落札する場合が増加していることに鑑み、不誠実な者を排除し、信頼性の高い者を選択することができることが長所とされる指名競争入札が原則となっている。

× 国の契約等について規律している**会計法では、現在においても一般競争入札が原則**となっている（会計法29条の3第1項）。

過去問にチャレンジ！

問題 1

特別区Ⅰ類（2016年度）

行政法学上の行政計画に関する記述として、判例、通説に照らして、妥当なのはどれか。

1 行政計画とは、行政権が一定の目的のために目標を設定し、その目標を達成するための手段を総合的に提示するものであり、私人に対して法的拘束力を持つか否かにかかわらず、法律の根拠を必要としない。

2 行政計画の策定において、計画策定権者に対して広範囲な裁量が認められるため、手続的統制が重要になることから、公聴会の開催や意見書の提出などの計画策定手続は、個別の法律のみならず行政手続法にも規定されている。

3 最高裁判所の判例では、地方公共団体の工場誘致施策について、施策の変更があることは当然であるから、損害を補償するなどの代償的措置を講ずることなく施策を変更しても、当事者間に形成された信頼関係を不当に破壊するものとはいえず、地方公共団体に不法行為責任は一切生じないとした。

4 最高裁判所の判例では、西遠広域都市計画事業上島駅周辺土地区画整理事業の事業計画の決定は、施行地区内の宅地所有者等の法的地位に変動をもたらすものであって、抗告訴訟の対象とするに足りる法的効果を有し、行政庁の処分その他公権力の行使に当たる行為と解するのが相当であるとした。

5 最高裁判所の判例では、都市計画区域内で工業地域を指定する決定は、その決定が告示されて効力を生ずると、当該地域内の土地所有者等に新たな制約を課し、その限度で一定の法状態の変動を生ぜしめるものであるから、一般的抽象的なものとはいえず、抗告訴訟の対象となる処分にあたるとした。

→解答・解説は別冊 P.037

問題2

行政契約に関するア～オの記述のうち、妥当なもののみを全て挙げているのはどれか。

ア 国の契約等を規律する会計法では、入札参加者を限定しないで競争入札を行い、予定価格の範囲内で国にとって最も有利な価格を提示した者を落札させる一般競争入札が原則となっていたが、不誠実な者が落札する場合が増加していることに鑑み、同法が改正され、現在では、不誠実な者を排除し、信頼性の高い者を選択することができることが長所とされる指名競争入札が原則となっている。

イ 行政契約は、行政作用の一形態であるため、行政事件訴訟法上の「行政庁の公権力の行使」に当たると一般に解されている。このことから、行政契約に対して不服のある者は、民事訴訟ではなく、抗告訴訟で争うこととなる。

ウ 廃棄物の処理及び清掃に関する法律には、処分業者による事業の廃止、処理施設の廃止については、知事に対する届出で足りる旨が規定されているものの、処分業者が、公害防止協定において、協定の相手方に対し、その事業や処理施設を将来廃止する旨を約束することは、処分業者自身の自由な判断で行えることではなく、その結果、同法に基づく知事の許可が効力を有する期間内に事業や処理施設が廃止されることがあったときは、知事の専権に属する許可権限を制約することになり、同法に抵触するとするのが判例である。

エ 行政契約には、基本的には民法の契約法理が適用されるが、その契約が私人間で一般的に用いられている売買契約であったとしても、契約自由の原則がそのまま貫徹されるわけではなく、平等原則等の行政法の一般原則が適用される。

オ 行政契約は、契約や協定の当事者のみを拘束するのが原則であるが、建築基準法上の建築協定や、都市緑地法上の緑地協定等のように、私人間で協定を締結し、行政庁から認可を受けることにより、協定の当事者以外の第三者に対しても効果を持つものがある。

1. ア、エ
2. イ、オ
3. エ、オ
4. ア、イ、ウ
5. イ、ウ、オ

➡解答・解説は別冊P.038

4 行政調査と情報公開

STEP 1 要点を覚えよう！

POINT 1 行政調査（総論）

　行政調査は、**行政機関が行政目的を達成するために必要な情報を収集する活動**である。例えば、麻薬及び向精神薬取締法における調査方法として、報告の徴収、立入検査、質問、物件（薬若しくは疑いのある物）の収去が規定されている（同法50条の38第1項）。

　なお、判例は、**旧所得税法に基づく質問検査**の範囲、程度、時期、場所等、実定法上に特段の定めのない**実施の細目**については、質問検査の必要があり、かつ、これと相手方の私的利益との衡量において**社会通念上相当な限度にとどまる限り、権限ある税務職員の合理的な選択に委ねられている**としている（最決昭48.7.10）。

POINT 2 強制的行政調査・任意的行政調査

　強制的に行う行政調査は、相手方において、調査を受忍すべき義務を一般的に負いその履行を強制され、不利益を被ることから、**法律上の根拠が**必要であると解されている。

　他方、**相手方の任意の協力をもってなされる行政調査**は、相手方において、あえて受忍しない場合には、それ以上直接的物理的に調査を強制されず、必ずしも不利益を被るとはいえないことから、**法律上の根拠が必要ではない**と解されている。なお、**行政手続法においては、行政調査に関する規定は存在しない**。

> 川崎民商事件②（最大判昭47.11.22）
>
> **判例（事案と判旨）** 川崎民主商工会議所の会員の確定申告に関する過少申告の疑いを理由とした、**税務職員の当時の所得税法に基づく立入検査**に対して、これを妨害したとして起訴された者が、**令状なく調査することは憲法35条に違反する**等として争った事案。
>
> ☞旧所得税法に基づく質問検査は、実効性確保の手段として、あながち不均衡、不合理なものとはいえないのであり、**検査が、専ら所得税の公平確実な賦課徴収を目的とする手続**であって、**刑事責任の追及を目的とする手続ではなく**、また、**そのための資料の取得収集に直接結びつく作用を一般的に有するものでもない**ことから、**合憲**である。
>
> ☞強制的に行政調査を実行すると、**国民の権利・自由を不当に害するおそれ**があるところ、行政調査が刑事責任追及を目的とするものでないとの理由のみで、行政調査における一切の強制が、主として刑事責任追及手続にお

ける強制に関して司法権による事前の抑制の下におかれるべきことを保障した**憲法における適正手続の保障の枠外にあることにはならない。**

➡この判例からすれば、行政調査に適正手続の規定が適用されるとしても、行政調査は多種多様であるから、行政調査に適正手続の規定が当然に適用されるものではなく、一定の場合に適用されることになる。

判例は、法律によって授権された**行政調査権限は**、犯罪の証拠資料を取得収集し保全するためなど、**犯則事件の調査あるいは捜査のための手段として行使する**ことは**許されない**としている（最決平16.1.20）。

その一方で、**犯則嫌疑者に対して国税犯則取締法に基づく調査を行った場合に、**課税庁が、当該調査により**収集された資料を課税処分及び青色申告承認の取消処分を行うために利用することは許される**としている（最判昭63.3.31）。

ここで動きめる！ ▶ 行政調査と犯則事件に対する判断のポイント

・**行政調査権限は、犯則事件の調査あるいは捜査のための手段として行使する**ことが許されるか？
　☞許されない。
・**犯則嫌疑者に対して国税犯則取締法に基づく調査を行った場合に、当該調査で収集された資料を課税処分及び青色申告承認の取消処分を行うために利用することが許されるか？**
　☞許される。

行政調査を犯則事件のためには利用できないけれども、犯則事件の調査のために収集された資料は行政処分のために利用できるということなんだ。

POINT 3　行政調査に関する罰則

行政調査において、**調査（国税通則法74条の2）を拒否した者に対する罰則規定が定められている**場合（同法128条2号等）がある。これは罰則規定によって、行政調査の実効性が担保されることを前提としているといえる。

この点から、行政調査に緊急を要するときであっても、**拒否する相手の抵抗を排除するための実力行使は認められない。**

POINT 4　行政機関の保有する情報の公開に関する法律（情報公開法）

国民主権の理念の下、行政文書の開示を請求する権利につき定めること等により、国民に説明する責務が全うされ、公正で民主的な行政の推進を目的として行政機関の保有する情報の公開に関する法律（以下「情報公開法」とする）が制定されている（同法1条）。この情報公開法について、確認していく。

POINT 5 開示請求者（情報公開法）

何人も、情報公開法の定めるところにより、**行政機関の長**に対して、**当該行政機関の保有する行政文書の開示を請求することができる**（情報公開法3条）。

「何人も」と規定されているとおり、居住地に関係なく、外国人であっても開示請求できるんだよ。

POINT 6 開示請求手続（情報公開法）

開示請求は、**開示請求書を行政機関の長に提出**してしなければならない（情報公開法4条1項柱書）。そして、開示請求書に記載すべき事項は、次のとおりである。

◆**情報公開法4条1項に規定する事項**

①開示請求をする者の氏名又は名称及び住所又は居所並びに法人その他の団体にあっては代表者の氏名（同項1号）
②行政文書の名称その他の開示請求に係る行政文書を特定するに足りる事項（同項2号）

POINT 7 行政文書の開示義務

行政機関の長は、**開示請求があったとき**は、開示請求に係る行政文書に**不開示情報が記録されている場合を除き**、開示請求者に対し、当該行政文書を**開示しなければならない**（情報公開法5条柱書）。

そして、同条各号において不開示情報が規定されているが、例えば、「公にすることにより、**犯罪の予防、鎮圧又は捜査、公訴の維持、刑の執行**その他の**公共の安全と秩序の維持に支障を及ぼすおそれがある**と行政機関の長が認めることにつき相当の理由がある情報」（同条4号）などである。

POINT 8 公益上の必要性による裁量的開示

行政機関の長は、開示請求に係る行政文書に**不開示情報が記録されている場合**であっても、**公益上特に必要がある**と認めるときは、開示請求者に対し、当該行政文書を**開示することができる**と規定されている（情報公開法7条）。

開示することが「できる」なので、公益上特に必要があるものでも、開示しなければならないわけではないよ。

POINT 9 行政文書の存否に関する情報

開示請求に対し、**当該開示請求に係る行政文書が存在しているか否かを答えるだけで、不開示情報を開示することとなるとき**は、行政機関の長は、当該行政文書の存否を明らかにしないで、当該開示請求を**拒否することができる**（情報公開法8条、グローマー拒否）。

POINT 10 開示請求に対する措置

行政機関の長は、開示請求に係る**行政文書の全部を開示しないとき**は、**開示をしない旨の決定**をし、開示請求者に対し、**その旨を書面により通知**しなければならない（情報公開法9条2項）。

そして、この**書面による通知**は、書面による「申請に対する処分」にあたるため、書面による**理由の提示**が必要となる（行政手続法8条1項、2項）。

POINT 11 審査会への諮問

開示決定等又は開示請求に係る不作為について審査請求があったとき、当該審査請求に対する裁決をすべき行政機関の長は、原則として、**情報公開・個人情報保護審査会**に**諮問**しなければならない（情報公開法19条1項柱書）。

諮問とは、有識者や特定の機関に意見を求めることだよ。

審査会は、必要があると認めるときは、諮問庁に対し、**行政文書等又は保有個人情報の提示を求めることができる**と規定されており（情報公開・個人情報保護審査会設置法9条1項前段）、同条2項において、**諮問庁は、審査会からこの求めがあったときは、これを拒んではならない**と規定されている。

POINT 12 第三者に対する意見書提出の機会の付与

第三者に関する情報が記録されているときは、行政機関の長は、開示決定等をするにあたって、当該情報に係る**第三者に対し、意見書を提出する機会を与えることができる**（情報公開法13条1項）。なお、同条2項各号に該当する場合は、意見書を提出する機会の付与が義務とされている。

そして、第三者が開示に**反対の意思を表示した意見書を提出**した場合において、**開示決定をするとき**は、開示決定をした旨及びその理由並びに開示を実施する日を書面により通知しなければならない（同条3項）。

1 判例は、旧所得税法に基づく質問検査において、実定法上特段の定めのない実施の細目については、社会通念上相当な限度にとどまる限り、権限ある税務職員の合理的な選択に委ねられているとしている。

○　本問の記述のとおりである（最決昭48.7.10）。

2 判例は、旧所得税法に基づく質問検査は、専ら所得税の公平確実な賦課徴収を目的とする手続であるが、刑事責任の追及を目的とする資料の取得収集に直接結びつく作用を一般的に有することから、合憲とはならないとしている。

×　判例は、**旧所得税法に基づく質問検査**は、**専ら所得税の公平確実な賦課徴収を目的とする手続**であって、**刑事責任の追及を目的とする資料の取得収集に直接結びつく作用を一般的に有するもの**でもないことから、**合憲である**としている（川崎民商事件②：最大判昭47.11.22）。

3 判例は、法律によって授権された行政調査権限について、犯罪の証拠資料を取得収集し保全するためなど、犯則事件の調査あるいは捜査のための手段として行使することは、社会通念上相当な限度にとどまる限り、許されるとしている。

×　判例は、法律によって授権された**行政調査権限は**、犯罪の証拠資料を取得収集し保全するためなど、**犯則事件の調査あるいは捜査のための手段として行使することは**許されないとしている（最決平16.1.20）。

4 判例は、犯則嫌疑者に対して国税犯則取締法に基づく調査を行った場合に、課税庁が、当該調査により収集された資料を課税処分及び青色申告承認の取消処分を行うために利用することは許されるとしている。

○　本問の記述のとおりである（最判昭63.3.31）。上記問題**3**との違いに注意しておこう。

5 行政調査に緊急を要するときであれば、拒否する相手の抵抗を排除するための実力行使が認められる。

× 行政調査に緊急を要するときであっても、**拒否する相手の抵抗を排除するための実力行使は**認められない。

6 外国に居住地がある外国人は、情報公開法に基づく開示請求ができない。

× **何人も、この法律の定めるところにより、行政機関の長に対し、行政文書の開示を請求することができる**（情報公開法3条）ことから、**居住地に関係なく外国人であっても開示請求が**できる。

7 行政機関の長は、行政文書に不開示情報が記録されている場合は、公益上特に必要があったとしても開示することはできない。

× 行政機関の長は、**行政文書に不開示情報が記録**されている場合であっても、**公益上特に必要があると認めるときは、開示することができる**（情報公開法7条）。

8 行政文書が存在しているか否かを答えるだけで、不開示情報を開示することとなるときは、行政機関の長は、当該行政文書の存否を明らかにしないで開示請求を拒否することができる。

○ **本問の記述のとおりである**（情報公開法8条）。

9 第三者に関する情報が記録されているときは、行政機関の長は、第三者に対して、意見書を提出する機会を与えることができる。

○ **本問の記述のとおりである**（情報公開法13条1項）。

問題 1

国家専門職（2012 年度）

行政調査及び行政手続に関する次の記述のうち、妥当なのはどれか。

1 行政庁がある決定をするために行う調査に関しては、強制的に行う調査のほか、相手方の任意の協力をもってなされる行政調査についても、その調査に協力することによって当該相手方が不利益を被る可能性が否定できないことから、法律上の根拠が必要であると解されている。

2 法律によって授権された行政調査権限は、その調査を必要とする行政決定のために用いられることが一般的であるが、行政庁が行政調査権限を他の目的である犯罪捜査のために利用し情報収集を行うことも可能であると解されている。

3 行政調査は国民の権利・自由を不当に害するおそれがあることから、憲法における適正手続の規定が当然に適用されるほか、行政手続法においても、行政調査についての一般的手続の規定が置かれている。

4 行政上の不利益処分は、その処分を受ける者以外にも重大な権利侵害や義務を課す効果をもたらす場合があることから、相手方が不特定ないわゆる一般処分を行う場合であっても、行政手続法の不利益処分に関する規定が適用される。

5 行政庁は、申請に対する許可・認可等の処分を行う場合の審査基準の策定とその原則公表が義務付けられているが、不利益処分を行う場合の処分基準の策定とその公表は努力義務にとどめられている。

→解答・解説は別冊 P.039

問題 2

行政調査に関する記述として、妥当なのはどれか。

1 行政調査は、行政機関が行政目的を達成するために必要な情報を収集する活動であり、調査方法として、報告の徴収、立入検査、質問が含まれるが、物件の収去は含まれない。

2 行政調査のうち強制調査は、法律又は条例の定めに基づいて実施されるが、その要件の認定や実施の決定、時期や方法といった実施細目についても明文の規定が必要であり、行政機関の裁量は認められない。

3 行政調査において、調査を拒否した者に対する罰則規定が定められている場合であっても、緊急を要するときは相手の抵抗を排除するための実力行使が認められる。

4 最高裁判所は、川崎民商事件判決において、旧所得税法に基づく質問検査は、刑事責任の追及に直接結びつくものでなく、実効性のある検査制度として、不合理とはいえず、合憲であると判示した。

5 最高裁判所は、行政調査は当該行政目的に限定して利用されなければならないとして、国税犯則取締法に基づく調査によって得られた資料を青色申告承認の取消処分を行うために利用することは許されないと判示した。

➡解答・解説は別冊P.040

問題3

国家一般職（2017年度）

行政機関の保有する情報の公開に関する法律に関するア～エの記述のうち、妥当なもののみを全て挙げているのはどれか。

ア　行政機関の保有する行政文書の開示請求をする場合、開示請求書には、当該行政文書を特定する事項のほか、請求の理由や目的を記載する必要がある。

イ　公にすることにより、犯罪の予防、鎮圧又は捜査、公訴の維持、刑の執行その他の公共の安全と秩序の維持に支障を及ぼすおそれがあると行政機関の長が認めることにつき相当の理由がある情報は、不開示情報とされている。

ウ　行政機関の長は、開示請求がなされた場合で請求対象文書の全部を開示しないときは、請求者に対して不開示理由を通知するため、当該文書の存否を必ず明らかにする必要がある。

エ　行政機関の長が行った開示決定や不開示決定に対して不服がある場合は、裁判所に対して開示決定等の取消訴訟を提起する前に、行政不服審査法に基づく不服申立てをする必要がある。

1.　イ
2.　エ
3.　ア、イ
4.　ア、ウ
5.　ウ、エ

➡解答・解説は別冊 P.041

問題 4

行政機関の保有する情報の公開に関する法律に関するア～オの記述のうち、妥当なもののみを全て挙げているのはどれか。

ア 我が国に居住する外国人は、行政機関の長に対し、当該行政機関の保有する行政文書の開示を請求することができる。他方、外国に居住する外国人は、我が国の行政機関の保有する行政文書の開示を請求することができない。

イ 行政機関の長は、開示請求に係る行政文書に不開示情報が記録されている場合であっても、公益上特に必要があると認めるときは、開示請求者に対し、当該行政文書を開示することができる。

ウ 開示決定等について行政不服審査法による不服申立てがあったときは、当該不服申立てに対する裁決又は決定をすべき行政機関の長は、原則として、情報公開・個人情報保護審査会に諮問しなければならない。同審査会は、開示決定等に係る行政文書の提示を諮問庁に求めることができ、当該諮問庁はこれを拒んではならない。

エ 開示請求に対し、当該開示請求に係る行政文書が存在しているか否かを答えるだけで、不開示情報を開示することとなるときは、行政機関の長は、当該行政文書の存否を明らかにしないで、当該開示請求を拒否することができ、その理由を提示する必要もない。

オ 行政機関の長は、開示請求に係る行政文書に第三者に関する情報が記録されているときは、当該第三者に対して意見書を提出する機会を必ず与えなければならないが、当該第三者が当該行政文書の開示に反対する意見書を提出した場合であっても、当該行政文書の開示決定をすることができる。

1．ア、エ
2．ア、オ
3．イ、ウ
4．イ、エ
5．ウ、オ

➡解答・解説は別冊 P.042

SECTION

5 行政手続法

STEP 1 要点を覚えよう！

POINT 1 行政手続法の目的

行政手続法は、申請や届出がなされた場合等の**行政庁又は行政機関が経るべき手続等**を定める法律である。

この法律の目的について、行政手続法1条1項は、処分、行政指導及び届出に関する手続並びに命令等を定める手続に関し、**共通する事項を定める**ことによって、行政運営における公正の確保と透明性（行政上の意思決定について、その内容及び過程が国民にとって明らかであることをいう）の向上を図り、もって国民の権利利益の保護に資することを目的とすると規定されている。

また、同条2項では「他の法律に特別の定めがある場合は、その定めるところによる」と規定されており、**行政手続法は、行政手続に関する一般法**である。

POINT 2 「処分」に関する手続

行政手続法は、処分に関する手続について、**「申請に対する処分」**（同法第二章）と**「不利益処分」**（同法第三章）とに区分し、それぞれの手続について規定しているので、それぞれを確認していく。

便宜上、「不利益処分」についてから解説していくよ。

POINT 3 不利益処分

不利益処分とは、行政庁が、**法令に基づき、特定の者を名あて人**として、直接に、これに**義務を課し、又はその権利を制限する処分**をいう（行政手続法2条4号柱書本文）。

「特定の者を名あて人」とする場合である以上、**相手方が不特定**である、いわゆる**一般的な処分の場合は、行政手続法は適用**されない。

ただし、これには**例外規定**があり（同条4号但書）、その一つとして、「**申請により求められた許認可等を拒否**する処分その他申請に基づき当該申請をした者を名あて人としてされる処分」（同条4号ロ）と規定されている。よって、**申請を拒否する処分は、不利益処分に含まれない。**

POINT 4 不利益処分（処分基準）

　行政庁は、**処分基準を定め**、かつ、これを**公にしておくよう努めなければならない**（行政手続法12条1項）。この処分基準の設定と公表は、**努力義務**にとどまる。「**処分基準**」とは、不利益処分をするかどうか又はどのような不利益処分とするかについてその法令の定めに従って判断するために必要とされる基準である（同法2条8号ハ）。

> 努力義務とは「できるだけ行いなさい」という義務であり、絶対に「しなければならない」（法的義務）という義務ではないんだ。

　もっとも、行政庁は、**処分基準を定めるにあたっては**、不利益処分の性質に照らして、できる限り具体的なものとしなければならないと規定されている（行政手続法12条2項）。つまり、必ず処分基準を定めなければならないわけではないが、**定める場合は**、できるだけ具体的なものと「**しなければならない**」ということである。

POINT 5 不利益処分（理由の提示）

　行政庁は、**不利益処分をする場合**には、その名あて人に対し、同時に、当該不利益処分の**理由を示さなければならない**と規定されており（行政手続法14条1項本文）、これは**法的義務**となっている。

　ただし、当該理由を示さないで処分をすべき**差し迫った必要**がある場合は、この限りでない（同項但書）。

　なお、**不利益処分を書面でする**ときは、その理由は**書面により**示さなければならないと規定されている（同条3項）。

POINT 6 不利益処分（意見陳述のための手続）

　行政庁が**不利益処分をしようとする場合**、処分の**名あて人の意見陳述のための手続として**、「**聴聞**」（行政手続法13条1項1号イ～ニ、第二節）と「**弁明の機会の付与**」（同項2号、第三節）の二つが規定されている。

> 不利益処分を行う場合、相手方の意見も聞きなさい、という規定だよ。聴聞は相手方のダメージが大きい場合であり、それ以外は簡易な手続である弁明の機会の付与で足りるんだ。

　また、「**許認可等を取り消す不利益処分**をしようとするとき」は、**原則として**、**聴聞**を行わなければならない（行政手続法13条1項1号イ）。

POINT 7 　不利益処分（聴聞の除外）

　行政庁は、名あて人の**資格又は地位を直接にはく奪する不利益処分**をしようとするときは、当該不利益処分の名あて人となるべき者について、**聴聞**の手続を執らなければならない（行政手続法13条1項1号ロ）。

　ただし、**公益上、緊急に不利益処分**をする必要があるため、当該手続を執ることができないときは、意見陳述手続の適用が**除外**されている（同条2項1号）。

　なお、弁明は、行政庁が口頭ですることを認めたときを除き、弁明を記載した書面（弁明書）を提出してするものとすると規定されている（同法29条1項）。

POINT 8 　不利益処分（聴聞における文書等の閲覧）

　当事者等は、聴聞の通知があった時から聴聞が終結する時までの間、行政庁に対し、当該事案についてした調査の結果に係る調書その他の当該不利益処分の原因となる事実を証する資料の閲覧を求めることができ、この場合において、行政庁は、**第三者の利益を害するおそれ**があるとき、**その他正当な理由**があるときでなければ、**その閲覧を拒むことができない**（行政手続法18条1項）。

　なお、「弁明の機会の付与」に関しては、**このような規定は存在しない**。弁明は、行政庁が口頭ですることを認めたときを除き、弁明を記載した書面（弁明書）を提出してするものとすると規定されている（同法29条1項）。

> 以上が「処分」についての手続のうち、「不利益処分」についての話で、次は「処分」についての手続のうち「申請に対する処分」の話だよ。

POINT 9 　申請に対する処分

　申請に対して拒否処分をする場合については、**聴聞や弁明の機会は規定されていない**。もっとも、**申請に対して拒否処分をする際に求められる理由（の）付記（行政手続法8条）の程度**については、重要な判例がある。

最判昭60.1.22

判例（事案と判旨） 外務大臣に対して、Xが一般旅券（パスポート）の発給申請をしたところ、**該当法令が記載された書面のみにより拒否処分**がされたため、Xがこの手続について争った事案。

☞**申請により求められた許認可等を行政庁が拒否する処分をする際に求められる理由付記の程度**については、**いかなる事実関係に基づき、いかなる法規を適用して拒否されたかを、申請者においてその記載自体から了知しうるものでなければならず、単に拒否の根拠規定を示すだけでは**、それによって当該規定の適用の基礎となった事実関係をも当然知りうるような場合を別として、理由付記として**十分でない**といわなければならない。

POINT 10 申請に対する処分（審査基準）

行政庁は、**申請に対する処分を行う場合**の審査基準を定め、**公にしておかなければならない**（行政手続法5条1項、3項）。「審査基準」とは、申請により求められた許認可等をするかどうかをその法令の定めに従って判断するために必要とされる基準である（同法2条8号ロ）。

そして、審査基準の設定と公表は、**法的義務**となっている。

ここで**直きめる**！ 「処分基準」と「審査基準」

処分基準☞不利益処分の判断のための基準
　　　　☞処分基準の設定と公表は、**努力義務**。
審査基準☞申請で求められた許認可等をするかどうかの判断基準
　　　　☞審査基準の設定と公表は、**法的義務**。

POINT 11 申請に対する処分（標準処理期間）

行政庁は、申請がその事務所に到達してから、当該申請に対する処分をするまでに**通常要すべき標準的な期間**を定めるよう**努める**と規定されている（行政手続法6条）。そして、この義務は**努力義務**にとどまる。

POINT 12 意見公募手続

命令等制定機関は、**命令等を定めようとする場合**には、**広く一般の意見を求めなければならない**（行政手続法39条1項）。いわゆるパブリック・コメントのことである。この「命令等」には、「**法律に基づく命令**」が含まれる（同法2条8号イ）。

また、意見公募手続を実施して命令等を定めるにあたっては、必要に応じ、**当該意見公募手続の実施について周知するよう努める**とともに、当該意見公募手続の実施に関連する**情報の提供に努める**ものとすると規定されている（同法41条）。

ここで**直きめる**！ 「申請に対する処分の標準処理期間」と「意見公募手続」の義務

「申請に対する処分の標準処理期間」を定めること
☞**努力義務**。
「意見公募手続」
☞意見公募手続を行うこと自体は、**法的義務**。
☞意見公募手続の実施について周知することは、**努力義務**。
☞意見公募手続の実施に関連する情報の提供は、**努力義務**。

1 行政手続法1条1項は、処分、行政指導及び届出に関する手続並びに命令等を定める手続に関し、共通する事項を定めることによって、国民がこれらの制定手続に関与することを目的とすると規定されている。

× 行政手続法1条1項は、処分、行政指導及び届出に関する手続並びに命令等を定める手続に関し、共通する事項を定めることによって、**国民の権利利益の保護**に資することを目的とすると規定されている。

2 行政庁は、処分基準を定め、かつ、これを公にしておかなければならないと規定されており、その策定とその公表は法的義務である。

× **処分基準の設定とその公表**は、**努力義務**にとどまる（行政手続法12条1項）。

3 行政庁は、不利益処分をする場合には、その名あて人に対し、同時に、当該不利益処分の理由を示さなければならないと規定されており、これは法的義務となっている。

○ **本問の記述のとおり**である（行政手続法14条1項本文）。

4 行政庁が許認可等を取り消す不利益処分をしようとするときは、原則として、弁明の機会を付与しなければならない。

× **行政庁が許認可等を取り消す不利益処分**をしようとするときは、**原則として、聴聞を行わなければならない**（行政手続法13条1項1号イ）。

5 判例は、申請により求められた許認可等を行政庁が拒否する処分をする際に求められる理由付記の程度については、適用された法規を申請者においてその記載自体から了知しうるものでなければならないとしている。

× 判例は、**申請により求められた許認可等を行政庁が拒否する処分**をする際に求められる**理由付記の程度**については、**いかなる事実関係**に基づき、いかなる**法規**を適用して拒否されたかを、申請者においてその記載自体から了知しうるものでなければならないとしている（最判昭60.1.22）。

6 審査基準とは、不利益処分をするかどうか又はどのような不利益処分とするかについてをその法令の定めに従って判断するために必要とされる基準である。

× 本問の内容は「処分基準」についての記述となっている。**「審査基準」とは、申請により求められた許認可等を**するかどうかをその法令の定めに従って判断するために必要とされる基準である（行政手続法2条8号ロ）。

7 行政庁は、申請に対する処分を行う場合の審査基準を定め、公にしておくよう努めなければならない。

× **行政庁は、申請に対する処分を行う場合の審査基準を定め、公にしておかなければならない**（行政手続法5条1項、3項）。**審査基準の設定と公表は、法的義務**となっている。

8 行政庁は、申請がその事務所に到達してから、当該申請に対する処分をするまでに通常要すべき標準的な期間を定めなければならない。

× 行政庁は、申請がその事務所に到達してから、当該申請に対する処分をするまでに**通常要すべき標準的な期間を定めるよう努める**と規定されている（行政手続法6条）。この義務は**努力義務**にとどまる。

9 命令等制定機関は、命令等を定めようとする場合には、広く一般の意見を求めるように努めるものとすると規定されている。

× **命令等制定機関は、命令等を定めようとする場合**には、広く一般の意見を**求めなければならない**と規定されている（行政手続法39条1項）。つまり、**法的義務**である。

問題 1

国家一般職（2021 年度）

行政手続法に関するア～エの記述のうち、妥当なもののみを全て挙げているのはどれか。

ア 行政手続法は、行政手続に関する一般法であり、その目的として、行政運営における公正の確保と透明性の向上を図り、もって国民の権利利益の保護に資することに加えて、国民の行政の意思決定への参加を促進することについても規定している。

イ 行政手続法は、処分に関する手続について、申請に対する処分と不利益処分とに区分し、それぞれの手続について規定している。

ウ 行政手続法は、行政庁が不利益処分をしようとする場合における処分の名あて人の意見陳述のための手続として、聴聞と弁明の機会の付与の二つを規定しており、許認可等を取り消す不利益処分をしようとするときは、原則として聴聞を行わなければならないとしている。

エ 行政手続法は、処分、行政指導及び届出に関する手続に関し、共通する事項を規定しているが、法律に基づく命令等を定めようとする場合の意見公募手続については規定していない。

1. ア、イ
2. ア、ウ
3. ア、エ
4. イ、ウ
5. ウ、エ

➡解答・解説は別冊 P.043

国家専門職（2015年度）

行政手続に関する次の記述のうち、妥当なのはどれか。

1 申請により求められた許認可等を行政庁が拒否する処分をする際に求められる理由付記の程度については、単に処分の根拠規定を示すだけでは、当該規定の適用の基礎となった事実関係をも当然知り得るような場合は別として、不十分であるとするのが判例である。

2 不利益処分とは、行政庁が法令に基づき、特定の者を名宛人として、直接にこれに義務を課し、又はその権利を制限する処分をいい、申請を拒否する処分は不利益処分に含まれる。

3 不利益処分をするに当たっては、行政庁は、必ず処分基準を定め、かつ、これを公にしなければならない。

4 申請に対して拒否処分をする場合において、行政手続法は、申請者に対し、聴聞や弁明の機会を与えなければならないとしている。

5 行政指導とは、行政機関がその任務又は所掌事務の範囲内において一定の行政目的を実現するため特定の者に一定の作為又は不作為を求める指導、勧告、助言その他の行為であって、処分に該当するものをいう。

➡解答・解説は別冊P.044

問題 3

行政手続法に規定する不利益処分に関する記述として、妥当なのはどれか。

1 行政庁は、不利益処分をするかどうかについて法令の定めに従って判断するために必要とされる基準を定め、かつ、必ずこれを公にしておかなければならず、その基準を定めるに当たっては、不利益処分の性質に照らしてできる限り具体的なものとするよう努めなければならない。

2 行政庁は、名あて人の資格又は地位を直接にはく奪する不利益処分をしようとするときは、当該不利益処分の名あて人となるべき者について、聴聞の手続を執らなければならないが、公益上、緊急に不利益処分をする必要があるため、当該手続を執ることができないときは、意見陳述手続の適用が除外されている。

3 行政庁は、許認可等を取り消す不利益処分をしようとするときは、当該不利益処分の名あて人となるべき者について、弁明の機会を付与しなければならず、弁明は、弁明を記載した書面を提出してするものとする。

4 行政庁は、不利益処分をする場合には、その名あて人に対し、処分後相当の期間内に、当該不利益処分の理由を示さなければならないが、不利益処分を書面でするときであっても、その理由は口頭によることができる。

5 行政庁は、聴聞及び弁明の機会の付与を行うに当たって、当事者から不利益処分の原因となる事実を証する資料の閲覧を求められた場合、第三者の利害を害するおそれがあるときに限り、その閲覧を拒むことができる。

→解答・解説は別冊 P.045

CHAPTER

行政救済法

この章で学ぶこと

行政救済法では、重要判例を整理して押さえよう

CHAPTER4・行政救済法では、行政事件訴訟法、行政不服審査法、国家賠償法、損失補償を学んでいきます。この分野では行政作用法と異なり、数多く存在する重要判例を整理して理解・記憶する必要があります。

行政救済法は、国民が行政活動によって損害を受けた際に、行政事件訴訟法・国家賠償法などを根拠にして、その救済を裁判所に求めた場合の法律関係を学習します。ここでは、どのような事案において訴訟要件が認められたのか、条文の要件を満たしたのかという点について、判例の蓄積が多くあるのです。

そのため、いかなる事案において判例がどのような理由で判断を下したのかを一つずつ確実に理解・記憶していく必要があります。ここは憲法の人権分野と同様、地道な判例学習が大事になりますので、焦らずに本書を読みながら過去問を解いて、重要判例の知識をしっかりと定着させましょう。

行政事件訴訟法は、訴訟要件に関する重要判例を押さえよう

訴訟要件とは、本案判決を得るために必要な要件であり、これを欠くと門前払いされます。そのような事情もあり、処分性・原告適格・訴えの利益といった訴訟要件の有無に関する重要判例が数多く蓄積されています。

これらの重要判例の出題頻度が高いので、判例（事案と判旨）の熟読・過去問演習をしっかりと繰り返していきましょう。

国家賠償法は条文知識と重要判例をセットで習得しよう

国家賠償法では、同法の1条・2条に関する重要判例が出題されます。ここは、1条・2条を念頭に置きながら重要判例を整理していくのがおすすめです。

また、損失補償は国家賠償との違いを押さえます。損失補償は、「適法」な行政活動でダメージを受けた場合に経済的補償をするという前提を忘れないようにしましょう。その上で、いくつかの重要判例を正確に押さえると良いです。

国家一般職

　出題頻度はかなり高く、全範囲から満遍なく問われる。その中でも特に、行政事件訴訟法における総論と訴訟要件（処分性・原告適格・訴えの利益）と国家賠償法1条が頻出である。上記の分野を中心に学習しながら、全範囲をしっかりと周回しよう。

国家専門職

　国家一般職と同様、行政事件訴訟法における訴訟要件と国家賠償法1条が頻出である。これらの分野を念入りに学習しておこう。

地方上級

　行政事件訴訟法における総論、行政不服審査法、国家賠償法1条と2条からの出題が多い。行政不服審査法は盲点になりやすいので、同法の条文知識をしっかりと押さえておこう。

特別区Ⅰ類

　全範囲から満遍なく出題され、他の試験種に比べると損失補償の出題頻度がやや高い。網羅的に全範囲を学習し、できるだけ穴を作らないようにしよう。

市役所

　出題頻度は他の試験種よりもやや低いが、出題された場合は国家賠償法1条が問われることが多い。まずは国家賠償法を優先的に学習するのがおすすめ。

行政事件訴訟法①（総論）

STEP 1 要点を覚えよう！

POINT 1 行政事件訴訟の全体像

　行政事件訴訟とは、行政庁の公権力の行使に関する国民の不服、その他行政法規の適用にかかわる紛争を処理する訴訟手続のことをいう。そして、国民相互の法律関係が争われる民事訴訟との違いを考慮して、行政事件訴訟法が制定されている。

　行政事件訴訟法において「**行政事件訴訟**」とは、**抗告訴訟、当事者訴訟、民衆訴訟、機関訴訟**をいうと規定されている（行政事件訴訟法2条）。

◆行政事件訴訟の全体像

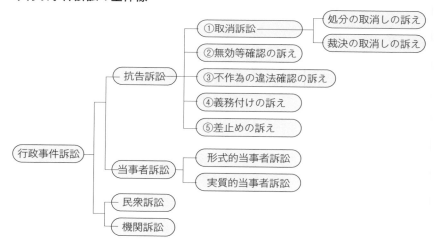

POINT 2 抗告訴訟

　抗告訴訟とは、**行政庁の公権力の行使に関する不服の訴訟**である（行政事件訴訟法3条1項）。

　その形式は、①**処分の取消し**の訴え（同条2項）、②**裁決の取消し**の訴え（同条3項）、③**無効等確認**の訴え（同条4項）、④**不作為の違法確認**の訴え（同条5項）、⑤**義務付け**の訴え（同条6項）、⑥**差止め**の訴え（同条7項）と、⑦**無名抗告訴訟**（抗告訴訟のうち行政事件訴訟法3条2項以下において、個別の訴訟類型として法定されていないもの、最判令元.7.22等）がある。

POINT 3 自由選択主義・不服申立前置主義

　裁判所に対して、**取消訴訟の提起と行政不服審査法に基づく不服申立て**のどちらを行うかは、**自由に選択できる**ことが原則となっている（行政事件訴訟法8条1項本文、自由選択主義）。

　ただし例外的に、**法律**において、**不服申立てに対する裁決を経た後でなければ取消訴訟を提起することができない旨の規定**がある場合に限り、不服申立てが義務付けられる（同項但書、不服申立前置主義）。

POINT 4 処分の取消しの訴え

　処分の取消しの訴えとは、**行政庁の処分その他公権力の行使にあたる行為**の取消しを求める訴訟である（行政事件訴訟法3条2項）。

　ただし判例は、当時の**関税定率法による通知等**という**観念の通知（＝事実行為）**について、法律の規定に準拠してされたものであり、かつ、これにより適法に輸入することができなくなるという**法律上の効果を及ぼすもの**であるから、「**行政庁の処分その他公権力の行使に当たる行為**」に**あたる**としている（最判昭54.12.25）。

POINT 5 取消訴訟の被告適格

　処分又は裁決をした行政庁が国又は公共団体に所属する場合には、**取消訴訟は、訴えの区分に応じて法定された者を被告として提起**しなければならず（行政事件訴訟法11条1項柱書）、「**裁決の取消しの訴え**」においては「**当該裁決をした行政庁の所属する国又は公共団体**」が被告となる（同項2号）。

POINT 6 取消しの理由の制限

　処分の取消しの訴えと、その処分についての審査請求を棄却した裁決の取消しの訴えとを提起することができる場合には、**裁決の取消しの訴え**においては、**処分の違法を理由として取消しを求めることができない**（行政事件訴訟法10条2項）。

POINT 7 無効等確認の訴え

　無効等確認の訴えとは、**処分若しくは裁決の存否又はその効力の有無の確認**を求める訴訟である（行政事件訴訟法3条4項）。

　この訴えは、処分若しくは裁決の存否又はその効力の有無を前提とする、**現在の法律関係に関する訴えによって目的を達することができないもの**に限られる（同法36条）。

　また、**この訴えを提起できる「法律上の利益を有する者」**（同条）とは、取消訴訟の原告適格の場合と同義であり（もんじゅ訴訟：最判平4.9.22）、**法律上の利益を有する場合に限られる**。なお、**無効等確認の訴えには、出訴期間に関する規定は存在しない**。

POINT 8 不作為の違法確認の訴え

不作為の違法確認の訴えとは、**行政庁が法令に基づく申請**に対し、相当の期間内に**何らかの処分又は裁決をすべきである**にかかわらず、**これをしないこと**についての違法の確認を求める訴訟である（行政事件訴訟法3条5項）。

この訴えは、**処分又は裁決についての申請をした者に限り**、提起することができるとされているが（同法37条）、**要件に適合しない申請**が行われた場合であっても、**訴えを提起できる**と解される。行政庁は、**要件に適合しない申請**について、速やかに申請者に対し、**相当期間を定めて補正を求め又は申請により求められた許認可等を拒否**しなければならず（行政手続法7条）、このような応答義務がある以上、何らかの処分又は裁決が行われていないといえるからである。

POINT 9 義務付けの訴え

義務付けの訴えとは、次の①・②いずれかの場合において、**行政庁がその処分又は裁決をすべき旨を命ずることを求める**訴訟である（行政事件訴訟法3条6項）。

◆義務付けの訴えができる場合

①行政庁が一定の処分をすべきであるにかかわらずこれがされない場合（②を除く）
②行政庁に対し、一定の処分又は裁決を求める旨の法令に基づく申請又は審査請求がされた場合において、当該行政庁がその処分又は裁決をすべきであるにかかわらず、これがされない場合
↓
ただし、②は次の（a）・（b）いずれかの場合に限られる（行政事件訴訟法37条の3第1項）。
（a）当該法令に基づく申請又は審査請求に対し、相当の期間内に何らの処分又は裁決がされないこと（同項1号）
（b）当該法令に基づく申請又は審査請求を却下し又は棄却する旨の処分又は裁決がされた場合において、当該処分又は裁決が取り消されるべきものであり、又は無効若しくは不存在であること（同項2号）

POINT 10 仮の義務付け

義務付けの訴えの提起があった場合において、その義務付けの訴えに係る処分又は裁決がされないことにより生ずる**償うことのできない損害を避けるため緊急の必要**があり、かつ、**本案について理由があるとみえる**ときは、裁判所は、申立てにより、決定をもって、**仮に行政庁がその処分又は裁決をすべき**旨を命ずること（仮の義務付け）ができる（行政事件訴訟法37条の5第1項）。

POINT 11 差止めの訴え

差止めの訴えとは、行政庁が一定の**処分又は裁決をすべきでない**にかかわらずこれが**されようとしている場合**において、行政庁がその処分又は裁決を**してはな**

STEP 1

要点を覚えよう！

らない旨を命ずることを求める訴訟である（行政事件訴訟法3条7項）。

> **最判平24.2.9**
> **判例（事案と判旨）** 差止めの訴えの訴訟要件である「重大な損害を生ずるおそれ」についての判断が示された事案。
> ☞ 差止めの訴えの**「重大な損害を生ずるおそれ」**があると認められるためには、損害は処分がされた後に取消訴訟等を提起して執行停止の決定を受けることなどにより容易に救済を受けることができるものではなく、**処分がされる前に差止めを命ずる方法によるのでなければ、救済を受けることが困難なもの**であることを要する。

POINT 12 　当事者訴訟

　当事者訴訟（行政事件訴訟法4条）は、①**当事者間**の**法律関係**を確認し又は形成する処分又は裁決に関する訴訟で、法令の規定により、その法律関係の**当事者の一方を被告とする**形式的**当事者訴訟**（同条前段）と、②**公法上**の**法律関係**に関する確認の訴えその他の公法上の法律関係に関する訴訟である**実質的当事者訴訟**（同条後段）とに分類される。

　なお、公法関係を私法関係と区別し、公法関係に対しては私法を適用せずに、独自の解釈を適用する公法私法二元論という考え方があるが、②の実質的当事者訴訟は、対等な当事者間の訴訟である点で民事訴訟と共通する部分があるものの、公法私法二元論を前提として、民事訴訟と区別して、公法関係における行政事件訴訟の一類型として位置付けられたものである。

POINT 13 　民衆訴訟

　民衆訴訟とは、**国又は公共団体の機関の法規に適合しない行為の是正を求める訴訟**で、選挙人たる資格その他**自己の法律上の利益にかかわらない資格**で提起するものである（行政事件訴訟法5条）。

> 自分の権利等に直接かかわらなくとも、行政の行為がおかしい、と感じた場合の訴訟だね。

　民衆訴訟及び機関訴訟は、法律に定める場合において、**法律に定める者に限り、**提起することができる（行政事件訴訟法42条）。

> 「機関訴訟」は、国又は公共団体の機関相互間における権限の存否又はその行使に関する紛争についての訴訟（同法6条）だよ。行政どうしで揉めた場合と考えていればよいね。

1 抗告訴訟とは、行政庁の公権力の行使に関する不服の訴訟であるから、個別の訴訟類型として法定されていない無名抗告訴訟は含まれない。

× 抗告訴訟とは、行政庁の公権力の行使に関する不服の訴訟であり（行政事件訴訟法3条1項）、これには行政事件訴訟法3条2項以下において**個別の訴訟類型として法定されていない無名抗告訴訟も含まれる**（最判令元.7.22等）。

2 裁判所に対して、取消訴訟の提起と行政不服審査法に基づく不服申立てのどちらを行うかは、自由に選択できることが原則となっており、例外はない。

× 裁判所に対して、取消訴訟の提起と行政不服審査法に基づく不服申立てのどちらを行うかは、**自由に選択できることが原則となっているが**（行政事件訴訟法8条1項本文、自由選択主義）、**法律**において、**不服申立てに対する裁決を経た後でなければ取消訴訟を提起することができない旨の**規定がある場合に限り、**不服申立てが義務付けられる**（同項但書、不服申立前置主義）。

3 処分の取消しの訴えとは、行政庁の処分その他公権力の行使にあたる行為の取消しを求める訴訟である。

○ **本問の記述のとおりである**（行政事件訴訟法3条2項）。

4 判例は、当時の関税定率法による通知等は、事実行為である以上、処分の取消しの訴えを提起できる「行政庁の処分その他公権力の行使に当たる行為」には該当しないとしている。

× 判例は、当時の**関税定率法による通知等は**、「**行政庁の処分その他公権力の行使に当たる行為**」に**該当する**としている（最判昭54.12.25）。

5 裁決の取消しの訴えにおいては、当該裁決をした行政庁が被告となる。

× 裁決の取消しの訴えにおいては、**当該裁決をした行政庁の所属する国又は公共団体が被告**となる（行政事件訴訟法11条1項2号）。

6 裁決の取消しの訴えにおいては、処分の違法を理由として、取消しを求めることができない。

○ 本問の記述のとおりである（行政事件訴訟法10条2項）。

7 実質的当事者訴訟とは、当事者間の法律関係を確認し又は形成する処分又は裁決に関する訴訟で法令の規定によりその法律関係の当事者の一方を被告とするものである。

× **実質的当事者訴訟**（行政事件訴訟法4条後段）とは、**公法上**の法律関係に関する確認の訴えその他の**公法上**の法律関係に関する訴訟である。

8 民衆訴訟及び機関訴訟は、法律又は条例に定める場合において、法律又は条例に定める者に限り、提起することができる。

× **民衆訴訟及び機関訴訟は**、**法律に定める場合**において、**法律に定める者に限り**、提起することができる（行政事件訴訟法42条）。**条例に定める者は含まれていない**。

9 無効等確認の訴えに関しては、出訴期間に関する規定は存在しない。

○ 本問の記述のとおりである。

10 不作為の違法確認の訴えは、処分又は裁決についての申請をした者に限り、提起することができるとされており、要件に適合しない申請が行われた場合は、この訴えを提起することができない。

× **不作為の違法確認の訴えは**、**処分又は裁決についての申請をした者に限り**、**提起することができる**が（行政事件訴訟法37条）、**要件に適合しない申請**が行われた場合であっても、**訴えを提起できる**と解されている。

STEP 3 過去問にチャレンジ！

問題 1

特別区 I 類（2006 年度）

行政事件訴訟法に規定する抗告訴訟に関する記述として、妥当なのはどれか。

1 抗告訴訟とは、行政庁の公権力の行使に関する不服の訴訟であり、その形式は、処分の取消しの訴え、裁決の取消しの訴え、無効等確認の訴え及び不作為の違法確認の訴えに限定されている。

2 抗告訴訟を審理する裁判所は、訴訟の結果により権利を害される第三者があるときは、当事者若しくはその第三者の申立て又は職権により、その第三者を訴訟に参加させることができる。

3 処分の取消しの訴えは、行政庁の処分その他公権力の行使に当たる行為を対象とするが、事実行為は、一方的に国民の自由を拘束する権力的な行為であっても、その対象とはならない。

4 裁決の取消しの訴えは、裁決をした行政庁が国又は公共団体に所属する場合であっても、その行政庁を被告として提起しなければならない。

5 不作為の違法確認の訴えにおいて、法令に基づき許認可等を申請する権利を与えられている者は、現実に申請しなかったときでも原告適格が認められる。

➡解答・解説は別冊 P.046

問題2 　　　　　　　　　　　　　　　　　　　　　特別区Ⅰ類（2016年度）

行政事件訴訟法に規定する行政事件訴訟に関する記述として、通説に照らして、妥当なのはどれか。

1　行政事件訴訟法は、抗告訴訟について、処分の取消しの訴え、裁決の取消しの訴え、無効等確認の訴え、不作為の違法確認の訴え、義務付けの訴え、差止めの訴えの6つの類型を規定しており、これ以外に法定されていない無名抗告訴訟を認める余地はない。

2　処分の取消しの訴えとその処分についての審査請求を棄却した裁決の取消しの訴えとを提起することができる場合には、裁決の取消しの訴えにおいては、処分の違法を理由として取消しを求めることができない。

3　無効等確認の訴えは、処分若しくは裁決の存否又はその効力の有無の確認を求める訴訟をいい、行政事件訴訟法に抗告訴訟として位置付けられており、取消訴訟と同様に出訴期間の制約がある。

4　当事者訴訟には、2つの類型があり、公法上の法律関係に関する確認の訴えその他の公法上の法律関係に関する訴訟を形式的当事者訴訟といい、当事者間の法律関係を確認し又は形成する処分又は裁決に関する訴訟で法令の規定によりその法律関係の当事者の一方を被告とするものを実質的当事者訴訟という。

5　民衆訴訟は、国又は公共団体の機関の法規に適合しない行為の是正を求める訴訟で、選挙人たる資格その他自己の法律上の利益にかかわらない資格で提起するものであり、法律に定める者に限らず、誰でも訴えを提起することができる。

➡解答・解説は別冊P.047

問題3

国家一般職（2015年度）

行政訴訟の類型に関するア〜オの記述のうち、妥当なもののみを全て挙げているのはどれか。

ア 抗告訴訟は、行政事件訴訟法に規定される法定抗告訴訟のみに限定されず、いわゆる無名抗告訴訟（法定外抗告訴訟）も許容されると解されていたが、平成16年に同法が改正されて、それまで無名抗告訴訟として想定されていた義務付け訴訟及び差止め訴訟が法定抗告訴訟とされたことに伴い、同法において、無名抗告訴訟が許容される余地はなくなったと一般に解されている。

イ 無効等確認の訴えとは、処分若しくは裁決の存否又はその効力の有無の確認を求める訴訟である。行政処分が無効である場合において、行政事件訴訟法は、行政処分の無効を前提とする現在の法律関係に関する訴えによることを原則とし、無効確認訴訟を提起できる場合を限定している。

ウ 行政事件訴訟法は、行政事件訴訟を抗告訴訟、当事者訴訟、民衆訴訟及び機関訴訟の4類型に分けており、これらのうち、民衆訴訟及び機関訴訟は、法律に定める場合において、法律の定める者に限り、提起することができるとしている。

エ 当事者間で公法上の法律関係を争う訴えである当事者訴訟には、二つの類型がある。これらのうち、公法上の法律関係に関する訴訟は、対等当事者間の訴訟である点で民事訴訟と共通するが、公法私法二元論を前提として、民事訴訟と区別して行政事件訴訟の一類型として位置付けたものであり、形式的当事者訴訟と呼ばれる。

オ 抗告訴訟のうち、処分の取消しの訴え及び裁決の取消しの訴えを併せて取消訴訟という。処分の取消しの訴えとその処分についての審査請求を棄却した裁決の取消しの訴えとを提起することができる場合には、原則として原処分を支持した裁決の取消しを求めて訴訟を提起することにより、当該裁決の取消しと併せて原処分の取消しを求めることとなる。

1. ア、イ
2. ア、オ
3. イ、ウ
4. ウ、エ
5. エ、オ

➡解答・解説は別冊 P.047

問題4 国家一般職（2014年度）

取消訴訟以外の抗告訴訟に関するア～オの記述のうち、妥当なもののみを全て挙げているのはどれか。

ア 無効等確認訴訟の対象となる行政庁の処分又は裁決は、その効果を否定するにつき取消訴訟の排他的管轄に服さないほど瑕疵が重大明白なものであることから、当該処分又は裁決に不服のある者は、当該処分又は裁決の無効等の確認を求めるにつき法律上の利益を有するか否かにかかわらず、無効等確認訴訟を提起することができるとするのが判例である。

イ 行政事件訴訟法は、不作為の違法確認訴訟の原告適格を「処分又は裁決についての申請をした者」と定めている。ここにいう「申請」とは、手続上適法な申請を指し、法令に基づく申請をした者であっても、その申請が手続上不適法であるときは、その者は不作為の違法確認訴訟を提起することができない。

ウ 法令に基づく申請に対する不作為についての義務付け訴訟は、当該申請に対する処分がされないことにより重大な損害を生ずるおそれがあり、かつ、その損害を避けるために他に適当な方法がないときに限り、提起することができる。

エ 一定の処分を求める義務付け訴訟の本案判決前における仮の救済として、裁判所が仮の義務付け決定をした場合、行政庁が仮に処分をすべきことになるのであって、裁判所自身が仮の処分をするものではない。

オ 差止めの訴えの訴訟要件として行政事件訴訟法が定める「重大な損害が生ずるおそれ」があると認められるためには、処分がされることにより生ずるおそれのある損害が、処分がされた後に取消訴訟又は無効確認訴訟を提起して執行停止の決定を受けることなどにより容易に救済を受けることができるものではなく、処分がされる前に差止めを命ずる方法によるのでなければ救済を受けることが困難なものであることを要するとするのが判例である。

1. ア、ウ
2. ア、オ
3. イ、ウ
4. イ、エ
5. エ、オ

→解答・解説は別冊P.048

SECTION

2 行政事件訴訟法②（処分性）

STEP 1 要点を覚えよう！

POINT 1 処分性

　訴訟を提起するためには、判決を得るために備えなければならない要件である**訴訟要件**を備えなければならない。裁判所は、**訴訟要件が欠けている**と認めるとき、原則として、**訴えを不適法なものとして却下**（門前払い）することとなる。

　行政事件訴訟における訴訟要件には、①処分性、②原告適格、③（狭義の）訴えの利益、④被告適格、⑤出訴期間、⑥裁判管轄*などがあるが、ここでは①の「処分性」について確認する。

　処分性とは、「行政庁の処分その他公権力の行使に当たる行為」（行政事件訴訟法3条2項）に該当することであり、この**処分性が認められるもの**について**取消訴訟**を提起することができる。

　処分性について判例は、公権力の主体たる国又は公共団体が行う行為のうち、その行為によって、**直接国民の権利義務を形成し又はその範囲を確定することが法律上認められているもの**について認められるとしている。

　例えば、**東京都がごみ焼却場の設置の計画案を都議会に提出する行為**は、**内部的手続行為**に止まるため、処分性は**認められない**とした（最判昭39.10.29）。

　試験では、具体的な事案において、この処分性が認められるのか否かが問われるんだ。この先は実際に問題となった判例を紹介するよ。

病院開設中止勧告事件・最判平17.7.15（処分性を肯定）

判例（事案と判旨） 当時の**医療法に基づく病院開設中止の勧告**についての処分性が問題となった事案。

☞**医療法に基づく病院開設中止の勧告**は、当該勧告を受けた者が任意にこれに従うことを期待してされる行政指導として定められているけれども、**当該勧告を受けた者に対し、これに従わない場合**には、相当程度の確実さをもって**病院を開設しても保険医療機関の指定を受けることができなくなる**という結果をもたらし、健康保険、国民健康保険等を利用しないで病院で受診する者はほとんどなく、保険医療機関の指定を受けることができない場合には、**実際上病院の開設自体を断念せざるを得ない**ことになるのであるから、**この勧告は処分性**が認められる。

---

*　**裁判管轄**（さいばんかんかつ）…各裁判所間の事件分担の定め。特定の事件について、どこの裁判所に訴えを提起すべきかの分担。

横浜市保育所廃止条例事件・最判平21.11.26（処分性を肯定）

判例（事案と判旨） 市の設置する**特定の保育所を廃止する条例の制定**についての処分性が問題となった事案。

☞ **本件改正条例は、本件各保育所の廃止のみを内容とするもの**であって、他に行政庁の処分を待つことなく、その**施行**により**各保育所廃止の効果を発生**させ、当該保育所に現に入所中の児童及びその保護者という限られた特定の者らに対して、直接、当該保育所において保育を受けることを期待しうる上記の**法的地位を奪う結果を生じさせる**ものであるから、**制定行為は、行政庁の処分と実質的に同視しうるため、処分性が認められる**。

最判平15.9.4（処分性を肯定）

判例（事案と判旨） 当時の**労働者災害補償保険法に基づく労災就学援護費の支給**についての処分性が問題となった事案。

☞ 労働者災害補償保険法に基づく労災就学援護費の支給は、保険給付を補完するために、労働福祉事業として、保険給付と同様の手続により支給することができるものであり、そして、被災労働者又はその遺族は、労働基準監督署長の支給決定によって初めて具体的な労災就学援護費の支給請求権を取得するものといわなければならないので、労働基準監督署長の行う**労災就学援護費の支給又は不支給の決定は、**優越的地位に基づいて一方的に行う公権力の行使として、**被災労働者又はその遺族の上記権利に直接影響を及ぼす法的効果を有する**ものであるから、**処分性が認められる**。

最判昭54.12.25（処分性を肯定）

判例（事案と判旨） 旧関税定率法の通知等についての処分性が問題となった事案。

☞ 旧関税定率法による**通知等は、**その法律上の性質において、税関長の判断の結果の表明、すなわち観念の通知であるとはいうものの、もともと法律の規定に準拠してされたものであり、かつ、これにより本件貨物を適法に輸入することができなくなるという**法律上の効果を及ぼす**ものというべきであるから、**処分性が認められる**。

なお、判例は、源泉徴収による所得税についての納税の告知について、**処分性が認められる**としている（最判昭45.12.24）。

最大判昭45.7.15（処分性を肯定）

判例（事案と判旨） 供託*官が供託物取戻請求を理由がないと認めて却下した行為についての処分性が問題となった事案。

---

* **供託（きょうたく）**…債務者が債権者に金銭等の債務を履行しようとしているにもかかわらず、債権者が受領を拒絶している場合などにおいて、供託所に金銭等を預けることで当該債務を履行したことにする制度。

☞弁済供託は、弁済者の申請により供託官が債権者のために供託物を受け入れ管理するもので、民法上の寄託契約の性質を有するものであるが、供託官が弁済者から供託物取戻の請求を受けたときには、単に、民法上の寄託契約の当事者的地位にとどまらず、行政機関としての立場から当該請求につき理由があるかどうかを判断する権限を供託官に与えたものと解するのが相当であり、したがって、**供託官が供託物取戻請求を理由がないと認めて却下した行為には、処分性が**認められる。

STEP 1

要点を覚えよう！

最大判平20.9.10（処分性を肯定）
判例〈事案と判旨〉 土地区画整理事業*の事業計画の処分性が問題となった事案。
☞**土地区画整理事業の事業計画については、その法的地位に直接的な影響が生ずるもの**というべきであり、事業計画の決定に伴う法的効果が一般的、抽象的なものにすぎないということはできないため、実効的な権利救済を図るために抗告訴訟の提起を認めるのが合理的であることから、これらの事情からして、市町村の施行に係る土地区画整理事業の事業計画は、公権力の主体たる国又は公共団体が行う行為のうち、その行為によって、直接国民の権利義務を形成し又はその範囲を確定することが法律上認められているもの（最判昭39.10.29）にあたり、**処分性が**認められる。

最判昭43.12.24（処分性を否定）
判例〈事案と判旨〉 宗教団体の経営する墓地の管理者は、**埋葬等を請求する者が他の宗教団体の信者であることのみを理由としてその請求を拒むことはできない**とする趣旨の通達の処分性が問題となった事案。
☞宗教団体の経営する墓地の管理者は、埋葬等を請求する者が他の宗教団体の信者であることのみを理由としてその請求を拒むことはできないとする趣旨の通達は、従来の法律の解釈、事務の取扱いを変更するものではあるが、**墓地の管理者らに新たに埋葬の受忍義務を課する等、これらの者の権利義務に直接具体的な法律上の影響を及ぼすものではなく、当該通達について処分性は**認められない。

最判昭34.1.29（処分性を否定）
判例〈事案と判旨〉 建築許可に際し、消防法に基づき消防長が知事に対して行った消防長の同意についての処分性が問題となった事案。
☞建築許可に際し、消防法に基づき消防長が知事に対してした消防長の同意は、**知事に対する行政機関相互間の行為**であって、これにより対国民との直接の関係においてその権利義務を形成し又はその範囲を確定する行為とは認められないから、**処分ということはできず、処分性は**認められない。

---

* **土地区画整理事業**…道路・公園・河川等の公共施設を整備・改善し、土地の区画を整え、宅地の利用の増進を図る事業。

最判平18.7.14（処分性を否定）

判例（事案と判旨） 普通地方公共団体の水道事業に関する**水道料金を改定する条例の制定行為**についての処分性が問題となった事案。

☞普通地方公共団体が営む水道事業に係る条例所定の水道料金を改定する条例の制定行為は、普通地方公共団体が営む簡易水道事業の水道料金を**一般的に改定するもの**であって、そもそも限られた特定の者に対してのみ適用されるものではなく、本件改正条例の制定行為をもって行政庁が**法の執行として行う処分と実質的に同視することは**できないから、本件改正条例の制定行為には**処分性**が認められない。

最判昭35.7.12（処分性を否定）

判例（事案と判旨） 納税のため物納され、国有普通財産となった土地の払下げについての処分性が問題となった事案。

☞納税のため物納され国有普通財産となった土地の払下げは、**私法上の売買**であり、**当該払下行為の法律上の性質に影響を及ぼすもの**ではないのであるから、**処分性**は認められない。

　　ここは具体的な事案と結論（処分性の有無）が判断できれば問題は解けるよ。下の一覧表も用いて、試験前には事案と結論を覚えておこう。

◆処分性の有無に関する重要判例のまとめ

事案	処分性の有無
医療法に基づく病院開設中止の勧告	処分性あり
特定の保育所を廃止する条例の制定	処分性あり
労働者災害補償保険法に基づく労災就学援護費の支給	処分性あり
旧関税定率法の通知等	処分性あり
供託官が供託物取戻請求を理由がないと認めて却下した行為	処分性あり
土地区画整理事業の事業計画	処分性あり
埋葬等を請求する者が他の宗教団体の信者であることのみを理由としてその請求を拒むことはできないとする趣旨の通達	処分性なし
建築許可に際し、消防法に基づき消防長が知事に対して行った消防長の同意	処分性なし
水道料金を改定する条例の制定行為	処分性なし
納税のため物納され、国有普通財産となった土地の払下げ	処分性なし
ごみ焼却場の設置の計画案を都議会に提出する行為	処分性なし

1 判例は、処分性が認められるのは、公権力の主体たる国の行為のうち、その行為によって、直接国民の権利義務を形成することが法律又は条例上認められているものであるとしている。

× 　判例は、処分性が認められるのは、公権力の主体たる国又は公共団体が行う行為のうち、その行為によって、直接国民の権利義務を形成し又はその範囲を確定することが法律上認められているものであるとしている（最判昭39.10.29）。

2 判例は、医療法に基づく病院開設中止の勧告は、保険医療機関の指定を受けることができなくなるというだけであり、病院の開設自体を断念させるものではないから、この勧告は処分性が認められないとしている。

× 　判例は、医療法に基づく病院開設中止の勧告は、相当程度の確実さをもって病院を開設しても保険医療機関の指定を受けることができなくなるという結果をもたらし、実際上病院の開設自体を断念せざるを得ないことになるから、この勧告は処分性が認められるとした（病院開設中止勧告事件：最判平17.7.15）。

3 判例は、旧関税定率法による通知等は、観念の通知であり、法律上の効果はないことから、処分性が認められないとしている。

× 　判例は、旧関税定率法による通知等は、観念の通知であるが、貨物を適法に輸入することができなくなるという法律上の効果を及ぼすものというべきであるから、処分性が認められるとしている（最判昭54.12.25）。

4 判例は、東京都がごみ焼却場の設置の計画案を都議会に提出する行為は、内部的手続行為に止まるとはいえず、処分性が認められるとした。

× 東京都がごみ焼却場の設置の計画案を都議会に提出する行為は、内部的手続行為に止まるため、**処分性**は認められないとした（最判昭39.10.29）。

5 判例は、市の設置する特定の保育所を廃止する条例の改正について、法規の制定行為は一般的な効果をもつにすぎないので、処分性が認められないとした。

× 判例は、**本件の改正条例は、本件各保育所の廃止のみを内容とするもの**であって、その**施行により各保育所廃止の効果を発生**させ、当該保育所に現に入所中の児童及びその保護者という限られた特定の者らに対して、直接、当該保育所において保育を受けることを期待しうる上記の**法的地位を奪う結果を生じさせる**ものだから、**処分性**が認められるとした（横浜市保育所廃止条例事件：最判平21.11.26）。

6 判例は、建築許可に際し、消防法に基づき消防長が知事に対してした消防長の同意は、知事に対する法的効果を有する行為であるから、処分性が認められるとしている。

× 判例は、建築許可に際し、消防法に基づき消防長が知事に対してした**消防長の同意**は、知事に対する**行政機関相互間の行為**であるから、**処分性**は認められないとしている（最判昭34.1.29）。

7 判例は、宗教団体の経営する墓地の管理者は、埋葬等を請求する者が他の宗教団体の信者であることのみを理由としてその請求を拒むことはできないとする趣旨の通達は、従来の法律の解釈、事務の取扱いを変更するものであるから、処分性が認められるとしている。

× 判例は、本件通達について、**権利義務に直接具体的な法律上の影響を及ぼすものではなく**、通達について**処分性は認められない**としている（最判昭43.12.24）。

問題 1

国家一般職（2012 年度）

取消訴訟の訴訟要件である処分性に関する次の記述のうち、判例に照らし、妥当なのはどれか。

1 医療法に基づき都道府県知事が行う病院開設中止の勧告は、勧告を受けた者がこれに従わない場合に、相当程度の確実さをもって健康保険法上の保険医療機関指定を受けられないという結果をもたらすとしても、それは単なる事実上の可能性にすぎず、当該勧告自体は法的拘束力を何ら持たない行政指導であるから、直接国民の権利義務を形成し又はその範囲を確定する行為とはいえず、処分性は認められない。

2 建築許可に際し、消防法に基づき消防長が知事に対してした消防長の同意は、行政機関相互間の行為であって、これにより対国民との直接の関係においてその権利義務を形成し又はその範囲を確定する行為とはいえず、処分性は認められない。

3 市町村の施行に係る土地区画整理事業の事業計画は、特定個人に向けられた具体的な処分ではなく、いわば土地区画整理事業の青写真たるにすぎない一般的・抽象的な単なる計画にとどまるものであり、当該事業計画の決定は直接国民の権利義務を形成し又はその範囲を確定する行為とはいえず、処分性は認められない。

4 市の設置する特定の保育所を廃止する条例の制定行為は、普通地方公共団体の議会が行う立法作用に属するものであり、その施行により各保育所を廃止する効果を発生させ、当該保育所に現に入所中の児童及びその保護者に対し、当該保育所において保育の実施期間が満了するまで保育を受けることを期待し得る法的地位を奪う結果を生じさせるとしても、行政庁の処分と実質的に同視し得るものということはできず処分性は認められない。

5 労働者災害補償保険法に基づく労災就学援護費の支給は、業務災害等に関する保険給付に含まれるものではなく、それを補完する労働福祉事業として給付が行われることとされているのであり、その給付を受けるべき地位は、保険給付請求権と一体をなす法的地位に当たるということはできないから、労働基準監督署長の行う労災就学援護費の支給又は不支給の決定は、直接国民の権利義務を形成し又はその範囲を確定する行為とはいえず、処分性は認められない。

➡ 解答・解説は別冊 P.050

問題 2

国家専門職（2019 年度）

取消訴訟の訴訟要件に関するア～オの記述のうち、判例に照らし、妥当なもののみを全て挙げているのはどれか。

ア 行政庁の処分とは、行政庁の法令に基づく行為の全てを意味するものではなく、公権力の主体たる国又は公共団体が行う行為のうち、その行為によって、直接国民の権利義務を形成し又はその範囲を確定することが法律上認められているものをいうところ、都が、ごみ焼却場の設置を計画し、その計画案を都議会に提出する行為は、これに該当するといえることから、行政庁の処分に当たる。

イ 森林法に基づく保安林の指定解除処分の取消訴訟において、代替施設の設置によって洪水や渇水の危険が解消され、その防止上からは保安林の存続の必要性がなくなったと認められるに至ったとしても、あらゆる科学的検証の結果に照らしてかかる危険がないと確実に断定できるとはいえないことから、当該処分の取消しを求める訴えの利益は失われない。

ウ 弁済供託は、弁済者の申請により単に供託官が債権者のために供託物を受け入れ管理するものであって、民法上の寄託契約の性質を有するものであるため、供託官が弁済者からの供託物取戻請求を理由がないと認めて却下した行為は行政処分に当たらない。

エ 医療法に基づく病院開設中止の勧告は、勧告を受けた者が任意にこれに従うことを期待して行われる行政指導として定められているが、勧告に従わない場合、相当程度の確実さをもって、病院を開設しても保険医療機関の指定を受けることができず、実際上病院の開設自体を断念せざるを得ないことになるから、当該勧告は行政事件訴訟法上の「行政庁の処分その他公権力の行使に当たる行為」に当たる。

オ 都市計画事業の事業地の周辺に居住する住民のうち当該事業が実施されることにより騒音、振動等による健康又は生活環境に係る著しい被害を直接的に受けるおそれのある者は、当該事業の認可の取消しを求めるにつき法律上の利益を有する者として、その取消訴訟における原告適格が認められる。

1. ア、イ
2. ア、ウ
3. イ、オ
4. ウ、エ
5. エ、オ

➡解答・解説は別冊 P.051

SECTION

3 行政事件訴訟法③（原告適格）

STEP 1 要点を覚えよう！

POINT 1 原告適格

原告適格とは、「法律上の利益を有する者」（行政事件訴訟法9条1項）に該当することであり、取消訴訟は、この原告適格が認められる者に限り、提起することができる。

> 162ページのSECTION2と同じように、ここでは具体的な事案において、取消訴訟の原告適格が認められるのか否かが問われるんだ。重要判例を紹介するので、これらの事案と結論が判断できるようになろう！

小田急線訴訟・最大判平17.12.7（原告適格を肯定）

判例（事案と判旨） 都市計画事業*の認可の取消訴訟について、周辺住民に原告適格が認められるのかが問題となった事案。

☞都市計画事業の認可の取消訴訟において、都市計画法は、騒音、振動等によって健康又は生活環境に係る著しい被害を直接的に受けるおそれのある個々の住民に対して、そのような**被害を受けないという利益を個々人の個別的利益としても保護すべきものとする趣旨を含む**と解するのが相当であり、都市計画事業の事業地の周辺に居住する住民のうち当該事業が実施されることにより騒音、振動等による健康又は生活環境に係る著しい被害を直接的に受けるおそれのある者は、**当該事業の認可の取消しを求めるにつき法律上の利益を有する者**として、その取消訴訟における原告適格を**有する**。

最判平元.4.13（原告適格を否定）

判例（事案と判旨） 地方鉄道業者に対する特別急行料金の改定の認可処分の取消訴訟について、当該業者の路線の周辺に居住し、**通勤定期券を購入して日常的に利用していた者**に原告適格が認められるのかが問題となった事案。

☞地方鉄道業者に対する特別急行料金の改定の認可処分の取消訴訟において、当該業者の路線の周辺に居住し通勤定期券を購入するなどしたうえ、日常同社が運行している特別急行旅客列車を利用しているとしても、**本件特別急行料金の改定（変更）の認可処分によって自己の権利利益を侵害され又は必然的に侵害されるおそれのある者にあたるということ**ができず、当該認可処分の取消しを求める原告適格を**有しない**。

---

* **都市計画事業**…国土交通大臣又は都道府県知事の認可を得て実施される、都市計画施設（道路や下水道など）の整備に関する事業。

最判平元.6.20（原告適格を否定）

判例（事案と判旨） 文化財保護法に基づき制定された**県文化財保護条例による史跡指定解除処分の取消訴訟**について、**本件史跡を研究の対象としてきた学術研究者に原告適格が認められるのか**が問題となった事案。

☞文化財保護法に基づき制定された県文化財保護条例による史跡指定解除処分の取消訴訟において、本件条例及び法において、**文化財の学術研究者の学問研究上の利益の保護について特段の配慮をしていると解しうる規定を見出すことは**できないから、本件史跡を研究の対象としてきた学術研究者であるとしても、本件史跡指定解除処分の取消しを求めるにつき法律上の利益を有せず、本件訴訟における**原告適格を**有しない。

最判平10.12.17（原告適格を否定）

判例（事案と判旨） **風俗営業の許可の取消訴訟**について、**周辺住民に原告適格が認められるのか**が問題となった事案。

☞風俗営業等の規制及び業務の適正化等に関する法律は、善良の風俗と清浄な風俗環境を保持し、及び少年の健全な育成に障害を及ぼす行為を防止することを目的としており、当該目的規定から、**法の風俗営業の許可に関する規定が一般的公益の保護に加えて個々人の個別的利益をも保護すべきものとする趣旨を含むことを読み取ることは、**困難であるから、「住居が多数集合しており、住居以外の用途に供される土地が少ない地域」の良好な風俗環境を一般的に保護しようとしていることが明らかであって、したがって、**当該地域に住居する者は、風俗営業の許可の取消しを求める原告適格を有するとは**いえない。

最判平12.3.17（原告適格を否定）

判例（事案と判旨） **墓地経営の許可の取消訴訟**について、**周辺住民に原告適格が認められるのか**が問題となった事案。

☞墓地、埋葬等に関する法律は、都道府県知事が公益的見地から、墓地等の経営の許可に関する許否の判断を行うことを予定しているものと解され、同法10条1項自体が当該墓地等の**周辺に居住する個々人の個別的利益をも保護することを目的としているものとは**解し難いなどの理由から、**墓地周辺に居住する住民に原告適格は**認められない。

営業・経営の許可への取消訴訟については、周辺住民に対して、上記二つの判例でともに原告適格を否定しているよ。

最判平21.10.15（原告適格を否定）

判例（事案と判旨） 自転車競技の場外施設の設置許可の取消訴訟について、周辺住民に原告適格が認められるのかが問題となった事案。

☞自転車競技法に基づく設置許可がされた場外車券発売施設から一定の距離以内の地域において**居住する者**に関して、一般的に、**場外施設の設置、運営により、直ちに生命、身体の安全や健康が脅かされたり、その財産に著しい被害が生じたりすることまでは想定し難い**ところであり、一方で**生活環境に関する利益**は、基本的には公益に属する利益というべきであって**個別的利益としても保護する趣旨を含むと解するのは困難**といわざるをえないことから、場外施設の周辺において居住する者は、場外施設の設置許可の取消しを求める**原告適格を有しない**。

主婦連ジュース事件・最判昭53.3.14（行政不服審査法における不服申立人適格（＝原告適格と考える）を否定）

判例（事案と判旨） 不当景品類及び不当表示防止法に基づく**公正取引委員会がした公正競争規約*の認定に対する不服申立て**について、一般消費者が「行政庁の処分に不服がある者」（行政不服審査法2条）に該当するか、つまり、**不服申立人適格が認められるのか**が問題となった事案。

☞**不当景品類及び不当表示防止法（景表法）により公正取引委員会がした公正競争規約の認定に対する行政上の不服申立てができる者**は、すなわち、自己の権利若しくは法律上保護された利益を侵害され又は必然的に侵害されるおそれのある者をいうのであるから、景表法上受ける個々の消費者の利益は、同法の規定が目的とする公益の保護を通じ、その結果として保護されるべきもの、換言すれば、公益に完全に包摂されるような性質のものにすぎないのであり、そこで、**単に一般消費者であるというだけでは不服申立てをする法律上の利益をもつ者であるということはできない**。

もんじゅ訴訟・最判平4.9.22（無効確認の訴えの原告適格を肯定）

判例（事案と判旨） 人格権等に基づく**原子炉の建設ないし運転の差止め**について、**民事訴訟の提起が可能であって現にこれを提起している場合における無効確認の訴えの原告適格**が認められるのかが問題となった事案。

☞人格権等に基づき本件原子炉の建設ないし運転の差止めを求める民事訴訟の提起について、当該民事訴訟は、行政事件訴訟法36条にいう当該処分の効力の有無を前提とする現在の法律関係に関する訴えに該当するものとみることはできず、また、本件無効確認訴訟と比較して、本件設置許可処分に起因する本件紛争を解決するための争訟形態としてより直接的かつ適切

---

* **公正競争規約**…各業界が自主的に商品特性や取引の実態に即して、広告等に必ず表示すべきことや、表現の基準、景品類の提供制限などを定めているルール。

なものであるともいえないから、当該民事訴訟の提起が可能であって現に
これを提起していることは、本件無効確認訴訟が所定の要件を欠くことの
根拠とはなりえないとして、無効確認訴訟の原告適格を認めた。

◆取消訴訟の原告適格に関する重要判例のまとめ

事案	問題となった対象者	原告適格の有無
都市計画事業の認可の取消訴訟	周辺住民	あり
地方鉄道業者に対する特別急行料金の改定の認可処分の取消訴訟	通勤定期券を購入して日常的に利用していた者	なし
県文化財保護条例による史跡指定解除処分の取消訴訟	本件遺跡を研究の対象としてきた学術研究者	なし
風俗営業の許可の取消訴訟	周辺住民	なし
墓地経営の許可の取消訴訟	周辺住民	なし
自転車競技の場外施設の設置許可の取消訴訟	周辺住民	なし
公正取引委員会がした公正競争規約の認定に対する不服申立て	一般消費者	なし
原子炉の建設ないし運転の差止めについて、民事訴訟を提起している場合における無効確認の訴え	周辺住民	あり

こう見ると、ここで紹介した判例のうち原告適格が
認められたのは二つだけだよ。なので、認められた二
つの判例を意識しておこう。

ここで<ruby>押<rt>お</rt></ruby>さめる！ 押さえておきたい原告適格が「認められた」二つの判例

①都市計画事業の認可の取消訴訟
②原子炉の建設ないし運転の差止めについて、民事訴訟を提起している場合
における無効確認の訴え

なお、162ページのSECTION2も含めて「取消訴訟」
を原則とした記述となっているけれども、取消訴訟の
規定は、他の抗告訴訟に準用される規定が多く、抗告
訴訟の基本となっているからだよ。

1 判例は、都市計画事業の事業地の周辺に居住する住民のうち当該事業が実施されることにより騒音、振動等による健康又は生活環境に係る著しい被害を直接的に受けるおそれのある者は、原告適格を有しないとしている。

× 判例は、**都市計画事業の事業地の周辺に居住する住民のうち当該事業が実施されることにより騒音、振動等による健康又は生活環境に係る著しい被害を直接的に受けるおそれのある者**は、当該事業の認可の取消しを求めるにつき法律上の利益を有する者として、その取消訴訟における**原告適格を有する**としている（小田急線訴訟：最大判平17.12.7）。

2 判例は、地方鉄道業者に対する特別急行料金の改定の認可処分の取消訴訟において、路線の周辺に居住し、通勤定期券を購入するなどしてその特別急行旅客列車を利用している者は、本件特別急行料金の改定（変更）の認可処分によって自己の権利利益を侵害され又は必然的に侵害されるおそれのある者にあたるから、当該認可処分の取消しを求める原告適格を有するとしている。

× 判例は、本問の者は地方鉄道業者に対する**特別急行料金の改定の認可処分の取消訴訟**において、特別急行料金の改定（変更）の認可処分によって自己の権利利益を侵害され又は必然的に侵害されるおそれのある者にあたるとは**いえず**、当該認可処分の取消しを求める**原告適格を有しない**としている（最判平元.4.13）。

3 判例は、文化財保護法に基づき制定された県文化財保護条例による史跡指定解除処分の取消訴訟において、学術研究者は、本件史跡指定解除処分の取消しを求めるにつき法律上の利益を有するから、原告適格が認められるとしている。

× 判例は、文化財保護法に基づき制定された**県文化財保護条例による史跡指定解除処分の取消訴訟**において、学術研究者であるとしても、本件史跡指定解除処分の取消しを求めるにつき法律上の利益を有せず、本件訴訟における**原告適格を有しない**としている（最判平元.6.20）。

4 判例は、景表法上受ける個々の消費者の利益は、公益に完全に包摂されるような性質のものにすぎないのではなく、単に一般消費者であっても、不服申立てをする法律上の利益をもつ者であるとしている。

× 判例は、景表法上受ける個々の消費者の利益は、公益に完全に包摂されるような性質のものにすぎないのであり、そこで、単に一般消費者であるというだけでは、不服申立てをする法律上の利益をもつ者であるということはできないとしている（主婦連ジュース事件：最判昭53.3.14）。

5 判例は、原子炉の建設ないし運転の差止めについて、民事訴訟の提起が可能であって現にこれを提起している場合における無効等確認の訴えの原告適格が認められるのかが問題となった事案において、無効確認訴訟の原告適格を認めている。

○ 本問の記述のとおりである（もんじゅ訴訟：最判平4.9.22）。

6 判例は、自転車競技の場外施設の設置許可の取消訴訟について、周辺住民に原告適格が認められるのかが問題となった事案において、自転車競技法に基づく設置許可がされた場外車券発売施設から一定の距離以内の地域において居住する者に関して、一般的に、場外施設の設置、運営により、直ちに生命、身体の安全や健康が脅かされたり、その財産に著しい被害が生じたりすることはありうるなどとして、場外施設の設置許可の取消しを求める原告適格を有するとしている。

× 判例は自転車競技の場外施設の設置許可の取消訴訟において、自転車競技法に基づく設置許可がされた場外車券発売施設から一定の距離以内の地域において居住する者に関して、一般的に、場外施設の設置、運営により、直ちに生命、身体の安全や健康が脅かされたり、その財産に著しい被害が生じたりすることまでは想定し難いところであるなどとして、場外施設の周辺において居住する者は、場外施設の設置許可の取消しを求める原告適格を有しないとしている（最判平21.10.15）。

CHAPTER

4

行政救済法

3

行政事件訴訟法③（原告適格）

問題 1　　　　　　　　　　　　国家専門職（2016 年度）

抗告訴訟の原告適格に関するア～オの記述のうち、判例に照らし、妥当なもののみを全て挙げているのはどれか。

ア 自転車競技法に基づく設置許可がされた場外車券発売施設から一定の距離以内の地域に居住する者は、当該施設の設置及び運営に起因して生じる善良な風俗及び生活環境に対する著しい被害を受けないという具体的利益を有しており、当該許可の取消しを求める原告適格を有する。

イ 設置許可申請に係る原子炉の周辺に居住し、原子炉事故がもたらす災害により生命、身体等に直接的かつ重大な被害を受けることが想定される範囲の住民は、原子炉設置許可処分の無効確認を求めるにつき、行政事件訴訟法第36条にいう「法律上の利益を有する者」に該当し、当該無効確認の訴えの原告適格を有する。

ウ 文化財保護法に基づき制定された県文化財保護条例による史跡指定解除処分の取消訴訟においては、当該史跡を研究対象としてきた学術研究者であっても、同法及び同条例において、文化財の学術研究者の学問研究上の利益の保護について特段の配慮をしていると解し得る規定を見いだすことはできないから、当該処分の取消しを求めるにつき法律上の利益を有せず、当該訴訟における原告適格を有しない。

エ 地方鉄道業者に対する特別急行料金の改定の認可処分の取消訴訟において、当該業者の路線の周辺に居住し、通勤定期券を購入するなどして、その特別急行列車を利用している者は、当該処分によって自己の権利利益を侵害され又は必然的に侵害されるおそれのある者に当たるということができ、当該認可処分の取消しを求める原告適格を有する。

オ 風俗営業等の規制及び業務の適正化等に関する法律に基づく風俗営業許可処分の取消訴訟において、風俗営業制限地域は、当該地域における良好な風俗環境の保全を目的として指定されるものであり、同法は当該地域に居住する者の個別的利益をも保護することを目的としていることから、当該地域に居住する者は、当該風俗営業許可処分の取消しを求める原告適格を有する。

1．ア、ウ　　2．イ、ウ
3．イ、オ　　4．ア、イ、エ　　5．ウ、エ、オ

→解答・解説は別冊 P.052

問題 2

抗告訴訟の原告適格等に関する次の記述のうち、判例に照らし、妥当なのはどれか。

1　原子炉設置許可申請に係る原子炉の周辺に居住する住民が当該許可を受けた者に対する原子炉の建設運転の民事差止訴訟とともに、原子炉設置許可処分の無効確認訴訟を提起している場合、民事差止訴訟の方がより有効かつ適切な紛争解決方法であると認められることから、当該周辺住民には、無効確認訴訟の原告適格は認められない。

2　都市計画事業の認可の取消訴訟において、都市計画法は、騒音、振動等によって健康又は生活環境に係る著しい被害を直接的に受けるおそれのある個々の住民に対して、そのような被害を受けないという利益を個々人の個別的利益としても保護すべきものとする趣旨を含むと解されることから、都市計画事業の事業地の周辺に居住する住民のうち、同事業の実施により騒音、振動等による健康又は生活環境に係る著しい被害を直接的に受けるおそれのある者は、当該認可の取消しを求めるにつき法律上の利益を有し、原告適格が認められる。

3　県が行った史跡指定解除処分の取消訴訟において、文化財享有権を憲法第13条等に基づく法律上の具体的権利とは認めることはできないものの、当該史跡を研究対象としてきた学術研究者は、文化財保護法の趣旨及び目的に照らせば、個々の県民あるいは国民から文化財の保護を信託されたものとして、当該解除処分の取消しを求めるにつき法律上の利益を有し、原告適格が認められる。

4　風俗営業の許可について、風俗営業等の規制及び業務の適正化等に関する法律は、善良の風俗と清浄な風俗環境を保持し、及び少年の健全な育成に障害を及ぼす行為を防止することを目的としており、風俗営業の許可に関する規定は一般的公益の保護に加えて個々人の個別的利益をも保護していると解されることから、住居集合地域として風俗営業制限地域に指定されている地域に居住する者は、同地域における風俗営業の許可の取消しを求めるにつき法律上の利益を有し、原告適格が認められる。

5　不当景品類及び不当表示防止法に基づく、商品表示に関する公正競争規約の認定について、一般消費者の個々の利益は、同法による公益の保護の結果として保護されるべきものであり、原則として一般消費者に不服申立人適格は認められないが、著しく誤認を招きやすい認定については、自己の権利若しくは法律上保護された利益を侵害され又は必然的に侵害されるおそれがあることから、一般消費者にも不服申立人適格が認められる。

→解答・解説は別冊 P.053

行政事件訴訟法④(訴えの利益)

STEP 1 要点を覚えよう！

POINT 1 訴えの利益

　(狭義の)**訴えの利益**とは、「取消しによつて回復すべき法律上の利益を有する者」(行政事件訴訟法9条1項かっこ書)**に該当すること**であり、訴訟を行う実益や、訴訟を維持する実益があるのかについて吟味する要件である。そして、この**訴えの利益が認められる者に限り、取消訴訟を提起することができる。**

　なお、「狭義の」と書いてあるのは、「広義の訴えの利益」という場合、170ページからのSECTION3で確認した原告適格を意味するからである。

　ここまでと同じように、ここでも具体的な事案において、取消訴訟の訴えの利益が認められるのか否かが問われるよ。重要判例の事案と結論が判断できれば問題は解けるんだ。

最大判昭40.4.28(訴えの利益を肯定)

判例(事案と判旨) 公務員の免職処分*の取消訴訟について、処分後に公職の選挙に立候補(届出日に公務員の職を辞したものとみなされる)した場合、取消訴訟の訴えの利益が失われるのかが問題となった事案。

☞免職処分を受けた公務員が、当該処分後に公職の選挙に立候補した場合は、公職選挙法の規定によりその届出の日に公務員の職を辞したものとみなされ、公務員たる地位を回復することはできないが、**公務員免職の行政処分は、それが取り消されない限り、免職処分の効力を保有し、当該公務員は、違法な免職処分さえなければ公務員として有するはずであった給料請求権その他の権利、利益につき裁判所に救済を求めることができなくなる**のであるから、本件免職処分の効力を排除する判決を求めることは、当該権利・利益を回復するための必要な手段であり、公務員たる地位を回復するに由なくなった現在においても特段の事情の認められない本件においては、当該権利・利益が害されたままになっているという不利益状態の存在する余地がある以上、本件訴訟を追行する利益を有するため、**訴えの利益は失われない。**

* **免職処分**…公務員を失職させる懲戒処分のこと。なお、公務員の懲戒処分には、処分が重い順から「免職」「停職」「減給」「戒告」の4種類が存在する。

最判平4.1.24（訴えの利益を肯定）

判例（事案と判旨） 土地改良法に基づく土地改良事業施行認可処分の取消訴訟について、**工事が完了した後**においても、訴えの利益が認められるのかが問題となった事案。

☞土地改良法に基づく土地改良事業施行認可処分が取り消された場合に、**本件訴訟係属*中に本件事業計画に係る工事及び換地処分がすべて完了**したため、社会通念上、本件事業施行地域を本件事業施行以前の原状に回復することが不可能であるとしても、それは行政事件訴訟法31条の適用に関して考慮されるべき事柄であって、（他の法的効力に影響があるため）**本件認可処分の取消しを求める法律上の利益を消滅させる**ものではなく、**訴えの利益は**失われない。

最判平14.2.28（訴えの利益を肯定）

判例（事案と判旨） 条例に基づき公開請求された公文書を非公開と決定した処分の取消訴訟について、当該公文書が書証（裁判での証拠書類）として提出された場合、訴えの利益が認められるのかが問題となった事案。

☞条例に基づき公開請求された公文書を非公開と決定した処分の取消訴訟において、本件条例所定の**公開請求権者**は、本件条例に基づき公文書の公開を請求して、所定の手続により請求に係る**公文書を閲覧し、又は写しの交付を受けることを求める法律上の利益を有する**というべきであるから、請求に係る公文書の非公開決定の取消訴訟において当該公文書が書証として提出されたとしても、当該公文書の非公開決定の取消しを求める**訴えの利益は消滅する**ものではない。

最判平21.2.27（訴えの利益を肯定）

判例（事案と判旨） 自動車運転免許証の更新処分の取消訴訟について、取消訴訟の係属中に免許の有効期間が経過した場合、訴えの利益が認められるかが問題となった。

☞自動車運転免許証の有効期間の更新において、客観的に**優良運転者の要件を満たす者であれば、優良運転者である旨の記載のある免許証を交付して行う更新処分を受ける法律上の地位を有する**ことが肯定される以上、一般運転者として扱われ、上記記載のない免許証を交付されて免許証の更新処分を受けた者は、上記の法律上の地位を否定されたことを理由として、これを回復するため、当該更新処分の取消しを求める**訴えの利益を**有する。

---

*　**係属（けいぞく）**…訴訟法上では、訴訟が特定の裁判所で取り扱い中であることを意味する。

風営法処分基準事件・最判平27.3.3（訴えの利益を肯定）

判例（事案と判旨） 風俗営業停止処分の取消訴訟について、訴訟の係属中に風俗営業者に対する**営業停止処分が営業停止期間の経過により効力を失った場合**、訴えの利益が認められるのかが問題となった事案。

☞先行の処分にあたる処分の効果が期間の経過によりなくなった後においても、不利益な取扱いを受けるべき期間内はなお**当該処分の取消しによって回復すべき法律上の利益を**有するため、当該風俗営業者に当該営業停止処分の取消しを求める**訴えの利益が**認められる。

ここまで紹介した事案では、一見、取消訴訟を継続する意味がなさそうに見えるけれども、それぞれの処分が取り消される利益が認められるから、訴えの利益が認められるという判断だね。

最判昭57.9.9（訴えの利益を否定）

判例（事案と判旨） 森林法に基づく保安林の指定解除処分の取消訴訟について、代替施設の設置によって**洪水や渇水の危険が解消**され、その防止上からは本件**保安林の存続の必要性がなくなった場合**、訴えの利益が認められるのかが問題となった事案。

☞森林法に基づく保安林の指定解除処分の取消訴訟において、代替施設の設置によって洪水や渇水の危険が解消され、その防止上からは本件保安林の存続の必要性がなくなったと認められるに至ったときは、**もはや指定解除処分の取消しを求める訴えの利益は**失われるに至ったとしている。

最判昭55.11.25（訴えの利益を否定）

判例（事案と判旨） 自動車運転免許の効力停止（いわゆる免停）期間を経過した場合における**当該効力停止処分の取消訴訟**について、訴えの利益が認められるかが問題となった。

☞自動車運転免許の効力停止処分を受けた者は、免許の効力停止期間を経過したときは、当該処分の取消しによって回復すべき法律上の利益を有しないのであり、名誉、感情、信用等を損なう可能性が常時継続して存在するとしても、事実上の効果にすぎないものであり、これをもって**取消しの訴によって回復すべき法律上の利益を有することの根拠とするのは相当でない**として、**訴えの利益は**失われるとしている。

> **建築確認取消訴訟・最判昭59.10.26**（訴えの利益を否定）
>
> **判例（事案と判旨）** 建築確認*があった後、建物の建築工事が完了した場合、建築確認の取消訴訟の訴えの利益が認められるのかが問題となった事案。
>
> ☞建築基準法に基づく建築確認は、それを受けなければ当該工事をすることができないという法的効果を付与されているにすぎないものというべきであるから、**当該工事が完了した場合**においては、**建築確認の取消しを求める訴えの利益は**失われる。

> **最判平10.4.10**（訴えの利益を否定）
>
> **判例（事案と判旨）** 再入国の許可申請に対する不許可処分の取消訴訟について、不許可処分を受けた者が再入国の許可を受けないまま本邦から出国した場合、訴えの利益が認められるのかが問題となった事案。
>
> ☞再入国の許可申請に対する不許可処分を受けた者が、**再入国の許可を受けないまま本邦から出国した場合**には、**当該不許可処分の取消しを求める訴えの利益は**失われるとしている。

◆（狭義の）訴えの利益に関する重要判例のまとめ

事案	訴えの利益の有無
公務員の免職処分の取消訴訟について、免職処分後に公職の選挙に立候補（届出日に公務員の職を辞したものとみなされる）した場合	あり
工事完了後の土地改良法に基づく土地改良事業施行認可処分の取消訴訟	あり
条例に基づき公開請求された公文書を非公開と決定した処分の取消訴訟について、当該公文書が書証（裁判での証拠書類）として提出された場合	あり
自動車運転免許証の更新処分の取消訴訟について、取消訴訟の係属中に免許の有効期間が経過した場合	あり
風俗営業停止処分の取消訴訟について、訴訟の係属中に風俗営業者に対する営業停止処分が営業停止期間の経過により効力を失った場合	あり
森林法に基づく保安林の指定解除処分の取消訴訟について、代替施設の設置によって洪水や渇水の危険が解消され、保安林の存続の必要性がなくなった場合	なし
自動車運転免許の効力停止（いわゆる免停）期間を経過した場合における当該効力停止処分の取消訴訟	なし
建築確認があった後、建物の建築工事が完了した場合の建築確認の取消訴訟	なし
再入国の許可申請に対する不許可処分の取消訴訟について、不許可処分を受けた者が再入国の許可を受けないまま本邦から出国した場合	なし

*　**建築確認**…建築物を建てる工事前に、建物や地盤が建築基準法や条例などに適合しているかを確認すること。

1 判例は、条例に基づき公開請求された公文書を非公開と決定した処分の取消訴訟において、当該公文書が書証として提出された場合は、法律上の利益は認められないというべきであるから、当該公文書の非公開決定の取消しを求める訴えの利益は消滅するとしている。

× 判例は、本問の事案において、所定の手続により請求に係る公文書を閲覧し、又は写しの交付を受けることを求める法律上の利益を**有する**というべきであるから、当該**公文書の非公開決定の取消しを求める訴えの利益は消滅する**ものではないとしている（最判平14.2.28）。

2 判例は、森林法に基づく保安林の指定解除処分の取消訴訟において、代替施設の設置によって洪水や渇水の危険が解消されたとしても、指定解除処分の取消しを求める訴えの利益は失われないとしている。

× 判例は、**森林法に基づく保安林の指定解除処分の取消訴訟**において、代替施設の設置によって**洪水や渇水の危険が解消**されたときは、指定解除処分の**取消しを求める訴えの利益は失われる**としている（最判昭57.9.9）。

3 判例は、自動車運転免許の効力停止処分を受けた者は、当該停止期間を経過しても、名誉、感情、信用等を取消しの訴によって回復すべき法律上の利益を有するとして訴えの利益が認められるとしている。

× 判例は、**自動車運転免許の効力停止処分を受けた者は、当該停止期間を経過した**ときは、名誉、感情、信用等を損なう可能性が常時継続して存在するとしても、これらは事実上の効果にすぎず、取消しの訴によって回復すべき法律上の利益を有しないとして、**訴えの利益は失われる**としている（最判昭55.11.25）。

4 判例は、建築基準法に基づく建築確認は、当該工事が完了した場合においても、建築確認の取消しを求める訴えの利益を有するとしている。

× 判例は、**建築基準法に基づく建築確認**は、それを受けなければ当該工事をすることができないという法的効果を付与されているにすぎないものというべきであるから、**当該工事が完了した場合**においては、建築確認の取消しを求める**訴えの利益は失われる**としている（建築確認取消訴訟：最判昭59.10.26）。

5 判例は、再入国の許可申請に対する不許可処分を受けた者が、再入国の許可を受けないまま本邦から出国した場合には、当該不許可処分の取消しを求める訴えの利益は失われるとしている。

○ **本問の記述のとおりである**（最判平10.4.10）。

6 判例は、自動車運転免許証の更新処分の取消訴訟について、取消訴訟の係属中に免許の有効期間が経過した場合、当該更新処分の取消しを求める訴えの利益を有するとしている。

○ **本問の記述のとおりである**（最判平21.2.27）。優良運転者の要件を満たす者であれば、優良運転者である旨の記載のある免許証を交付して行う更新処分を受ける法律上の地位を有すること等が理由である。

7 判例は、公務員の免職処分の取消訴訟について、処分後に公職の選挙に立候補した場合、取消訴訟の訴えの利益が失われるとしている。

× 判例は、本問の事案において、公務員免職の行政処分が取り消されない限り、違法な免職処分さえなければ公務員として有するはずであった給料請求権等について裁判所に救済を求めることができなくなるのであるから、**訴えの利益は失われない**としている（最大判昭40.4.28）。

問題 1

国家一般職（2021年度）

訴えの利益に関するア～オの記述のうち、判例に照らし、妥当なもののみを全て挙げているのはどれか。

ア 建築基準法に基づく建築確認は、それを受けなければ建築物の建築等の工事をすることができないという法的効果を付与されているにすぎないものであるから、当該工事が完了した場合には、建築確認の取消しを求める訴えの利益は失われる。

イ 風俗営業者に対する営業停止処分が営業停止期間の経過により効力を失った場合、行政手続法に基づいて定められ公にされている処分基準に、先行の営業停止処分の存在を理由として将来の営業停止処分を加重する旨が定められているとしても、風俗営業法その他の法令において、過去に同法に基づく営業停止処分を受けた事実があることをもって将来別の処分をする場合の加重要件とすることや、不利益な事由として考慮し得ることを定める規定は存在しないから、当該風俗営業者には、当該営業停止処分の取消しを求める訴えの利益は認められない。

ウ 再入国の許可申請に対する不許可処分を受けた本邦に在留する外国人が、再入国の許可を受けないまま本邦から出国した場合には、同人がそれまで有していた在留資格は消滅するところ、同人は、法務大臣が適法に再入国許可をしていれば出国によっても在留資格を喪失しなかったのであるから、法務大臣が、当該不許可処分が取り消されても現に在留資格を有していない者に対し再入国許可をする余地はないと主張することは、信義誠実の原則に反するため、同人には、当該不許可処分の取消しを求める訴えの利益が認められる。

エ 土地改良法に基づく土地改良事業施行の認可処分の取消しを求める訴訟の係属中に、当該事業に係る工事及び換地処分が全て完了したため、当該事業施行地域を当該事業施行以前の原状に回復することが、社会的、経済的損失の観点からみて、社会通念上、不可能となった場合には、当該認可処分の取消しを求める訴えの利益は失われる。

オ 自動車運転免許証の有効期間の更新に当たり、一般運転者として扱われ、優良運転者である旨の記載のない免許証を交付されて更新処分を受けた者は、優良運転者である旨の記載のある免許証を交付して行う更新処分を受ける法律上の地位を否定されたことを理由として、これを回復するため、当該更新処分の取消しを求める訴えの利益を有する。

1．ア、エ　　2．ア、オ
3．イ、ウ　　4．イ、エ　　5．ウ、オ

➡解答・解説は別冊 P.054

問題2　　　　　　　　　　　　　　　　　　　　　　　国家専門職（2014年度）

訴えの利益に関するア～オの記述のうち、判例に照らし、妥当なもののみを全て挙げているのはどれか。

ア　町営土地改良事業の施行認可処分の取消を求める訴訟の係属中に、事業計画に係る工事及び換地処分がすべて完了したため、事業施行地域を事業施行以前の現状に回復することが、社会通念上不可能になった場合は、社会的・経済的観点から、当該処分の取消しを求める訴えの利益は失われる。

イ　自動車運転免許の効力を停止する処分について、その効力停止期間が経過した場合であっても、当該処分の記載のある免許証を所持することにより、名誉、感情、信用等を損なう可能性が存在するから、当該処分の取消しを求める訴えの利益は失われない。

ウ　建築基準法に基づく建築確認は、それを受けなければ建築工事をすることができないという法的効果を付与されているにすぎないものというべきであるから、当該工事が完了した場合においては、建築確認の取消しを求める訴えの利益は失われる。

エ　免職処分を受けた公務員が、当該処分後に公職の選挙に立候補した場合は、公職選挙法の規定によりその届出の日に公務員の職を辞したものとみなされるため、当該処分が取り消されたとしても同人が公務員たる地位を回復することはないから、当該処分の取消しを求める訴えの利益は失われる。

オ　条例に基づき公開請求された公文書を非公開と決定した処分の取消訴訟において、当該公文書が書証として提出された場合は、当該書証の提出により、請求者は、当該非公開決定による被侵害利益を回復し、公開請求をした目的を達することとなるから、当該処分の取消しを求める訴えの利益は失われる。

1．ウ　　　　2．エ
3．ア、イ　　4．ウ、オ　　5．エ、オ

➡解答・解説は別冊 P.055

SECTION

5 行政事件訴訟法⑤（審理・判決等）

STEP 1 要点を覚えよう！

POINT 1 裁判管轄

　取消訴訟は、**処分若しくは裁決をした**行政庁の所在地を管轄する裁判所の管轄に属すると規定されているが（行政事件訴訟法12条1項）、国を被告とする取消訴訟は、原告の普通裁判籍の所在地を管轄する高等裁判所の所在地を管轄する地方裁判所（特定管轄裁判所）にも、提起することができると規定されている（同条4項）。

POINT 2 出訴期間①

　審査請求に対する裁決を経た後でなければ、処分の取消しの訴えを提起することができない旨の法律の定めがある場合においても、**一定の場合は、裁決を経ないで処分の取消しの訴えを提起することができる**（行政事件訴訟法8条2項柱書）。

　その例の一つとして、行政事件訴訟法8条2項1号において「**審査請求があった日から3か月を経過しても裁決がないとき**」と規定されている。

　例外的に出訴できるケースについては、出題可能性が低い。気になる人は行政事件訴訟法8条2項各号を確認しておこう。

POINT 3 出訴期間②

　取消訴訟は、処分又は裁決があったことを知った日から6か月を経過したときは、提起することができない。ただし、正当な理由があるときは、この限りでない（行政事件訴訟法14条1項）。

　さらに同条2項において、取消訴訟は、処分又は裁決の日から1年を経過したときは、提起することができないが、正当な理由があるときは、この限りでないと規定されている。

ここで動きめる！ 取消訴訟の出訴期間

①処分又は裁決があったことを知った日から6か月を経過したときは、提起することができない。

②処分又は裁決の日から1年を経過したときは、提起することができない。

　↓

ただし、上記①②の期間を経過したときでも、正当な理由があるときは、提起することができる。

出訴期間に関するものではないが、訴訟を提起できるかに関する以下の判例は押さえておこう。

> **最判昭57.7.15**
>
> **判例（事案と判旨）** 道路交通法に基づく反則金の納付の通告について、抗告訴訟の対象となるのかが問題となった事案。
>
> ☞道路交通法に基づく反則金の納付の通告（以下「通告」）があっても、これにより通告を受けた者において、通告に係る反則金を納付すべき法律上の義務が生ずるわけではなく、ただその者が任意に反則金を納付したときは公訴が提起されないというにとどまり、納付しないときは、検察官の公訴の提起によって刑事手続が開始され、その手続において通告の理由となった反則行為となるべき事実の有無等が審判されることとなるものとされているが、**反則行為の不成立等を主張して通告自体の適否を争う主張をしようとするのであれば、反則金を納付せず、後に公訴が提起されたときにこれによって開始された刑事手続の中でこれを争い、これについて裁判所の審判を求める途を選ぶべきであるから、通告に対する行政事件訴訟法による取消訴訟は不適法であり、抗告訴訟の対象とならない。**

POINT 4 第三者の訴訟参加

　裁判所は、**訴訟の結果により権利を害される第三者**があるときは、当事者若しくはその第三者の**申立て**により又は**職権＊**で、決定をもって、**その第三者を訴訟に参加させることができる**（行政事件訴訟法22条1項）。

　さらに、同条2項において、**裁判所は、あらかじめ、当事者及び第三者の意見をきかなければならない**と規定されている。

POINT 5 職権証拠調べ

　裁判所は、必要があると認めるときは、**職権で、証拠調べをすることができる**（行政事件訴訟法24条本文）。この規定の仕方から、証拠調べに関して、**当事者が主張しない事実まで、裁判所が職権で証拠の収集を行うという職権探知に関する規定は、同法において存在しない**といえる。

裁判所は、必要があれば職権で証拠調べができる、としか規定されていないということは、当事者が主張していない事実まで調べる権限まではないと考えるということだよ。

＊　**職権**…職務を行ううえで与えられている権限のこと。この場合、裁判所が当事者の申立てによらず、自らの判断で行える権限があることを意味する。

POINT 6 取消判決の形成力

　行政処分の取消判決がなされた場合、処分がなされた当時に遡って処分の効力が消滅する（形成力）とされている。

POINT 7 取消判決の拘束力

　処分又は裁決を取り消す判決は、その事件について、処分又は裁決をした行政庁その他の関係行政庁を拘束すると規定されている（行政事件訴訟法33条1項）。

　そして、申請を却下し若しくは棄却した処分が、判決により取り消されたときは、その処分をした行政庁は、判決の趣旨に従い、改めて申請に対する処分をしなければならない（同条2項）。

　なお判例は、行政処分の行われた後に法律が改正されたからといって、行政庁は改正法律によって行政処分をしたわけではないから、裁判所が改正後の法律によって行政処分の当否を判断することはできないとしている（最判昭27.1.25）。

POINT 8 事情判決

　取消訴訟については、処分又は裁決が違法ではあるが、これを取り消すことにより公の利益に著しい障害を生ずる場合において、原告の受ける損害の程度、その損害の賠償又は防止の程度及び方法その他一切の事情を考慮したうえ、処分又は裁決を取り消すことが公共の福祉に適合しないと認めるときは、裁判所は、請求を棄却することができる。

　この場合、当該判決の主文において、処分又は裁決が違法であることを宣言しなければならないと規定されており（行政事件訴訟法31条1項）、この請求を棄却する判決のことを事情判決という。

> ある処分を取り消してしまうと、公の利益に著しい障害が見込まれる場合、処分が違法であることを宣言しつつも、原告の請求を棄却してしまうよ。

POINT 9 執行停止

　処分の取消しの訴えの提起があった場合において、処分、処分の執行又は手続の続行により生ずる重大な損害を避けるため緊急の必要があるときは、裁判所は、申立てにより、決定をもって、当該処分の執行停止をすることができる（行政事件訴訟法25条2項本文）。

　これは「処分の取消しの訴えの提起があった場合」が前提なので、取消訴訟が係属していることは要件となるが、無効等確認訴訟の係属は要件となっていない。

　さらに、執行停止は、公共の福祉に重大な影響を及ぼすおそれがあるとき、又は本案について理由がないとみえるときは、することができないと規定されている（同条4項、消極的要件）。

次に、**処分の効力の停止**は、**処分の執行又は手続の続行の停止によって目的を
達することができる場合**には、**することができない**と規定されている（同条2項但
書）。

処分の「執行停止」と「処分の効力の停止」は分け
て考えてね。

POINT **10** 内閣総理大臣の異議

処分の執行停止の申立てがあった場合、**内閣総理大臣は、裁判所に対して、異
議を述べることができる**。これは、**執行停止の決定後においても同様**とすると規
定されている（行政事件訴訟法27条1項）。

そして、この**「異議」には、理由を附さなければならない**と規定されており（同
条2項）、執行停止の申立てがあった場合、執行停止の決定後のいずれにおいても、
理由を附さなければならない。

そして、これらの規定を受けて、**内閣総理大臣の異議があったときは、裁判所は、
執行停止をすることができず、また、すでに執行停止の決定**をしているときは、
これを取り消さなければならない（同条4項）。

異議があった場合、執行停止ができないということ
は、裁判所はその異議の当否を審査できないというこ
とを意味するんだ。

POINT **11** 仮の義務付け

義務付けの訴えの提起があった場合において、その義務付けの訴えに係る処分
又は裁決が**されないことにより生ずる償うことのできない損害**を避けるため**緊急
の必要**があり、かつ、**本案について理由があるとみえるときは、裁判所は、**申立
てにより、決定をもって、仮に行政庁がその処分又は裁決をすべき旨を命ずること
（仮の義務付け）ができる（行政事件訴訟法37条の5第1項）。

POINT **12** 仮の差止め

差止めの訴えの提起があった場合において、その差止めの訴えに係る処分又は
裁決が**されることにより生ずる償うことのできない損害**を避けるため**緊急の必要**
があり、かつ、**本案について理由があるとみえるときは、裁判所は、**申立てにより、
決定をもって、仮に行政庁がその処分又は裁決をしてはならない旨を命ずること（仮
の差止め）ができる（行政事件訴訟法37条の5第2項）。

1 取消訴訟は、処分若しくは裁決をした行政庁の所在地を管轄する裁判所の管轄に属するところ、国を被告とする取消訴訟は、直接、最高裁判所にも、提起することができる。

× 取消訴訟は、処分若しくは裁決をした**行政庁の所在地を**管轄する裁判所の管轄に属するところ（行政事件訴訟法12条1項）、**国を被告とする取消訴訟**は、**原告の普通裁判籍の所在地を管轄する高等裁判所の所在地を管轄する地方裁判所**（特定管轄裁判所）**にも、提**起することができる（同条4項）。

2 取消訴訟は、処分又は裁決があったことを知った日から5か月を経過したときは、提起することができないが、正当な理由があるときは、この限りでない。

× 取消訴訟は、**処分又は裁決があったことを知った日から6か月**を経過したときは、**提起することができない**が、**正当な理由**があるときは、**こ**の限りでない（行政事件訴訟法14条1項）。

3 取消訴訟は、処分又は裁決の日から1年を経過したときは、提起することができず、この場合は正当な理由があったとしても、取消訴訟を提起できないとされている。

× **取消訴訟は、処分又は裁決の日から1年**を経過したときは、**提起することができない**が、**正当な理由**があるときは、**こ**の限りでないと規定している（行政事件訴訟法14条2項）。

4 裁判所は、訴訟の結果により権利を害される第三者があるときは、職権に基づく場合に限り、その第三者を訴訟に参加させることができる。

× 裁判所は、**訴訟の結果により権利を害される第三者が**あるときは、当事者若しくはその**第三者の申立て**により又は**職権**で、決定をもって、その**第三者を訴訟に参加させることができる**（行政事件訴訟法22条1項）。

5 裁判所は、必要があると認めるときは、職権で、証拠調べをすることができ、当事者が主張しない事実まで裁判所が職権で証拠の収集を行う（職権探知）こともできる。

× 裁判所は、必要があると認めるときは、職権で、証拠調べをすることができるとだけ規定されている（行政事件訴訟法24条本文）。よって、**職権探知に関する規定は同法に**存在せず、**行うことができ**ない。

6 申請を却下し若しくは棄却した処分が、判決により取り消されたときは、その処分をした行政庁は、判決の趣旨に従い、改めて申請に対する処分をしなければならない。

○ 申請を却下し若しくは棄却した**処分が、判決により取り消された**ときは、その処分をした行政庁は、**判決の趣旨に従い、改めて申請に対する処分をしなければならない**（行政事件訴訟法33条2項）。

7 処分の取消しの訴えの提起があった場合において、処分、処分の執行又は手続の続行により生ずる重大な損害を避けるため緊急の必要があるときは、裁判所は、申立てにより、決定をもって執行停止をすることができる。

○ **本問の記述のとおりである**（行政事件訴訟法25条2項本文）。

8 処分の執行停止の申立てがあった場合、内閣総理大臣は、裁判所に対して、異議を述べることができるが、執行停止の決定後においては異議を述べることはできない。

× 処分の執行停止の申立てがあった場合、**内閣総理大臣は、裁判所に対して、異議を述べることができる。これは、執行停止の決定後においても**同様とすると規定されている（行政事件訴訟法27条1項）。

STEP 3 過去問にチャレンジ！

国家専門職（2015年度）

問題 1

行政事件訴訟に関するア〜オの記述のうち、妥当なもののみを全て挙げているのはどれか。

ア 行政事件訴訟法は、法律に審査請求に対する裁決を経た後でなければ処分の取消しの訴えを提起することができないと定められている場合であっても、審査請求があった日から6か月を経過しても裁決がないときは、裁決を経ないで、処分の取消しの訴えを提起することができると規定している。

イ 取消訴訟の対象である処分とは、行政庁の法令に基づく行為の全てを意味するのではなく、公権力の主体たる国又は公共団体が行う行為のうち、その行為によって、直接国民の権利義務を形成し又はその範囲を確定することが法律上認められているものを指すとするのが判例である。

ウ 道路交通法に基づく反則金の納付の通告を受けた者が、一定の期間内に反則金の納付を行わなかった場合、公訴の提起によって刑事手続が開始するため、当該通告は抗告訴訟の対象となるとするのが判例である。

エ 行政処分の違法性につき、行政処分の行われた後に法律が改定された場合、抗告訴訟においては行政処分の法規に対する適合の有無が判断の対象となるので、裁判所は改正後の法令に基づき当該処分の違法性を判断すべきであるとするのが判例である。

オ 取消訴訟の審理において、裁判所は、訴訟の結果により権利を侵害される第三者があるときは、当事者若しくは当該第三者の申立てがあった場合に限り、あらかじめ当事者及び当該第三者の意見を聞いた上で、当該第三者を訴訟に参加させることができる。

1．ア
2．イ
3．ア、ウ
4．イ、オ
5．ウ、エ

➡解答・解説は別冊 P.056

問題 2

行政事件訴訟法に規定する取消訴訟に関する記述として、通説に照らして、妥当なのはどれか。

1 処分の執行停止の申立てがあった場合には、内閣総理大臣は、裁判所に対し、理由を付して異議を述べることができ、この場合、裁判所は、当該異議の内容上の当否を実質的に審査することができず、執行停止をすることができない。

2 国を被告とする取消訴訟は、原告の負担を軽減し訴訟を利用しやすくするため、行政処分を行った行政庁の所在地を管轄する裁判所ではなく、原告の普通裁判籍の所在地を管轄する高等裁判所へ提起することとされている。

3 裁判所は、取消訴訟の審理において必要があると認めるときは、職権で証拠調べをすることができ、この証拠調べには、当事者が主張しない事実まで裁判所が職権で証拠の収集を行う職権探知が認められている。

4 裁判所は、取消訴訟の結果により権利を害される第三者があるときは、当事者の申立てによりその第三者を訴訟に参加させることができるが、その第三者自身の申立てによりその第三者を訴訟に参加させることはできない。

5 取消訴訟は、処分又は裁決があったことを知った日から6か月を経過したとしても、正当な理由があれば提起することができるが、処分又は裁決があった日から1年を経過したときは、正当な理由があっても提起することができない。

→解答・解説は別冊 P.057

特別区Ⅰ類（2015年度）

行政法学上の仮の救済に関する記述として、妥当なのはどれか。

1 執行停止が認められるには、公共の福祉に重大な影響を及ぼすおそれがないとき、又は本案について理由がないとみえないときという積極的要件を満たす必要はあるが、取消訴訟や無効等確認訴訟が係属している必要はない。

2 裁判所は、処分の執行又は手続の続行の停止によって、仮の救済の目的を達することができる場合であっても、申立人の権利利益保護のために、処分の効力の停止をすることができる。

3 内閣総理大臣は、執行停止の申立てがあった場合だけでなく、執行停止の決定があった後においても、裁判所に対し、異議を述べることができるが、いずれにおいても、理由を付さなければならない。

4 裁判所は、義務付けの訴えの提起があった場合において、その義務付けの訴えに係る処分又は裁決がされないことにより生ずる償うことのできない損害を避けるため緊急の必要があれば、本案について理由があるとみえないときも、申立てにより、決定をもって、行政庁に仮の義務付けを命ずることができる。

5 裁判所は、差止めの訴えの提起があった場合において、その差止めの訴えに係る処分又は裁決がされることにより生ずる償うことのできない損害を避けるため緊急の必要がない場合でも、本案について理由があるとみえるときは、申立てにより、決定をもって、行政庁に仮の差止めを命ずることができる。

➡解答・解説は別冊 P.058

問題 4

取消訴訟における判決に関するア～オの記述のうち、妥当なもののみをすべて挙げているのはどれか。

ア 行政処分の取消判決がなされた場合に生じる取消しの効力は、将来に向かってのみ生じる。

イ 行政処分の取消判決がなされた場合に生じる取消しの効力は、取消訴訟の当事者である原告と被告との関係においてのみ生じるものであり、当事者以外の第三者には及ばない。

ウ 申請の拒否処分の取消訴訟において、当該処分の理由付記が不備であるとして取消判決がなされた場合であっても、当該処分をした行政庁は、判決の趣旨に従い適法かつ十分な理由を付記して、当該申請について再び拒否処分をすることができる。

エ 申請の拒否処分の取消訴訟を提起して取消判決を得た場合には、当該訴訟を提起した申請者は、改めて申請することなく、当該申請に対する応答を受けることができる。

オ 行政処分の取消訴訟において、裁判所は、いわゆる事情判決により原告の請求を棄却する場合には、判決の主文において当該処分が違法であることを宣言しなければならない。

1. ア、オ
2. イ、エ
3. ウ、オ
4. ア、イ、ウ
5. ウ、エ、オ

➡解答・解説は別冊 P.059

STEP **1** 要点を覚えよう！

POINT 1 行政不服審査法

　行政不服審査法は、行政庁の処分その他公権力の行使にあたる行為に関する不服申立てについての一般法である（同法1条2項）。よって、行政庁の処分その他の公権力の行使についての不服申立てについて、個別法に定めがあるときは、その個別法の規定が適用され、個別法に定めがないときは、一般法である行政不服審査法の規定が適用される。

　行政不服申立てには、①**審査請求**、②**再審査請求**、③**再調査の請求**（同法5条）の3つの種類があり、「審査請求」が原則となる。ただし、個別法に特別の定めがある場合に限り、審査請求の前に処分庁に対してする再調査の請求や、審査請求の裁決後に、個別法に定める行政庁に対してする再審査請求ができる。

POINT 2 不作為についての審査請求

　法令に基づき行政庁に対して**処分についての申請**をした者は、**当該申請から相当の期間が経過したにもかかわらず、行政庁の不作為**がある場合には、審査請求をすべき行政庁の定めにより、**当該不作為についての審査請求**をすることができる（行政不服審査法3条）。なお、**不作為**に対しては、後述する**再調査の請求はできない**。

POINT 3 再審査請求

　法律に再審査請求をすることができる旨の定めがある場合、当該処分についての**審査請求の裁決に不服**がある者は、**再審査請求**をすることができる（行政不服審査法6条1項）。

POINT 4 審理員

　審査請求がされた行政庁は、審査庁に所属する職員のうちから**審理手続を行う者（審理員）を指名**するとともに、その旨を審査請求人及び処分庁等に通知しなければならない。

　ただし、**審査請求が不適法**であって、**補正することができないことが明らかで却下する場合**は、この限りでない（行政不服審査法9条1項柱書）。

POINT 5 審理員となるべき者の名簿

　審査庁となるべき行政庁は、審理員となるべき者の名簿を作成するよう努める

とともに、これを**作成したときは**、当該審査庁となるべき行政庁及び関係処分庁の事務所における**備付けその他の適当な方法**により公にしておかなければならない（行政不服審査法17条）。

POINT 6　代理人による審査請求

審査請求は、**代理人によってすること**が**できる**（行政不服審査法12条1項）。**代理人**は、各自、審査請求人のために当該審査請求に関する**一切の行為**をすることができるが、**審査請求の取下げ**は、**特別の委任**を受けた場合に限られる（同条2項）。

POINT 7　審査請求期間

処分についての**審査請求**は、処分があったことを**知った日の翌日**から起算して**3か月**（再調査の請求をしたときは、当該再調査の請求についての決定があったことを知った日の翌日から起算して**1か月**）を経過したときは、することができない。ただし、**正当な理由**があるときはこの限りでない（行政不服審査法18条1項）。

また、処分が**あった日の翌日**から起算して**1年**を経過したときも、することができないが、**正当な理由**があるときはこの限りでない（同条2項）。

> **ここで動きめる!　審査請求期間**
>
> ①**処分があったことを知った日の翌日**から**3か月**（再調査の請求をしたときは、当該再調査の請求についての決定があったことを知った日の翌日から起算して**1か月**）を経過したときは、することができない。
> ②**処分があった日の翌日**から**1年**を経過したときも、することができない。
> ↓
> ただし、上記①②の期間を経過したときでも、**正当な理由**があるときは、提起することができる。

「取消訴訟の出訴期間」は、上記①が6か月になると覚えておくとよいよ（参186ページ）。例外については同じなんだ。

POINT 8　審査請求書の提出

審査請求は、他の法律（条例に基づく処分については、条例）に**口頭**ですることができる旨の定めがある場合を除き、政令で定めるところにより、**審査請求書を提出してしなければならない**（行政不服審査法19条1項、**書面審理主義**）。

なお、**審査請求人又は参加人**の**申立て**があった場合には、**審理員**は、申立人に**口頭**で審査請求に係る事件に関する**意見を述べる機会を与えなければならない**（同法31条1項本文）。「**与えなければならない**」と規定されているので、これは審査庁の裁量ではない。

POINT 9 審査請求書の補正

　審査請求書が19条の規定に違反する場合には、**審査庁は**、相当の期間を定め、その期間内に不備を補正すべきことを命じなければならない（行政不服審査法23条）。

POINT 10 執行停止

　処分庁の上級行政庁又は処分庁である審査庁は、必要があると認める場合には、**審査請求人の申立てにより又は職権で**、処分の効力、処分の執行又は手続の続行の全部又は一部の停止その他の措置**（執行停止）をとることができる**（行政不服審査法25条2項）。

POINT 11 審査請求の取下げ

　審査請求人は、裁決があるまでは、いつでも**審査請求を取り下げることができる**（行政不服審査法27条1項）。なお、審査請求の**取下げは**、書面でしなければならない（同条2項）。

POINT 12 審理手続の計画的進行

　審査請求人、参加人及び処分庁等（審理関係人）並びに審理員は、簡易迅速かつ公正な審理の実現のため、審理において、**相互に協力する**とともに、**審理手続の計画的な進行を図らなければならない**（行政不服審査法28条）。

POINT 13 審査請求の却下・棄却

　処分についての**審査請求が**法定の期間経過後にされたものである場合、その他不適法である場合には、審査庁は、裁決で、**当該審査請求を却下し**（行政不服審査法45条1項）、処分についての**審査請求に理由がない場合**には、審査庁は、裁決で、**当該審査請求を棄却する**（同条2項）。

手続面に問題がある場合は「却下」、実質的に請求を退ける場合は「棄却」と考えていればよいよ。

POINT 14 裁決の拘束力

　裁決は、関係行政庁を拘束する（行政不服審査法52条1項）。

　また、申請に基づいてした**処分が手続の違法若しくは不当を理由として裁決で取り消された場合**には、処分庁は、裁決の趣旨に従い、改めて申請に対する処分をしなければならない（同条2項）。

POINT 15 不服申立てをすべき行政庁等の教示

　行政庁は、**審査請求**若しくは**再調査の請求**又は**他の法令**に基づく不服申立て（以下、不服申立て）をすることができる**処分をする場合**には、処分の相手方に対し、当該処分につき不服申立てをすることができる旨並びに**不服申立てをすべき行政庁及び不服申立てをすることができる期間**を書面で教示しなければならない（行政不服審査法82条1項本文）。

　つまり、**行政不服審査法における教示についての規定は、他の法律に基づく不服申立てについても**適用される**ことを意味している。**

POINT 16 誤った教示をした場合の救済

　審査請求をすることができる処分につき、**処分庁が誤って審査請求をすべき行政庁でない行政庁を審査請求をすべき行政庁として教示**した場合において、その教示された行政庁に書面で審査請求がされたときは、**当該行政庁は、速やかに、審査請求書を**処分庁又は審査庁**となるべき行政庁に**送付**し、かつ、その旨を**審査請求人に通知**しなければならない（行政不服審査法22条1項）。

　そして、審査請求書が審査庁となるべき行政庁に送付されたときは、初めから審査庁となるべき行政庁に審査請求がされたものとみなされる（同条5項）。

　なお、処分庁が誤って、**法定の期間よりも長い期間を審査請求期間として教示**してしまった場合に関する**規定は存在しない**が、**本来の期間内に審査請求がなされない場合でも、18条1項、2項の「正当な理由」ありとして救済される。**

> 最判昭61.6.19
> **判例（事案と判旨）** 不服申立てに関する教示の適用対象について、判断が示された事案。
> ☞**行政不服審査法の規定に基づく不服申立てに関する教示は、処分を書面でする場合に、その処分の相手方に対して不服申立てに関する教示をしなければならないとしているものであるから、特定の個人又は団体を名あて人とするものでない処分についてはその適用がなく、そのため、建築基準法に基づく壁面線の指定は、特定の街区を対象として行ういわば対物的な処分であり、特定の個人又は団体を名あて人として行うものではないから、**当該指定については、行政不服審査法の規定に基づく**不服申立てに関する教示の適用はない。**

POINT 17 誤った教示をした場合の救済（再調査の請求）

　再調査の請求をすることができる処分につき、処分庁が誤って再調査の請求をすることができる旨を**教示しなかった場合**において、**審査請求がされた場合**であって、審査請求人から**申立てがあったときは、審査庁は、速やかに、審査請求書を**処分庁に送付**しなければならない（行政不服審査法55条1項本文）。

1 申請から相当の期間が経過したにもかかわらず、行政庁の不作為がある場合には、当該不作為についての審査請求・再調査の請求をすることができる。

× 申請から相当の期間が経過したにもかかわらず、**行政庁の不作為**がある場合には、**当該不作為についての審査請求**をすることができるが（行政不服審査法3条）、**再調査の請求は**認められていない。

2 行政庁の処分につき法律・条例に再審査請求をすることができる旨の定めがある場合には、当該審査請求の裁決に不服がある者は、再審査請求をすることができる。

× 行政庁の処分について、**法律に再審査請求をすることができる旨の定めがある場合**には、当該審査請求の裁決に不服がある者は、再審査請求をすることができる（行政不服審査法6条1項）。**条例は**含まれていない。

3 代理人は、各自、審査請求人のために当該審査請求に関する一切の行為をすることができ、これに審査請求の取下げも含まれるため、特別の委任は不要である。

× **代理人は**、各自、審査請求人のために**当該審査請求に関する一切の行為**をすることができるが、**審査請求の取下げは、特別の委任**を受けた場合に限られる（行政不服審査法12条2項）。

4 処分庁の上級行政庁又は処分庁である審査庁は、必要があると認める場合には、職権によってのみ、執行停止をすることができる。

× **処分庁の上級行政庁又は処分庁である審査庁は、**必要があると認める場合には、**審査請求人の申立てにより又は職権で、**処分の効力、処分の執行又は手続の続行の全部又は一部の停止その他の措置（**執行停止**）をとることができる（行政不服審査法25条2項）。

5 審査請求書が行政不服審査法19条の規定に違反している場合には、審査庁は、却下しなければならない。

× 審査請求書が行政不服審査法19条の規定に違反する場合、まず審査庁は、相当の期間を定め、その期間内に不備を補正すべきことを命じなければならない（同法23条）。

6 審査請求は、審査請求書を提出してしなければならず、これには例外がない。

× 審査請求は、他の法律（条例に基づく処分については、条例）に口頭ですることができる旨の定めがある場合を除き、政令で定めるところにより、審査請求書を提出してしなければならない（行政不服審査法19条1項）。よって、法律等で定めがある場合は、口頭で行うことができる。

7 審査請求人は、裁決がなされるまでは、いつでも口頭又は書面により、審査請求を取り下げできる。

× 審査請求人は、裁決がなされるまでは、いつでも審査請求を取り下げできる（行政不服審査法27条1項）。しかし、審査請求の取下げは、書面でしなければならない（同条2項）。

8 処分についての審査請求が法定の期間経過後にされたものである場合、その他不適法である場合には、審査庁は、裁決で、当該審査請求を棄却しなければならない。

× 処分についての審査請求が法定の期間経過後にされたものである場合、その他不適法である場合には、審査庁は、裁決で、当該審査請求を却下しなければならない（行政不服審査法45条1項）。「棄却」ではない。

問題 1

特別区Ⅰ類（2004 年度）

行政不服審査法に規定する審査請求に関する記述として、妥当なのはどれか。

1 審査請求は書面審理主義を採用しており、審査請求人の申立てがあった場合、申立人に口頭で意見を述べる機会を与えるかどうかは、審査庁の裁量にゆだねられている。

2 審査請求は、いかなる場合であっても、処分があったことを知った日の翌日から起算して3か月以内にしなければならない。

3 審査請求が不適法であるが補正することができるものであるときは、審査庁はその補正を命じることができるが、その場合、当該補正箇所を補正する期間を定める必要はない。

4 処分があった日の翌日から起算して1年を経過したときは、審査請求をすることは一切できない。

5 審査請求人は、裁決があるまではいつでも審査請求を取り下げることができるが、その取下げは書面でしなければならない。

→解答・解説は別冊 P.060

問題2

行政不服審査法に規定する不服申立てに関する記述として、妥当なのはどれか。

1　行政庁の処分又は不作為について不服があるときは、審査請求又は再調査の請求をすることができ、再審査請求は、法律又は条例に再審査請求をすることができる旨の定めがあるときに限り、することができる。

2　不服申立ては、代理人によってすることができ、代理人は、不服申立人のために、当該不服申立てに関する一切の行為をすることができるが、不服申立ての取下げは、特別の委任を受けた場合に限り、することができる。

3　処分庁の直近上級行政庁は、処分庁が申請に基づいてした処分を手続の違法又は不当を理由として裁決で取り消すときは、当該裁決の中で、改めて申請に対する処分をしなければならない。

4　審査請求が法定の期間経過後にされたものであるとき、その他不適法であるときは、審査庁は、裁決で、当該審査請求を棄却し、審査請求が理由がないときは、審査庁は、裁決で、当該審査請求を却下する。

5　再調査の請求をすることができる処分につき、処分庁が誤って再調査の請求をすることができる旨を教示しなかった場合において、その教示された行政庁に書面で審査請求がなされたときは、再調査の請求を受けた行政庁が裁決を行う。

➡解答・解説は別冊P.061

問題 3

行政不服審査法に規定する審査請求に関する記述として、妥当なのはどれか。

1 審査請求がされた行政庁は、審査庁に所属する職員のうちから審理手続を行う者である審理員を指名しなければならず、審査請求が不適法であって補正することができないことが明らかで、当該審査請求を却下する場合にも審理員を指名しなければならない。

2 審査庁となるべき行政庁には、審理員となるべき者の名簿の作成が義務付けられており、この名簿は、当該審査庁となるべき行政庁及び関係処分庁の事務所における備付けにより公にしておかなければならない。

3 審査請求をすることができる処分につき、処分庁が誤って審査請求をすべき行政庁でない行政庁を審査請求をすべき行政庁として教示した場合、その教示された行政庁に書面で審査請求がされたときは、当該行政庁は審査請求書を審査請求人に送付し、その旨を処分庁に通知しなければならない。

4 処分庁の上級行政庁又は処分庁である審査庁は、必要があると認める場合には、審査請求人の申立てにより執行停止をすることができるが、職権で執行停止をすることはできない。

5 審査請求人、参加人及び処分庁等並びに審理員は、簡易迅速かつ公正な審理の実現のため、審理において、相互に協力するとともに、審理手続の計画的な進行を図らなければならない。

➡解答・解説は別冊 P.062

問題4

行政不服審査法における教示に関するア～エの記述のうち、妥当なもののみを全て挙げているのはどれか。

ア　行政不服審査法は、補則（第6章）において、教示についての規定を置いているが、この教示の規定は、同法の規定が適用される場合に限らず、他の法律に基づく不服申立てにも原則として適用される。

イ　審査請求をすることができる処分につき、処分庁が誤って審査請求をすべき行政庁でない行政庁を審査請求をすべき行政庁として教示した場合において、その教示された行政庁に書面で審査請求がされたときは、その審査請求がされたことのみをもって、初めから審査庁となるべき行政庁に審査請求がされたものとみなされる。

ウ　処分庁が誤って法定の期間よりも長い期間を審査請求期間として教示した場合において、その教示された期間内に審査請求がされたときは、当該審査請求は、法定の審査請求期間内にされたものとみなされる。

エ　建築基準法に基づく壁面線の指定は、特定の街区を対象として行ういわば対物的な処分であり、特定の個人又は団体を名宛人として行うものではないから、当該指定については、行政不服審査法の規定に基づく不服申立てに関する教示を行う必要はないとするのが判例である。

1.　イ
2.　ウ
3.　エ
4.　ア、エ
5.　イ、ウ

➡解答・解説は別冊 P.063

SECTION

7 国家賠償法①（1条）

STEP 1 要点を覚えよう！

POINT 1 国家賠償法1条1項

　国家賠償法は、**国又は公共団体の損害賠償**に関する一般法であり、**公権力の行使に基づく損害賠償責任**について規定している法律である。

　具体的には、国又は公共団体の**公権力の行使**（**公立学校における教師の教育活動を含む**、最判昭62.2.6）にあたる公務員が、その**職務を行うについて、故意又は過失**によって、違法に**他人に損害**を加えたときは、**国又は公共団体**が、これを賠償する責に任ずると規定されている（国家賠償法1条1項）。

> 民法の使用者責任（民法715条）に近い内容の条文だよ。賠償の責任を負うのは、加害者である公務員自身等ではなく、国又は公共団体なんだ。

　なお、判例は、国家賠償法について、公務員が行政機関として賠償の責任を負うものではなく、**公務員個人もその責任を負うものではない**としている（最判昭30.4.19）。また、**行政処分が違法であるとして国家賠償請求**をする場合、あらかじめ行政処分について、**取消し又は無効確認の判決を得なければならないものではない**ともしている（最判昭36.4.21）。

◆国家賠償法1条の基本構造

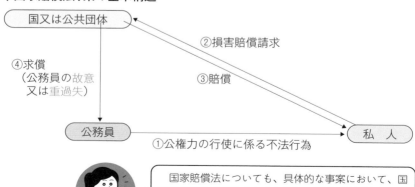

国又は公共団体

②損害賠償請求

④求償
（公務員の**故意**又は**重過失**）

③賠償

公務員

①公権力の行使に係る不法行為

私　人

> 国家賠償法についても、具体的な事案において、国家賠償請求が認められるか否かの結論が出題されるので、重要判例を紹介していくよ。

POINT 2 国家賠償法1条1項に関する重要判例

> **最判昭57.3.12**
>
> **判例（事案と判旨）** 裁判官がした裁判について、国家賠償請求の対象となるのかが問題となった事案。
>
> ☞ 裁判官がした争訟の裁判に、上訴等の訴訟法上の救済方法によって是正されるべき瑕疵が存在したとしても、これによって当然に国家賠償法1条1項の規定にいう違法な行為があったものとして国の損害賠償責任の問題が生ずるわけのものではなく、当該責任が肯定されるためには、当該裁判官が違法又は不当な目的をもって裁判をしたなど、裁判官がその付与された権限の趣旨に明らかに背いて、これを行使したものと認めうるような特別の事情があることを必要とする。

> **最判平9.9.9**
>
> **判例（事案と判旨）** 国会議員の質疑等についての違法性が問題となった事案。
>
> ☞ 国会議員が国会で行った質疑等において、個別の国民の名誉や信用を低下させる発言があったとしても、これによって当然に国家賠償法1条1項の規定にいう違法な行為があったものとして国の損害賠償責任が生ずるものではなく、当該責任が肯定されるためには、当該国会議員が、その職務とはかかわりなく違法又は不当な目的をもって事実を摘示し、あるいは、虚偽であることを知りながらあえてその事実を摘示するなど、国会議員がその付与された権限の趣旨に明らかに背いてこれを行使したものと認めうるような特別の事情があることを必要とする。

なお判例は、公職選挙法の改正により、それまで行われていた**在宅投票制度が廃止**され、その後も復活されることがなかったため、在宅投票制度の廃止により投票をすることができなかったと主張する者が、投票できなかったことに基づく精神的苦痛に対する国家賠償を国に求めて出訴した事案において、**国会議員の立法行為は、立法の内容が憲法の一義的な文言に違反**しているにもかかわらず、**あえて当該立法を行うというような例外的な場合でない限り**、国家賠償法1条1項の適用上、**違法の評価を受けない**としている（最判昭60.11.21）。

> 裁判官の裁判、国会議員の質疑等における発言、国会議員の立法行為については、よほどのことがない限り、国家賠償責任は生じないということだね。

最判昭61.2.27

判例（事案と判旨） パトカーによる追跡行為の違法性が問題となった事案。

☞交通法規等に違反して車両で逃走する者をパトカーで追跡する職務の執行中に、逃走車両の走行により**第三者が損害を被った場合**において、当該追跡行為が違法であるというためには、当該追跡が当該職務目的を遂行するうえで**不必要**であるか、又は逃走車両の逃走の態様及び道路交通状況等から予測される被害発生の具体的危険性の有無及び内容に照らし、**追跡の開始・継続若しくは追跡の方法が不相当**であることを要する。

最判平2.2.20

判例（事案と判旨） 不起訴処分*の違法性が問題となった事案。

☞被害者又は告訴人が捜査又は公訴提起によって受ける利益は、公益上の見地に立って行われる捜査又は公訴の提起によって反射的にもたらされる事実上の利益にすぎず、法律上保護された利益ではないというべきである。したがって、**被害者ないし告訴人は、捜査機関による捜査が適正を欠くこと又は検察官の不起訴処分の違法を理由として、国家賠償法の規定に基づく損害賠償請求をすることは**できない。

最判平5.1.25

判例（事案と判旨） 逮捕の一連の流れにおける違法性が問題となった事案。

☞**逮捕状は発付されたが、被疑者が逃亡中のため、逮捕状の執行ができず、逮捕状の更新が繰り返されているにすぎない時点**で、被疑者の近親者が、**被疑者のアリバイの存在を理由**に、逮捕状の請求、発付における捜査機関又は令状発付裁判官の被疑者が罪を犯したことを疑うに足りる相当な理由があったとする**判断の違法性を主張して、国家賠償を請求することは許されない。**

最判平7.6.23

判例（事案と判旨） 医薬品の副作用が問題となった事案において、**厚生大臣（当時）の権限不行使についての違法性**が問題となった事案。

☞医薬品の副作用による被害が発生した場合であっても、**厚生大臣が当該医薬品の副作用による被害の発生を防止するために各権限を行使しなかったことが直ちに国家賠償法1条1項の適用上違法と評価されるもの**ではなく、副作用を含めた当該医薬品に関するその時点における医学的、薬学的知見の下において、前記のような薬事法（当時）の目的及び厚生大臣に付与された権限の性質等に照らし、**当該権限の不行使がその許容される限度を逸脱して、著しく合理性を欠くと認められるときは、その不行使は、**副作用による被害を受けた者との関係において同項の適用上**違法となる。**

---

* **不起訴処分**…検察官が被疑者（捜査機関に犯罪の嫌疑をかけられている者）を起訴しない（裁判にかけない）という決定をすること。

POINT 3　公務員

　国家賠償法1条1項にいう「公務員」とは、公務員法制（国家公務員法・地方公務員法等）上の公務員に限定**されず**、公権力の行使を委ねられている者（公務を委託された民間人）を**含む**と解釈されている。

　判例は、**都道府県が行った児童福祉法に基づく入所措置**によって、**社会福祉法人の設置運営する**児童養護施設に入所した児童に対する**当該施設の**職員等による**養育監護行為**は、都道府県の公権力の行使にあたる**公務員の職務行為と解すると**している（最判平19.1.25）。

> **最判平5.3.11**
>
> **判例（事案と判旨）** 所得税の更正処分の違法性が問題となった事案。
>
> ☞**税務署長のする所得税の更正は、所得金額を過大に認定していたとしても、**そのことから**直ちに国家賠償法1条1項にいう違法があったとの評価を受けるもの**ではなく、税務署長が資料を収集し、これに基づき課税要件事実を認定、判断するうえにおいて、**職務上通常尽くすべき注意義務を尽くすことなく漫然と**更正をしたと認めうるような事情がある場合に限り、**違法の評価を受ける**としている。

　なお、判例は、**公務員が主観的に権限行使の意思をもってする場合に限らず、自己の利益を図る意図をもってする場合でも、客観的に職務執行の外形をそなえる行為をして、これによって、他人に損害を加えた場合には、国又は公共団体は損害賠償の責を負う**としている（最判昭31.11.30）。

公務員の内心はどうあれ、周囲から公務員の職務に見える行為をしていれば、国家賠償責任は発生するということだよ。

> **最判昭57.4.1**
>
> **判例（事案と判旨）** 公務員の職務行為の違法性が特定できない場合の違法性が問題となった事案。
>
> ☞**公務員による一連の職務上の行為**の過程において**他人に被害を生ぜしめた**場合において、**具体的にどの公務員のどのような違法行為によるものであるかを特定することができなくても、いずれかに行為者の故意又は過失による違法行為がなければ当該被害が生ずることはなく、**かつ、被害につき行為者の属する**国又は公共団体が法律上賠償の責任を負うべき関係が存在するときは、国又は公共団体は、加害行為不特定の故をもって、国家賠償法又は民法上の損害賠償責任を免れることが**できない。そして、それらの一連の行為を組成する各行為のいずれもが国又は同一の公共団体の公務員の職務上の行為にあたる場合に限られる。

1 判例は、国家賠償法1条1項の「公権力の行使」には、公立学校における教師の教育活動は含まれないとしている。

× 判例は、国家賠償法1条1項の「公権力の行使」について、**公立学校における教師の教育活動が含まれる**としている（最判昭62.2.6）。

2 判例は、国家賠償請求が認められる場合において、加害者である公務員個人もその責任を負うとしている。

× 判例は、国家賠償請求について、**公務員個人はその責任を負うもの**ではないとしている（最判昭30.4.19）。

3 判例は、行政処分が違法であるとして国家賠償請求をする場合、あらかじめ行政処分につき取消し又は無効確認の判決を得なければならないとしている。

× 判例は、行政処分が違法であるとして**国家賠償請求をする場合、あらかじめ行政処分につき取消し又は無効確認の判決を得なければならない**ものではないとしている（最判昭36.4.21）。

4 判例は、都道府県が行った児童福祉法に基づく入所措置によって社会福祉法人の設置運営する児童養護施設に入所した児童に対する当該施設の職員等による養育監護行為は、都道府県の公権力の行使にあたる公務員の職務行為と解するとしている。

○ **本問の記述のとおりである**（最判平19.1.25）。

5 判例は、国会議員の立法行為は、立法の内容が憲法の一義的な文言に違反しているにもかかわらず、あえて当該立法を行うというような例外的な場合でない限り、国家賠償法1条1項の適用上、違法の評価を受けないとしている。

○ **本問の記述のとおりである**（最判昭60.11.21）。

6 判例は、裁判官がした争訟の裁判が、国家賠償法1条1項の規定にいう違法というためには、裁判官の判断に上訴が認められるような瑕疵があればよく、裁判官がその付与された権限の趣旨に明らかに背いて、これを行使したものと認めうるような特別な事情までは必要としていない。

× 判例は、**裁判官がした争訟の裁判**が、国家賠償法1条1項の規定にいう違法というためには、**裁判官がその付与された権限の趣旨**に**明らかに背いて、これを行使したものと認めうるような特別の事情があることを必要**とするとしている（最判昭57.3.12）。

7 判例は、パトカーでの追跡行為が違法であるというためには、当該追跡が当該職務目的を遂行するうえで不必要であるか、又は追跡の開始・継続若しくは追跡の方法が明らかに職執行為の趣旨に背いていることを要するとしている。

× 判例は、**パトカーでの追跡行為が違法であるというためには、**当該追跡が当該職務目的を遂行するうえで**不必要**であるか、又は追跡の開始・継続若しくは**追跡の方法**が不相当であることを要するとしている（最判昭61.2.27）。

8 判例は、税務署長のする所得税の更正について、所得金額を過大に認定していたのであれば、そのことから直ちに国家賠償法1条1項にいう違法があったとの評価を受けるとしている。

× **判例は、税務署長のする所得税の更正は、所得金額を過大に認定**していたとしても、そのことから**直ちに国家賠償法1条1項にいう違法があったとの評価を受けるもの**ではなく、税務署長が資料を収集し、これに基づき課税要件事実を認定、判断するうえにおいて、職務上通常尽くすべき注意義務を尽くすことなく漫然と**更正をしたと認めうるような事情がある場合に限り、違法の評価を受ける**としている（最判平5.3.11）。

211

STEP 3 過去問にチャレンジ！

国家賠償法に規定する公務員の公権力の行使に係る損害賠償責任に関する記述として、最高裁判所の判例に照らして、妥当なのはどれか。

1 国又は公共団体が損害賠償の責を負うのは、公務員が主観的に権限行使の意思をもってした職務執行につき、違法に他人に損害を加えた場合に限られ、公務員が自己の利を図る意図で、客観的に職務執行の外形を備える行為をし、これにより違法に他人に損害を加えた場合には、損害賠償の責を負うことはない。

2 加害行為及び加害行為者の特定は、損害賠償責任発生の根幹となるので、公務員による一連の職務上の行為の過程において他人に被害を生ぜしめた場合に、それが具体的にどの公務員のどのような違法行為によるものであるかを特定できないときは、国又は公共団体は、損害賠償の責を負うことはない。

3 行政処分が違法であることを理由として国家賠償の請求をするについては、まず係争処分が取消されることを要するため、あらかじめ当該行政処分につき取消又は無効確認の判決を得なければならない。

4 国家賠償法にいう公権力の行使とは、国家統治権の優越的意思の発動たる行政作用に限定され、公立学校における教師の教育活動は、当該行政作用に当たらないので、国家賠償法にいう公権力の行使には含まれない。

5 裁判官がした争訟の裁判につき国の損害賠償責任が肯定されるためには、その裁判に上訴等の訴訟法上の救済方法によって是正されるべき瑕疵が存在するだけでは足りず、当該裁判官がその付与された権限の趣旨に明らかに背いてこれを行使したものと認めうるような特別の事情があることを必要とする。

➡解答・解説は別冊 P.064

国家賠償に関するア～オの記述のうち、判例に照らし、妥当なもののみを全て挙げているのはどれか。

ア 公務員が、客観的に職務執行の外形を備える行為によって他人に被害を生ぜしめた場合において、当該公務員が自己の職務権限を行使する意思を有していたときは、国又は公共団体は損害賠償責任を負うが、当該公務員が自己の利を図

る意図を有していたにすぎないときは、国又は公共団体は損害賠償責任を負わない。

イ 国又は公共団体の公務員による一連の職務上の行為の過程において他人に被害を生ぜしめた場合において、それが具体的にどの公務員のどのような違法行為によるものであるかを特定することができなくても、一連の行為のうちのいずれかに行為者の故意又は過失による違法行為があったのでなければ被害が生ずることはなかったであろうと認められ、かつ、それがどの行為であるにせよこれによる被害につき行為者の属する国又は公共団体が法律上賠償の責任を負うべき関係が存在するときは、国又は公共団体は、国家賠償法又は民法上の損害賠償責任を免れることができない。

ウ 逮捕状は発付されたが、被疑者が逃亡中のため、逮捕状の執行ができず、逮捕状の更新が繰り返されている時点であっても、被疑者の近親者は、被疑者のアリバイの存在を理由に、逮捕状の請求、発付における捜査機関又は令状発付裁判官の被疑者が罪を犯したことを疑うに足りる相当な理由があったとする判断の違法性を主張して、国家賠償を請求することができる。

エ 国会議員が国会で行った質疑等において、個別の国民の名誉や信用を低下させる発言があったとしても、これによって当然に国家賠償法第1条第1項の規定にいう違法な行為があったものとして国の損害賠償責任が生ずるものではなく、当該責任が肯定されるためには、当該国会議員が、その職務とは関わりなく違法又は不当な目的をもって事実を摘示し、あるいは、虚偽であることを知りながらあえてその事実を摘示するなど、国会議員がその付与された権限の趣旨に明らかに背いてこれを行使したものと認め得るような特別の事情があることが必要である。

オ 都道府県が行った児童福祉法に基づく入所措置によって社会福祉法人の設置運営する児童養護施設に入所した児童に対する当該施設の職員による養育監護行為については、当該施設の職員が都道府県の職員ではない以上、都道府県の公権力の行使に当たる公務員の職務行為と解することはできない。

1．ア、ウ
2．ア、オ
3．イ、ウ
4．イ、エ
5．エ、オ

→解答・解説は別冊 P.065

国家賠償に関するア～オの記述のうち、判例に照らし、妥当なもののみを全て挙げているのはどれか。

ア　国家賠償法第1条第1項にいう「公権力の行使」について、公立学校は国又は公共団体に該当せず、公立学校における教師の教育活動は公権力の行使には含まれないため、市立中学校において体育の授業中に教師の注意義務違反により生じた事故は、国家賠償の対象とはならない。

STEP 3

過去問にチャレンジ！

イ　裁判官がした争訟の裁判について、国家賠償法第1条第1項の規定にいう違法な行為があったものとして国の損害賠償責任が肯定されるためには、上訴等の訴訟法上の救済方法によって是正されるべき瑕疵が存在するだけでなく、当該裁判官が違法又は不当な目的をもって裁判をしたなど、裁判官に付与された権限の趣旨に明らかに背いてこれを行使したと認められるような特別の事情が必要である。

ウ　国会議員は、立法に関し、国民全体に対する政治的責任のみならず、個別の国民の権利に対応した関係での法的義務も負っていることから、立法の内容が憲法の一義的な文言に違反しているにもかかわらず国会があえて当該立法を行ったというような特別の事情がなくても、法律の内容が違憲である場合は当該立法が違法となるため、国会議員の立法行為は原則として国家賠償の対象となる。

エ　税務署長が行った所得税の更正は、所得金額を過大に認定していたとしても、直ちに国家賠償法上違法とはならず、税務署長が資料を収集し、これに基づき課税要件事実を認定・判断する上で、職務上通常尽くすべき注意義務を尽くすことなく漫然と更正をしたと認められるような事情がある場合に限り、違法の評価を受ける。

オ　犯罪の被害者が公訴の提起によって受ける利益は、公訴の提起によって反射的にもたらされる事実上の利益にすぎず、法律上保護された利益ではないから、被害者は、検察官の不起訴処分の違法を理由として、国家賠償法の規定に基づく損害賠償請求をすることはできない。

1. ア、ウ　　　　2. ア、オ
3. イ、エ　　　　4. イ、ウ、オ
5. イ、エ、オ

➡解答・解説は別冊 P.066

問題 4

国家賠償法に関するア〜オの記述のうち、妥当なもののみを全て挙げているのはどれか。ただし、**争いのあるものは判例の見解による。**

ア 外国人が被害者である場合には、国家賠償法第1条では、相互の保証があるときに限り、国又は公共団体が損害賠償責任を負うが、同法第2条の責任については、相互の保証がないときであっても、被害者である外国人に対する国家賠償責任が生ずる。

イ 国又は公共団体の不作為は、国家賠償法第1条の「公権力の行使」とはいえないが、権限の不行使が著しく不合理と認められる場合は、民法上の不法行為責任を免れるものではない。

ウ 国家賠償法第1条第1項にいう公務員は、公務員法制（国家公務員法・地方公務員法等）によってその法的身分が定められている身分上の公務員に限定されず、公権力の行使を委ねられている者を含むと解釈されており、民間人が公務を委託されているような場合にも、国家賠償法の適用があり得る。

エ 国家賠償法第2条の「公の営造物」には、不動産だけでなく動産も含まれ、同条に基づく賠償請求権の成立については故意・過失の存在は必要とされないが、不可抗力又は回避可能性のない場合は免責される。

オ 国道が通常有すべき安全性を欠いていたとしても、安全性を確保するための費用の額が相当の多額にのぼり、予算措置が困難である場合は、国又は公共団体が当該道路の管理の瑕疵によって生じた損害の賠償責任を負うことはない。

1．ア、イ
2．ア、オ
3．イ、エ
4．ウ、エ
5．ウ、オ

➡解答・解説は別冊 P.067

8 国家賠償法②（2条）

STEP 1 要点を覚えよう！

POINT 1 国家賠償法2条1項

国家賠償法2条1項は、**道路、河川その他の公の営造物の**設置又は管理に瑕疵が あったために他人に損害を生じたときは、**国又は公共団体は、これを賠償する責 に任ずる**と規定している。要するに、国又は公共団体が管理等をしている "物" に 瑕疵があり、それがために損害を受けてしまった者に対する損害賠償責任である。

> 206ページのSECTION7の国家賠償法1条は、公務 員という人による加害行為の話だったけれども、2条 は物による損害に対する規定だね。

この「公の営造物」には、人工公物（道路、公園等）、自然公物（河川、湖沼、 海浜等）も含まれる。

また判例は、「公の営造物」の管理者には、**法律上の管理権ないしは所有権、賃 借権等の権原を有している者に限られるもの**ではなく、**事実上の管理をしている にすぎない国又は公共団体も**含まれるとしている（最判昭59.11.29）。必ずしも「法 律上」、管理者と規定されていなかった場合でも、国等は責任を免れることができ ないということである。

高知落石事件（最判昭45.8.20）

判例（事案と判旨） 落石事故に関して、防護柵の設置に関する瑕疵が問題となっ た事案。

☞国家賠償法2条1項の**「瑕疵」**とは、**営造物が**通常有すべき安全性を欠いて いることをいう。

☞これに基づく国及び公共団体の賠償責任については、**その過失の存在を**必 要としない。

☞当該瑕疵が不可抗力ないし回避可能性のない場合であることを認めること ができないとき（つまり、**回避可能性があった場合**）は、瑕疵があったと して国家賠償法2条1項により**損害賠償責任を**負う。

☞国道が通行の安全性の確保において欠け、その管理に瑕疵があるため、防 護柵を設置するとした場合、その費用の額が相当の多額にのぼり県として **その予算措置に困却する**であろうことは推察できるが、**それにより直ちに 道路の管理の瑕疵によって生じた損害に対する賠償責任を免れうることは**

重要度

国家一般職：★★★	地方上級：★★★	特別区Ⅰ類：★★★
国家専門職：★★★	市役所：★★★	

できない。

> 回りくどい言い方をしているけれども、国家賠償法2条1項の責任が発生するために「過失」は不要だけれども、どう頑張っても回避できなかった場合は、責任が発生しないんだ。

奈良赤色灯事件（最判昭50.6.26）

判例（事案と判旨） 設置した工事標識板、バリケード及び赤色灯標柱が道路上に倒れたまま放置されていたため事故が発生したが、それは事故発生の直前に先行した他車によって惹起された（引き起こされた）ものであった場合、道路の安全管理に関する瑕疵が問題となった事案。

☞ **設置した工事標識板、バリケード及び赤色灯標柱が道路上に倒れたまま放置**されていたのであるから、道路の安全性に欠如があったといわざるをえないが、それは夜間、しかも**事故発生の直前に先行した他車によって惹起された**ものであり、時間的に遅滞なくこれを原状に復し**道路を安全良好な状態に保つことは不可能であった**というべく、このような状況のもとにおいては、**道路管理に瑕疵がなかった**としている。

最判昭50.7.25

判例（事案と判旨） 故障した大型貨物自動車が87時間にわたって放置されたことによって、事故が発生してしまった場合の道路の安全管理に関する瑕疵が問題となった事案。

☞ 道路管理者は、道路を常時良好な状態に保つように維持し、修繕し、もって一般交通に支障を及ぼさないように努める義務を負うところ（道路法42条）、**故障した大型貨物自動車が87時間にわたって放置され、道路の安全性を著しく欠如する状態であったにもかかわらず、道路を常時巡視して応急の事態に対処しうる看視体制をとっていなかった**ために、本件事故が発生するまで当該故障車が道路上に長時間放置されていることすら知らず、まして故障車のあることを知らせるためバリケードを設けるとか、道路の片側部分を一時通行止めにするなど、**道路の安全性を保持するために必要とされる措置を全く講じていなかった**ことは明らかであるから、このような状況のもとにおいては、**道路管理に瑕疵があった**というほかなく、国家賠償法2条及び3条の規定に基づき**損害を賠償する責に任ずべき**であるとした。

最判昭61.3.25

判例（事案と判旨） 点字ブロックの設置に関する瑕疵が問題となった事案。

☞ 点字ブロック等のように、**新たに開発された視覚障害者用の安全設備を設置しなかったことをもって当該駅のホームが通常有すべき安全性を欠くか否かを判断するにあたっては、その安全設備が、視覚障害者の事故防止に有効なものとして、相当程度標準化されて**全国的ないし当該地域における**道路及び駅のホーム等に**普及しているかどうか、当該駅のホームにおける構造又は視覚障害者の利用度との関係から予測される視覚障害者の事故の発生の危険性の程度、当該安全設備を設置する必要性の程度及び設置の困難性の有無等の**諸般の事情を**総合考慮することを要する。

最判平5.3.30

判例（事案と判旨） 幼児の行動でテニスコートの審判台が倒れて死亡事故が発生した場合において、当該審判台の設置に関する瑕疵が問題となった事案。

☞ 前提として、国家賠償法2条1項の「公の営造物」には、不動産・**動産（テニスの審判台等）**が含まれる。

☞ 「公の営造物」の設置・管理者は、公立学校の校庭開放において、テニスコートの審判台が本来の用法に従って安全であるべきことについて責任を負うのは当然として、その責任は原則としてこれをもって限度とすべく、**本来の用法に従えば安全である営造物について、これを設置・管理者の通常予測しえない異常な方法で使用しないという注意義務は、利用者である一般市民の側が負うのが当然であり、幼児について、異常な行動に出ることがないようにさせる注意義務は、もとより、第一次的にその**保護者にあるといわなければならないのであり、このような場合にまで設置・管理者は国家賠償法2条1項所定の責任を負ういわれはない。

多摩川水害訴訟（最判平2.12.13）

判例（事案と判旨） 改修済河川について、河川の改修、整備がされた段階において想定された規模の洪水から水害の発生の危険を予測することができなかった場合の安全性が問題となった事案。

☞ 工事実施基本計画が策定され、当該計画に準拠して改修、整備がされた河川は、当時の防災技術の水準に照らして通常予測し、かつ、回避しうる水害を未然に防止するに足りる安全性を備えるべきものであるというべきであり、**水害が発生した場合においても、当該河川の改修、整備がされた段階において想定された規模の洪水から当該水害の発生の危険を通常予測することができなかった場合には、河川管理の瑕疵を問うことが**できない。

大東水害訴訟（最判昭59.1.26）

判例（事案と判旨） 未改修河川における瑕疵の有無の判断基準等が問題となった事案。

☞ **河川の管理についての瑕疵の有無は**、自然的条件、土地の利用状況その他の社会的条件、改修を要する緊急性の有無及びその程度等諸般の事情を**総合的に考慮**し、河川管理の特質に由来する財政的、技術的及び社会的諸制約のもとでの、**同種・同規模**の河川の管理の**一般水準及び社会通念**に照らして是認しうる安全性を備えていると認められるかどうかを**基準**として判断すべきである。

☞ **未改修河川又は改修の不十分な河川の安全性**としては、当該諸制約のもとで一般に施行されてきた治水事業による河川の改修、整備の過程に対応する**いわば過渡的な安全性をもって足りる**ものとせざるをえないのであって、当初から通常予測される災害に対応する安全性を備えた道路その他の営造物の管理の場合とは、その管理の瑕疵の有無についての判断の基準もおのずから異なったものとならざるをえない。

河川の改修はすぐに終えることができないから、未改修・改修中の河川の安全性については、完全ではなかった場合でも、その時点でできることを行っておけばよい、という判断だね。

最大判昭56.12.16

判例（事案と判旨） 空港の騒音等による周辺住民の被害に関して、国家賠償法2条1項の営造物の設置又は管理の瑕疵に含まれるかなどについて争われた事案。

☞ **国家賠償法2条1項の営造物の設置又は管理の瑕疵**とは、営造物が有すべき安全性を欠いている状態をいうのであるが、当該営造物を構成する物的施設自体に存する物理的、外形的な欠陥ないし不備によって一般的に危害を生ぜしめる危険性がある場合のみならず、その営造物が供用目的に沿って利用されることとの関連において危害を生ぜしめる危険性がある場合をも含み、また、その**危害は、営造物の利用者に対してのみならず、利用者以外の第三者に対するそれをも含む**ため、国際空港に離着陸する航空機の騒音等による周辺住民の被害の発生は、当該空港の設置、管理の瑕疵の概念に**含まれ**、当該空港の設置・管理者は損害賠償責任を**負う**。

1 判例は、「公の営造物」の管理者は、法律上の管理権ないしは所有権、賃借権等の権原を有している者に限られるとしている。

× 　**判例は「公の営造物」の管理者について**、法律上の管理権ないしは所有権、賃借権等の権原を有している者に限られる**ものではなく、事実上の管理をしているにすぎない国又は公共団体も**含まれるとしている（最判昭59.11.29）。

2 判例は、国道が通行の安全性の確保において欠け、その管理に瑕疵があるため、防護柵を設置するとした場合、その費用の額が相当の多額にのぼり、県としてその予算措置に困却する場合は、損害に対する賠償責任を免れうるとしている。

× 　判例は、本問の事案において、防護柵を設置するとした場合、**その費用の額が相当の多額にのぼり、県としてその予算措置に困却するであろうことは**推察できるが、それにより直ちに道路の管理の瑕疵によって生じた**損害に対する賠償責任を免れうることは**できないとしている（高知落石事件：最判昭45.8.20）。

3 判例は、テニスコートの審判台のように、本来の用法に従えば安全である営造物について、これを設置・管理者の通常予測しえない異常な方法での使用を防止する注意義務についても、第一次的に国又は地方公共団体が負うものといわなければならないとしている。

× 　判例は、テニスコートの審判台のように本来の用法に従えば安全である営造物について、これを**設置・管理者の通常予測しえない異常な方法で使用しないという注意義務は、第一次的にその**保護者にあるといわなければならないとしている（最判平5.3.30）。

4 判例は、点字ブロック等のように、新たに開発された視覚障害者用の安全設備を設置しなかったことをもって、駅のホームが通常有すべき安全性を欠くか否かを判断するにあたっては、専門技術的に行政の裁量の下で判断することを要するとしている。

× 判例は、点字ブロック等のように、**新たに開発された視覚障害者用の安全設備を設置しなかったことをもって、当該駅のホームが通常有すべき安全性を欠くか否かを判断**するにあたっては、**相当程度標準化されて全国的ないし当該地域における道路及び駅のホーム等に普及しているか等**を総合考慮することを要するとしている（最判昭61.3.25）。

---

5 判例は、未改修河川又は改修の不十分な河川の安全性としては、過渡的な安全性をもって足りるとしている。

○ **本問の記述のとおりである**（大東水害訴訟：最判昭59.1.26）。

---

6 判例は、改修済河川について、河川の改修、整備がされた段階において想定された規模の洪水から水害の発生の危険を予測することができなかった場合、河川管理の瑕疵を問うことができないとしている。

○ **本問の記述のとおりである**（多摩川水害訴訟：最判平2.12.13）。

---

7 判例は、空港の騒音等による周辺住民の被害に関しても、国家賠償法2条1項の営造物の設置又は管理の瑕疵に含まれるかについて、これを否定している。

× 判例は、**国際空港に離着陸する航空機の騒音等による周辺住民の被害の発生は、当該空港の設置、管理の瑕疵の概念に含まれ、当該空港の設置・管理者は損害賠償責任を負う**としている（最大判昭56.12.16）。

STEP 3 過去問にチャレンジ！

問題 1

特別区Ⅰ類（2010年度）

国家賠償法に規定する公の営造物の設置管理の瑕疵に関する記述として、妥当なのはどれか。

1 国家賠償法にいう公の営造物とは、道路、公園のような人工公物のみをいい、河川、湖沼、海浜等の自然公物については、設置の観念が当てはまらないため除外される。

2 国家賠償法にいう公の営造物の設置又は管理に該当するには、法律上の管理権又は所有権等の法律上の権原を有することが必要であり、事実上管理している状態はこれに当たらない。

3 最高裁判所の判例では、高知落石事件において、国家賠償法の営造物の設置又は管理の瑕疵とは、営造物が通常有すべき安全性を欠いていることをいい、これに基づく国及び公共団体の賠償責任については、その過失の存在を必要としないとした。

4 最高裁判所の判例では、奈良赤色灯事件において、国家賠償法の責任は無過失責任であるから、道路の安全性に欠陥があり、時間的に原状に復し道路を安全良好な状態に保つことが不可能であったとしても、道路管理に瑕疵があるものとした。

5 最高裁判所の判例では、大東水害事件において、未改修河川の管理の瑕疵の有無については、河川管理の特性に由来する財政的、技術的及び社会的諸制約の下でも、過渡的な安全性ではなく、通常予測される災害に対応する安全性を備えていると認められるかどうかを基準として判断すべきであるとした。

→解答・解説は別冊P.068

問題 2 国家専門職（2016年度）

国家賠償に関するア～オの記述のうち、妥当なもののみを全て挙げているのはどれか。ただし、**争いのあるものは判例の見解による。**

ア 非権力的な行政活動については、民法の規定により賠償が可能であることから、国家賠償法第1条第1項にいう「公権力の行使」とは、権力的な行政活動のみを指し、公立学校における教師の教育活動等は含まれない。

イ 国又は公共団体の公務員による一連の職務上の行為の過程において、他人に被害を生じさせたが、それが具体的にどの公務員のどのような違法行為によるものであるかを特定することができない場合、国又は公共団体は加害行為の不特定を理由に損害賠償責任を免れることができないが、このことは、当該一連の行為の中に国又は同一の公共団体の公務員の職務上の行為に該当しない行為が含まれている場合も同様である。

ウ 国家賠償法第2条にいう「公の営造物の設置又は管理」とは、国等が法令所定の権原に基づき設置・管理を行うことをいい、国等が法令に基づかず事実上管理を行っていたにすぎない場合には、同条の責任を負うことはない。

エ 河川による水害の損害賠償請求における河川管理の瑕疵の有無については、道路の管理等の場合とは異なり、過去に発生した水害の規模、発生の頻度、改修を要する緊急性の有無等諸般の事情を総合的に考慮し、河川管理の特質に由来する財政的、技術的及び社会的諸制約の下での同種・同規模の河川の管理の一般水準及び社会通念に照らして、是認し得る安全性を備えていると認められるかどうかを基準として判断すべきである。

オ 公の営造物の設置・管理の瑕疵により、国又は公共団体が損害賠償責任を負う場合において、営造物の設置・管理者と費用負担者とが異なるときは、被害者は、設置・管理者と費用負担者のいずれに対しても、賠償請求をすることができる。

1．ア、イ
2．ア、ウ
3．エ、オ
4．イ、エ、オ
5．ウ、エ、オ

➡解答・解説は別冊P.068

問題3

国家賠償法に規定する公の営造物の設置又は管理の瑕疵に基づく損害賠償責任に関するA～Dの記述のうち、最高裁判所の判例に照らして、妥当なものを選んだ組合せはどれか。

A　道路管理者は、道路を常時良好な状態に保つように維持し、修繕し、もって一般交通に支障を及ぼさないように努める義務を負うため、故障した大型貨物自動車が87時間にわたって放置され、道路の安全性を著しく欠如する状態であったにもかかわらず、道路の安全性を保持するために必要とされる措置を全く講じていなかった場合には、道路管理に瑕疵があり、当該道路管理者は損害賠償責任を負うとした。

B　工事実施基本計画が策定され、当該計画に準拠して改修、整備がされた河川は、当時の防災技術の水準に照らして通常予測し、かつ、回避し得る水害を未然に防止するに足りる安全性を備えるだけでは不十分であり、水害が発生した場合において、当該河川の改修、整備がされた段階において想定された規模の洪水から当該水害の発生の危険を通常予測することができなかった場合にも、河川管理者は損害賠償責任を負うとした。

C　校庭内の設置等の設置管理者は、公立学校の校庭開放において、テニスコートの審判台が本来の用法に従って安全であるべきことについて責任を負うのは当然として、幼児を含む一般市民の校庭内における安全につき全面的な責任を負うため、通常予測し得ない行動の結果生じた事故についても、当該設置管理者は損害賠償責任を負うとした。

D　国家賠償法の営造物の設置又は管理の瑕疵とは、営造物が通常有すべき安全性を欠いている状態であるが、営造物が供用目的に沿って利用されることとの関連において危害を生ぜしめる危険性がある場合も含み、その危害は、営造物の利用者に対してのみならず、利用者以外の第三者に対するそれも含むため、国際空港に離着陸する航空機の騒音等による周辺住民の被害の発生は、当該空港の設置、管理の瑕疵の概念に含まれ、当該空港の設置管理者は損害賠償責任を負うとした。

1　A、B　　2　A、C
3　A、D　　4　B、C　　5　B、D

→解答・解説は別冊P.070

問題 4

国家賠償法に関するア～オの記述のうち、判例に照らし、妥当なもののみを全て挙げているのはどれか。

ア 点字ブロック等の新たに開発された視覚障害者用の安全設備を国鉄（当時）の駅のホームに設置していなかったことが、国家賠償法第2条第1項にいう「営造物の設置又は管理に瑕疵があった」ということができるか否かを判断するに当たっては、その安全設備が相当程度標準化されて全国的ないし当該地域における道路及び駅のホーム等に普及しているかどうかを考慮する必要はない。

イ 医薬品の副作用による被害が発生した場合であっても、厚生大臣（当時）が当該医薬品の副作用による被害の発生を防止するためにその権限を行使しなかったことが直ちに国家賠償法第1条第1項の適用上違法と評価されるものではなく、副作用を含めた当該医薬品に関するその時点における医学的、薬学的知見の下において、薬事法（当時）の目的及び厚生大臣に付与された権限の性質等に照らし、当該権限の不行使がその許容される限度を逸脱して著しく合理性を欠くと認められるときは、その不行使は、副作用による被害を受けた者との関係において同項の適用上違法となる。

ウ 国家賠償法第3条第1項は、公の営造物の設置・管理の費用を負担する者も当該営造物の設置・管理者とともに損害賠償責任を負う旨を規定しているが、国が地方公共団体に財政的支援をする場合、地方財政法上、負担金と補助金は区別されているため、国が当該費用を補助金として交付しているときは、国は同項の費用負担者には該当し得ない。

エ 警察官が、交通法規等に違反して車両で逃走する者をパトカーで追跡する職務の執行中に、逃走車両の走行により第三者が損害を被った場合、当該追跡行為が警察官の正当な職務行為と認められる以上、逃走車両の逃走の態様等に照らし追跡の方法が不相当であったとしても、当該追跡行為を国家賠償法第1条第1項の適用上違法と評価することはできない。

オ 国道に故障車が長時間にわたって放置されていたところ、夜間に原動機付自転車が当該故障車に追突し事故が発生した場合、当該道路は客観的に安全性が欠如する状態であったということができるが、道路自体に物理的な欠陥がない以上、道路管理に瑕疵があったということはできず、国家賠償法第2条第1項の適用上違法とはならない。

1. イ   2. オ
3. ア、エ   4. イ、ウ   5. ウ、オ

➡解答・解説は別冊 P.070

9 国家賠償法③（その他）

STEP 1 要点を覚えよう！

POINT 1 国家賠償法3条1項

　国家賠償法3条は、**国又は公共団体が損害を賠償する責任を負わなければならない場合**において、**公務員の選任**若しくは**監督又は公の営造物の設置**若しくは**管理にあたる者**と、公務員の俸給、給与その他の費用又は**公の営造物の設置**若しくは**管理の費用を負担する者**とが異なるときは、**費用を負担する者**もまた、その損害を賠償する責任を**負わなければならない**旨が規定されている（同条1項）。

　なお、この場合、損害を賠償した者は、その損害を賠償する責任がある者に対して、求償することができる（同条2項）。

> 物による損害のケースでイメージすると、**物の設置・管理者（＝責任者）**と、その物の設置・管理の費用を負担する者が異なる場合、費用負担者も責任を負うという規定なんだ。

最判昭50.11.28

判例（事案と判旨） 国立公園で転落事故を起こして重傷を負った者が、この事故は公園に設置された周回路の設置・管理に瑕疵があったことに起因すると主張して国と三重県、熊野市に対して国家賠償法3条に基づく損害賠償請求訴訟を提起した事案。

☞**国家賠償法3条1項所定の設置費用の負担者**には、**当該営造物の設置費用につき法律上負担義務を負う者のほか、この者と同等若しくはこれに近い設置費用を負担し、実質的にはこの者と当該営造物による事業を共同して執行していると認められる者であって、当該営造物の瑕疵による危険を効果的に防止しうる者も含まれる**と解すべきであり、法律の規定上当該営造物の設置をなしうることが認められている**国**が、自らこれを設置するにかえて、特定の地方公共団体に対しその設置を認めたうえ、**当該営造物の設置費用につき当該地方公共団体の負担額と同等若しくはこれに近い経済的な補助**を供与する反面、当該地方公共団体に対し、法律上当該営造物につき危険防止の措置を請求しうる立場にあるときには、国は、同項所定の設置費用の負担者に含まれる。

重要度

国家一般職：★★★	地方上級：★★★	特別区Ⅰ類：★★★
国家専門職：★★★	市役所：★★★	

CHAPTER

4

行政救済法

9

国家賠償法③（その他）

POINT 2 国家賠償法4条

　国又は公共団体の損害賠償の責任については、国家賠償法1～3条の規定によるほか、**民法の規定による**と規定されている（国家賠償法4条）。つまり、国又は公共団体の損害賠償の責任について、国家賠償法に規定がない場合は、民法の規定によるということである。

　この点、**民法709条の特則***として「失火責任法（失火ノ責任ニ関スル法律）」という規定がある。これは日本には木造建築が多いところ、過失による火事（失火）が発生した場合、延焼（周囲に燃え広がる）により損害額が多額になりすぎるため、**失火による損害賠償請求を行うには、失火者に「重過失」が必要**であるとする法律である。そして、この失火責任法に関して、以下の判例がある。

最判昭53.7.17

判例（事案と判旨） 店舗などを焼失する被害を受けた喫茶店経営者が、消火に出動した**消防職員が残り火の点検などを行う義務を怠ったために再出火**したと主張して、消防事務を行う市に対して国家賠償法1条1項に基づく損害賠償を求めた事案。

☞国又は公共団体の損害賠償の責任について**国家賠償法4条**は、同法1条1項の規定が適用される場合においても、**民法の規定が補充的に適用される**ことを明らかにしているところ、**失火責任法は、失火者の責任条件について民法709条の特則を規定**したものであるから、**国家賠償法4条の「民法」に含まれる**と解するのが相当である。

☞公権力の行使にあたる**公務員の失火による国又は公共団体の損害賠償責任**については、国家賠償法4条により**失火責任法が適用され**、当該公務員に**重大な過失**のあることを必要とする。

POINT 3 国家賠償法6条

　国家賠償法6条は、**外国人が被害者**となった場合の国家賠償法の適用について、**その者が所属する国との相互保証**があるときに限り、適用すると規定している。

　つまり、日本人が外国でその国の公務員等から損害を負った場合、その国と日本との間で、その国に対しても国家賠償請求ができるという取決めがあった場合は、その外国人も日本で国家賠償請求できるということである。

＊　**特則（とくそく）**…ある規定等の内容をより充実するため、内容の追加や異なる特別な変更を定めた法律や規定のこと。

1 国家賠償法3条1項所定の設置費用の負担者には、当該営造物の設置費用につき事実上負担義務を負う者のほか、この者と同等の設置費用を負担し、形式的に事業を共同して執行していると認められる者であって、瑕疵による危険を抽象的に防止しうる者も含まれるとしている。

× 国家賠償法3条1項所定の設置費用の負担者には、当該営造物の設置費用につき法律上負担義務を負う者のほか、この者と同等若しくはこれに近い設置費用を負担し、**実質的に**事業を共同して執行していると認められる者であって、瑕疵による危険を効果的に防止しうる者も含まれるとしている（最判昭50.11.28）。

2 判例は、国家賠償法3条1項所定の設置費用の負担者には、営造物の設置費用につき当該地方公共団体の負担額と同等若しくはこれに近い経済的な補助を供与する反面、当該地方公共団体に対し法律上当該営造物につき危険防止の措置を請求しうる立場にあるときでも、国は、同項所定の設置費用の負担者に含まれないとしている。

× 判例は、**国家賠償法3条1項所定の設置費用の負担者**には、営造物の設置費用につき当該地方公共団体の負担額と同等若しくはこれに近い経済的な補助を供与し、当該地方公共団体に対し、**法律上当該営造物につき危険防止の措置を請求しうる立場にあるときは、国も含まれる**としている（最判昭50.11.28）。

3 国家賠償法3条1項の場合において、その損害を賠償した者は、その損害を賠償する責任がある者に対し、求償することができる。

○ **本問の記述のとおりである**（国家賠償法3条2項）。

4 判例は、失火責任法については、失火者の責任条件について民法709条の特則を規定したものとはいえないから、国家賠償法4条の「民法」に含まれないとしている。

× 判例は、**失火責任法は、失火者の責任条件について民法709条の特則を規定したものであるから、国家賠償法4条の「民法」に含まれる**としている（最判昭53.7.17）。

5 判例は、公務員の失火については、国家賠償法4条により失火責任法が適用されないため、国等の責任が認められるためには、公務員に軽度の過失があればよいとしている。

× 判例は、**公務員の失火について国等の責任が認められるためには、国家賠償法4条により失火責任法が適用される結果、当該公務員に重大な過失のあることを必要**としている（最判昭53.7.17）。

6 外国人が被害者である場合には、その外国人が所属する国と日本との間において、相互の保証があるときに限り、国家賠償法を適用すると規定されている。

○ 本問の記述のとおりである（国家賠償法6条）。

7 日本人が、外国でその国の公務員等から損害を負った場合、その国と日本との間で、その国に対しても国家賠償請求ができるという取決めがあった場合は、その外国人も日本で国家賠償請求できる。

○ 本問の記述のとおりである。国家賠償法6条のいう**相互保証**があるときに限り、という意味を理解しておこう。

STEP 3 過去問にチャレンジ！

国家専門職（2014年度）

国家賠償法に関するア～オの記述のうち、判例に照らし、妥当なもののみを全て挙げているのはどれか。

ア 公権力の行使に当たる公務員の職務行為による損害につき、国が国家賠償法第1条第1項に基づく損害賠償責任を負う場合において、被害者が違法行為を行った公務員個人に対して直接損害の賠償を請求することは、当該公務員に故意又は重過失があるときに認められる。

イ 知事が宅地建物取引業者に対して宅地建物取引業法所定の免許の付与ないし更新をしたところ、当該業者が不正な行為を行ったことにより個々の取引関係者が損害を被った場合、当該免許の付与ないし更新が同法所定の免許基準に適合しないときであっても、当該免許の付与ないし更新それ自体は、当該業者との個々の取引関係者に対する関係において直ちに国家賠償法第1条第1項にいう違法な行為に当たるものではない。

ウ 裁判官がした争訟の裁判については、その裁判内容に上訴等の訴訟法上の救済方法によって是正されるべき瑕疵が存在したとしても、上訴等の訴訟法上の救済方法が存在するため、当該裁判官の主観のいかんを問わず、国家賠償法第1条第1項が適用されることはない。

エ 国家賠償法第2条第1項にいう営造物の設置又は管理の瑕疵とは、営造物が有すべき安全性を欠いている状態をいうが、そこにいう安全性の欠如とは、当該営造物が供用目的に沿って利用されることとの関連において危害を生ぜしめる危険性がある場合をも含み、また、その危害は、当該営造物の利用者に対してのみならず、利用者以外の第三者に対するそれをも含む。

オ 国家賠償法第3条第1項所定の設置費用の負担者とは、公の営造物の設置費用につき法律上負担義務を負う者のみを意味するため、公の営造物の設置者である地方公共団体に対して営造物の設置費用に充てるための補助金を交付したにすぎない国は、同項に基づく公の営造物の設置費用の負担者としての損害賠償責任を負わない。

1．ア、イ　　2．ア、エ
3．イ、ウ　　4．イ、エ　　5．ウ、オ

→解答・解説は別冊 P.072

問題 2

国家賠償に関するア～エの記述のうち、妥当なもののみを全て挙げているのはどれか。ただし、争いのある場合は判例の見解による。

ア 国家賠償法第1条第1項の規定により国又は公共団体が損害賠償責任を負う場合において、公務員の選任又は監督に当たる者と、公務員の給与その他の費用を負担する者とが異なるときは、当該費用を負担する者もまた被害者に対して損害賠償責任を負う。

イ 県が執行する国立公園事業の施設の設置管理の瑕疵により事故が発生した場合、当該施設の設置費用について補助金を交付した国は、当該施設の瑕疵による危険を効果的に防止し得る立場にあるため、補助金の額の多少にかかわらず、公の営造物の設置費用の負担者として、損害賠償責任を負う。

ウ 失火ノ責任ニ関スル法律は失火者個人の保護を目的とするところ、その趣旨は、公務員個人への求償が故意又は重過失の場合に制限されている国家賠償請求には妥当しないため、消防署職員の消火活動が不十分なため残り火が再燃して火災が発生した場合における公共団体の損害賠償責任については、失火ノ責任ニ関スル法律は適用されない。

エ 国家賠償法は、何人も公務員の不法行為により損害を受けたときは国又は公共団体にその賠償を求めることができると定めているから、外国人が被害者である場合であっても、日本人と異なることなく国家賠償を請求することができる。

1. ア
2. イ
3. ア、ウ
4. イ、エ
5. ウ、エ

（参考）失火ノ責任ニ関スル法律
民法第 709 条ノ規定ハ失火ノ場合ニハ之ヲ適用セス但シ失火者ニ重大ナル過失アリタルトキハ此ノ限ニ在ラス

➡解答・解説は別冊 P.073

10 損失補償

STEP 1 要点を覚えよう！

POINT 1 損失補償と補償の根拠

　損失補償とは、「**適法**」な**公権力の行使**によって加えられた財産上の**特別の犠牲**に対して、公平の見地から、全体の負担においてこれを調整するための**財産的補償**をする制度である。

　土地収用に対する損失補償、農地の強制買収の対価の支払などがその例であるが、「**適法**」な行為に基づく財産権の侵害に対する補償である点で、206ページのSECTION7から確認してきた行政権の違法な行為に対する国家賠償とは区別される。

　この損失補償についても、具体的な事案を前提に損失補償が認められるかが問われるが、国家賠償には国家賠償法という一般法があるものの、損失補償については、憲法29条3項に一般的根拠が置かれているほかは一般法が存在せず、土地収用法などの個別法が損失補償に関する規定を置いている。よって、損失補償については、土地収用法や道路法などの個別法についての重要判例を確認していく。

河川附近地制限令事件（最大判昭43.11.27）

判例（事案と判旨） そもそも**法令に補償規定がなくても損失補償を請求できるのか**が問題となった事案。

☞河川附近地制限令に規定されている制限について**損失補償に関する規定がないからといって、あらゆる場合について一切の損失補償を全く否定する**趣旨とまでは解されず、別途、**直接憲法29条3項を根拠にして、補償請求をする余地が全くないわけではない。**

> 曖昧な言い回しだけれども、試験対策上は、損失補償について個別の規定がなくても、直接憲法の規定を根拠にして、行うことができると考えてよいよ。

最判昭50.3.13

判例（事案と判旨） いかなる要件を満たせば、**法令に補償規定がなくても損失補償を請求できるのか**が問題となった事案。

☞**公共のためにする財産権の制限が**社会生活上一般に受忍すべきものとされる限度を超え、**特定の人に対し特別の財産上の犠牲を強いるもの**である場合には、**憲法29条3項によりこれに対し補償することを要し、もし財産権

の制限を定めた法律、命令その他の法規に損失補償に関する規定を欠くときは、**直接憲法29条3項を根拠にして補償請求をすることができない**わけではない。

損失補償について個別の規定がなくても、直接憲法の規定を根拠にして、行うことができるとしても、一般に要求される受忍の限度を超えていなければ、損失補償ができないんだ。

POINT 2 　金銭支払の原則

土地収用法70条において、**損失の補償は、金銭をもってする**ものとすると規定されており、**金銭の支払による補償が原則**となっている。

そして、どの程度の補償をすべきかの基準について判例は、**土地収用法における損失の補償は、金銭をもって補償する場合**には、被収用者が**近傍**において**被収用地と同等の代替地**等を取得することをうるに足りる金額の補償**を要するとしている（倉吉都市計画街路用地収用事件：最判昭48.10.18）。

土地収用がされた場合、近場で同等の代替地の取得ができる程度の補償がなされないと、損失の補償がされたとはいえないよね。

POINT 3 　補償の対象①

具体的な事案において、損失補償の対象となるものかについての判例を確認していく。

> **ふくはらわじゅうてい 福原輪中堤＊損失補償事件（最判昭63.1.21）**
>
> **判例（事案と判旨）** 土地収用法に基づき収用された土地が文化財的価値を有する場合、文化財的価値までが損失補償の対象となるのかが問題となった事案。
>
> ☞**土地収用法にいう「通常受ける損失」**とは、客観的社会的にみて収用に基づき被収用者が当然に受けるであろうと考えられる経済的・財産的な損失をいうと解する。
>
> ☞国の歴史を理解し、往時の生活・文化等を知りうるという意味での歴史的・学術的な価値は、特段の事情のない限り、当該土地の不動産としての経済的・財産的価値を何ら高めるものではなく、その市場価格の形成に影響を与えることはないというべきであって、このような意味での**文化財的価値なるものは、それ自体経済的評価になじまない**ものとして、**土地収用法上損失補償の対象とはなりえない。**
>
> ☞**本件堤防は、江戸時代初期から水害より村落共同体を守ってきた輪中堤の**

＊　**輪中堤（わじゅうてい）**…その土地の周囲を完全に囲む堤防のこと。

典型の一つとして歴史的、社会的、学術的価値を内包しているが、**本件補償の対象**となりえない。

最判昭58.2.18

判例（事案と判旨） 警察規制による損失補償の有無が問題となった事案。

☞ **警察法規が一定の危険物の保管場所等**につき、保安物件との間に**一定の離隔距離を保持すべきこと**などを内容とする技術上の基準を定めている場合において、道路工事の施行の結果、警察法規違反の状態を生じ、**危険物保有者が技術上の基準に適合するように工作物の移転等を余儀なくされ、これによって損失を被ったとしても、それは道路工事の施行によって警察規制に基づく損失がたまたま現実化するに至ったものにすぎず、このような損失は補償の対象には属しない。**

最判昭47.5.30

判例（事案と判旨） 消防活動による損失の補償の範囲が問題となった事案。

☞ 火災の際の消防活動により損害を受けた者が、その損失の補償を請求しうるためには、当該処分等が、火災が発生しようとし、若しくは発生し、又は延焼のおそれがある**消防対象物及びこれらのもののある土地**以外の消防対象物及び立地に対しなされたものであり、かつ、処分等が消火若しくは延焼の防止又は人命の救助のために緊急の必要があるときになされたものであることを要する。

→ この判例からすれば、損失補償の対象は「消防対象物及びこれらのもののある土地」以外でなければならず、「消防対象物及びこれらのもののある土地」は、損失補償の対象とはならない。

最大判昭43.11.27

判例（事案と判旨） 平和条約に基づく在外資産の喪失が補償されるのかが問題となった事案。

☞ 平和条約は、もとより、日本国政府の責任において締結したものではあるが、**平和条約の条項は不可避的に承認せざるをえなかったのであって、その結果として被った在外資産の喪失による損害**も、敗戦という事実に基づいて生じた一種の戦争損害とみるほかはなく、このような戦争損害は、他の種々の戦争損害と同様、多かれ少なかれ、国民のひとしく堪え忍ばなければならないやむを得ない犠牲なのであって、**その補償は憲法29条3項の全く予想しないところで、同条項による補償の余地はない。**

POINT 4 　補償の対象②

　公用収用*における損失補償について、土地収用法上、所有権や地上権などの収用される権利に関する補償（同法71条）だけでなく、移転料の補償（同法77条）、調査によって生じた損失及び営業上の損失など収用に伴い受けるであろう付随的損失に関する補償（同法88条、91条）も規定されている。

POINT 5 　補償の時期

　判例は、国家が私人の財産を公共の用に供するには、これによって私人の被るべき損害を塡補するに足りるだけの相当な賠償をしなければならないが、憲法は「正当な補償」と規定しているだけであって、補償の時期については、少しも言明していないのであるから、補償が財産の供与と交換的に同時に履行されるべきことについては、憲法の保障するところではないとしている（最大判昭24.7.13）。

POINT 6 　補償の額（農地改革に基づくもの）

　判例は、自作農創設特別措置法に基づく農地の買収は、自作農創設を目的とする一貫した国策に伴う法律上の措置であって、言い換えれば憲法29条2項にいう公共の福祉に適合するように法律によって定められた農地所有権の内容であると見なければならないのであり、農地の買収価格は、公共の福祉のために定められるのであるから、必ずしも常に当時の経済状態における収益に適合する価格と完全に一致するとはいえず、まして自由な市場取引において成立することを考えられる価格と一致することを要するものではないとしている（最大判昭28.12.23）。

　戦後間もない時点で行われた農地改革では、国家財政上、完全な補償が難しい状況だったので、完全補償でなくてもよいとされたんだ。現在の土地収用法に基づく補償と区別しておこう。

POINT 7 　補償の額（土地収用法に基づくもの）

　判例は、土地収用法における損失の補償は、特定の公益上必要な事業のために土地が収用される場合、その収用によって当該土地の所有者等が被る特別な犠牲の回復を図ることを目的とするものであるから、完全な補償、すなわち、収用の前後を通じて被収用者の財産価値を等しくならしめるような補償をなすべきとしている（倉吉都市計画街路用地収用事件：最判昭48.10.18）。

　なお、別の判例（最判平14.6.11）も、被収用者は、収用の前後を通じて被収用者の有する財産価値を等しくさせるような補償を受けられるとしている。

---

　*　公用収用（こうようしゅうよう）…特定の公共事業に用いるために、国又は地方公共団体等が、私人から特定の財産を強制的に取得すること。

1 判例は、法令に規定されている制限について損失補償に関する規定がない場合は、損失補償は一切認められないとしている。

× 判例は、法令に規定されている制限について**損失補償に関する規定がないからと**いって、あらゆる場合について一切の損失補償を全く否定する趣旨とまでは解されず、別途、**直接憲法29条3項を根拠にして、補償請求をする余地が全くない**わけではないとしている（河川附近地制限令事件：最大判昭43.11.27）。

2 土地収用法における損失の補償は、代替の土地をもってするものとすると規定されており、現物による補償が原則である。

× **土地収用法における損失の補償は、**金銭をもってするものとすると規定されており、**金銭の支払による補償が原則**である（土地収用法70条）。

3 判例は、歴史的・学術的な価値は、それ自体経済的な評価が可能であるから、土地収用法上損失補償の対象となりうるとしている。

× 判例は、**歴史的・学術的な価値は、それ自体経済的評価になじまない**ものとして、**土地収用法上損失補償の対象とは**なりえないとしている（福原輪中堤損失補償事件：最判昭63.1.21）。

4 判例は、警察規制に基づく損失がたまたま現実化するに至ったものにすぎない場合であっても、損失を受けた者からすれば公共の利益のために損失を受けたことに変わりはなく、このような損失であっても補償の対象に属するとしている。

× 判例は、**警察規制に基づく損失がたまたま現実化するに至ったものにすぎない場合、このような損失は補償の対象には**属しないとしている（最判昭58.2.18）。

5 判例は、戦争損害は、国民のひとしく堪え忍ばなければならないやむを得ない犠牲なのであるから、その補償に対しては、憲法29条3項による補償の余地があるとしている。

× 判例は、**戦争損害は**、多かれ少なかれ、国民のひとしく堪え忍ばなければならないやむを得ない犠牲なのであって、**その補償は憲法29条3項の全く予想しない**ところで、**同条項による補償の余地はない**としている（最大判昭43.11.27）。

- -

6 土地収用法上では、収用に伴い受けるであろう付随的損失に関する補償についてまでは規定されていないが、判例は、付随的損失まで補償することを認めている。

× **土地収用法上**、所有権や地上権などの収用される権利に関する補償（同法71条）だけでなく、**移転料の補償**（同法77条）、**調査費及び営業上の損失など収用に伴い受けるであろう付随的損失に関する補償**（同法88条、91条）も**規定されている**。

- -

7 判例は、補償の時期については、少しも言明していないが、補償が財産の供与と交換的に同時に履行されるべきことについては、憲法の保障するところであるとしている。

× 判例は、憲法は「正当な補償」と規定しているだけであって、**補償の時期については、少しも言明していない**のであるから、**補償が財産の供与と交換的に同時に履行されるべきことについては、憲法の保障するところではない**としている（最大判昭24.7.13）。

過去問にチャレンジ！

行政法学上の損失補償に関する記述として、通説に照らして、妥当なのはどれか。

1 公共の利用に供するために財産権が制約され損失が生じれば、それが社会生活において一般に要求される受忍の限度をこえていなくても、無条件に損失補償が受けられる。

2 公用収用における損失補償は、所有権や地上権などの収用される権利について補償することはできるが、移転料、調査費及び営業上の損失など収用に伴い受けるであろう付随的損失について補償することはできない。

3 土地収用法における損失補償は、土地が収用される場合、その当時の経済状態において合理的に算出された相当な額で足り、収用の前後を通じて被収用者の財産を等しくするような完全な補償は不要である。

4 公共の用に供するために財産権を収用ないし制限された者には、法律に補償規定がなくても、日本国憲法で定めている財産権の保障の規定に基づいて損失補償請求権が発生する。

5 土地収用における損失補償の方法は、現物補償として代替地の提供に限られ、土地所有者又は関係人の要求があった場合においても、金銭の支払による補償はすることはできない。

➡解答・解説は別冊 P.074

問題 2 国家一般職（2020年度）

損失補償に関するア～オの記述のうち、判例に照らし、妥当なもののみを全て挙げているのはどれか。

ア　主として国の歴史を理解し往時の生活・文化等を知り得るという意味での歴史的・学術的な価値は、特段の事情のない限り、当該土地の不動産としての経済的・財産的価値を何ら高めるものではなく、その市場価格の形成に影響を与えることはないというべきであって、このような意味での文化財的価値なるものは、それ自体経済的評価になじまないものとして、土地収用法上損失補償の対象とはなり得ない。

イ　財産上の犠牲が単に一般的に当然に受忍すべきものとされる制限の範囲を超え、特別の犠牲を課したものである場合であっても、これについて損失補償に関する規定がないときは、当該制限については補償を要しないとする趣旨であることが明らかであるから、直接憲法第29条第3項を根拠にして補償請求をすることはできない。

ウ　警察法規が一定の危険物の保管場所等につき保安物件との間に一定の離隔距離を保持すべきことなどを内容とする技術上の基準を定めている場合において、道路工事の施行の結果、警察違反の状態を生じ、危険物保有者がその技術上の基準に適合するように工作物の移転等を余儀なくされ、これによって損失を被ったときは、当該者はその損失の補償を請求することができる。

エ　火災が発生しようとし、又は発生した消防対象物及びこれらのもののある土地について、消防吏員又は消防団員が、消火若しくは延焼の防止又は人命の救助のために必要がある場合において、これを使用し、処分し又はその使用を制限したときは、そのために損害を受けた者があっても、その損失を補償することを要しない。

オ　国家が私人の財産を公共の用に供するには、これによって私人の被るべき損害を填補するに足りるだけの相当な賠償をしなければならないことはいうまでもないが、憲法は、補償の時期については少しも言明していないのであるから、補償が財産の供与と交換的に同時に履行されるべきことについては、憲法の保障するところではない。

1．ア、オ　　　2．イ、ウ
3．ア、ウ、エ　4．ア、エ、オ　　5．イ、ウ、オ

→解答・解説は別冊P.075

問題3

特別区Ⅰ類（2019年度）

行政法学上の損失補償に関する記述として、最高裁判所の判例に照らして、妥当なのはどれか。

1 国家が私人の財産を公共の用に供するには、これによって私人の被るべき損害を填補するに足りるだけの相当な賠償をしなければならないことは言うまでもなく、憲法の規定は補償の時期について少しも言明していないものの、補償が財産の供与と交換的に同時に履行されるべきことについては憲法の保障するところであるとした。

2 石油給油所においてガソリンの地下貯蔵タンクを埋設していたところ、道路管理者の道路工事の施行に伴い、その設置状況が消防法の技術上の基準に適合しなくなり警察違反の状態を生じたため別の場所に移設せざるを得なくなったことによる損失は、道路工事の施行により警察規制に基づく損失が現実化するに至ったものであり、この損失は道路法の定める補償の対象に属するとした。

3 土地収用法の通常受ける損失とは、経済的価値でない特殊な価値についても補償の対象としており、福原輪中堤は江戸時代初期から水害より村落共同体を守ってきた輪中堤の一つとして歴史的、社会的、学術的価値を内包し、堤防の不動産としての市場価値を形成する要素となり得るような価値を有することは明らかであるから、かかる価値も補償の対象となり得るとした。

4 火災の際の消防活動により損害を受けた者がその損失の補償を請求しうるには、消防法による処分が、火災が発生しようとし、若しくは発生し、又は延焼のおそれがある消防対象物及びこれらのもののある土地以外の消防対象物及び立地に対しなされたものであり、かつ、消火若しくは延焼の防止又は人命の救助のために緊急の必要があるときになされたものであることを要するとした。

5 政府の責任において締結した平和条約により被った在外資産の喪失という戦争損害は、他の種々の戦争損害と同様、国民のひとしく堪え忍ばなければならないやむを得ない犠牲であるが、私有財産不可侵の原則により原所有者に返還されるべき在外資産は、憲法の規定を適用して具体的な補償請求をなしうるとした。

➡解答・解説は別冊 P.076

CHAPTER

行政組織法

この章で学ぶこと

◯ 行政組織法では、概要をおおまかに押さえよう

　CHAPTER5・行政組織法では、行政組織論、地方公共団体の運営、公物を学んでいきます。この分野では、行政の組織運営に関する専門用語や条文知識に対する学習が中心になります。

　これまで学んだ行政作用法・行政救済法に比べると、出題頻度は大きく下がるので、この分野の学習は最後に行えば大丈夫です。つまり、先に行政作用法・行政救済法を十分に学んでから行政組織法を学んだ方が、理解が深まりやすいです。

◯ 行政組織法の概要だけでも押さえよう

　行政組織法は、行政法の中では最も出題頻度の低い分野なので、この分野を捨てても合格することは十分可能だと思われます。

　もっとも、丸ごと捨ててしまうのは考えものです。捨て分野を丸ごと作ってしまうと、試験本番で捨て分野を作ったことによる恐怖心や罪悪感にさいなまれ、解けるはずの問題まで落とすリスクがあるからです。

　また、公務員は行政庁という行政組織の一員として働くことが求められる職業です。そのため、行政の組織運営に関する最低限の法律知識は基礎知識として持っておいた方が望ましいです。

　試験対策上は、本章をざっと一読するだけでよいので、行政組織法についても最低限の学習はしておきましょう。

◯ 地方自治法の条文知識はできれば押さえよう

　特に地方公務員（地方上級・市役所）を志望する場合は、本章の地方公共団体の運営で学ぶ地方自治法の条文知識を押さえておきましょう。

　地方公務員の試験では地方自治法がやや問われやすいので、余裕があれば押さえておくのがおすすめです。

きめる！ 試験別対策

国家一般職

この分野からの出題自体がほぼ無く、合否には影響しない分野といえる。他の分野を全て学習し終えて余力がある場合のみ、ざっと取り組んでおけば足りる。

国家専門職

財務専門官では公物が問われることがある。そのため、財務専門官を志望する場合は、公物を優先して学習しておけばよい。それ以外の専門職では出題が無いので、最後に学習すれば足りる。

地方上級

地方公共団体の運営のうち地方自治法が出題されやすい。同法の条文知識を優先的に学習するのがおすすめ。

特別区Ⅰ類

国家一般職と概ね同様で、この分野からの出題自体が無いため、合否には影響しない。他の分野を全て学習し終えてから、最後に本章を一読しておけば足りる。

市役所

他の試験種よりも出題頻度がやや高く、地方公共団体の運営が問われやすい。地方上級と同様、地方自治法の条文知識を優先して押さえるのが良い。

SECTION

1 行政組織論

STEP 1 要点を覚えよう！

POINT 1 行政機関

　行政機関とは、行政、すなわち国の行政事務又は自治事務を担当する機関のことをいう。行政機関は、その権限・機能から以下のように分類される。

◆行政機関の分類

機関	内容
行政庁	行政主体の意思又は判断を決定し、外部に表示する権限を有する機関
執行機関	行政目的を実現するために必要とされる実力行使を行う機関
諮問機関	行政庁から諮問を受けて意見を答申する機関
監査機関	監査の対象となっている機関の事務や会計処理を検査し、その適否等を監査する機関
参与機関	行政庁の意思決定に参与する権限をもつ機関 総務省の附属機関である検察官適格審査会がその例
補助機関	行政庁の意思決定を補助し準備する機関。府・省の副大臣、大臣政務官、事務次官、委員会事務局の職員などがその例

　上記のうち、試験では行政庁、執行機関、諮問機関、監査機関について押さえておくべきなので、以下これらを確認していくよ。

POINT 2 行政庁

　行政庁とは、**行政主体の意思又は判断を決定し、外部に表示**する権限を有する機関である。

　そして、**各省の大臣及び都道府県知事等は独任制の行政庁**であり、**公正取引委員会や公害等調整委員会等の行政委員会は合議制の行政庁**である。

POINT 3 執行機関

　執行機関とは、行政目的を実現するために必要とされる実力行使を行う機関である。具体的には、行政上の義務を国民が履行しない場合に強制執行や、違法な状況を排除する緊急の必要がある場合に即時強制を行う。そして、**自衛官、警察官、消防官**がその例である。

POINT 4　諮問機関

諮問機関とは、行政庁から**諮問を受けて意見を答申**する機関である。

最判昭50.5.29

判例（事案と判旨） 法定の諮問を経ない行政処分の違法性が問題となった事案。

☞一般に、行政庁が諮問機関に諮問し、その決定を尊重して処分をしなければならない旨を法が定めているのは、処分行政庁が、諮問機関の決定（答申）を慎重に検討し、これに十分な考慮を払い、特段の合理的な理由のない限りこれに反する処分をしないように要求することにより、**当該行政処分の客観的な適正妥当と公正を担保することを法が所期している**ためであると考えられるから、かかる場合における諮問機関に対する諮問の経由は、極めて重大な意義を有するものというべく、したがって、行政処分が諮問を経ないでなされた場合は、**違法**として取消しをまぬがれない。

POINT 5　監査機関

監査機関とは、監査の対象となっている**機関の事務や会計処理を検査**し、その適否等を監査する機関である。

そして、**国の会計検査を行う**会計検査院、地方公共団体の財務に関する事務の執行等を監査する監査委員がその例である。

POINT 6　権限の委任

権限の委任とは、行政機関がその**権限の一部**を他の行政機関に委譲し、これを**当該他の行政機関の権限として行わせる**ことである。具体例として、地方自治法は、普通地方公共団体の長は、その権限に属する事務の一部をその補助機関である職員に委任できる（同法153条1項）こと、また、普通地方公共団体の長は、その権限に属する事務の一部をその管理に属する行政庁に委任することができるとする規定がある（同条2項）。

そして、権限の委任は、**法律上定められた処分権者である行政庁を変更するものであり、法律の根拠が必要である**。なお、権限の委任があったとしても、**上級機関としての委任者**は、下級機関としての受任者に対して、**指揮監督権を有する**。

最判昭54.7.20

判例（事案と判旨） 行政庁間の権限の委任により、委任された権限行使について、裁判所が判断を示した事案。

☞**委任を受けた行政庁は、その処分を**自己の行為としてするものであるから、その処分の取消しを求める訴えは、その委任を受けた行政庁を被告として提起すべきである。

➡これは、**委任機関が当該権限を**喪失**することを意味する。**

STEP 2 一問一答で理解を確認！

1 各省大臣及び都道府県知事等は、合議制の行政庁であり、公正取引委員会や公害等調整委員会等の行政委員会は、独任制の行政庁である。

× **各省大臣及び都道府県知事等は** 独任制 **の行政庁であり、公正取引委員会や公害等調整委員会等の行政委員会は** 合議制 **の行政庁である。** なお、独任制とは1人で構成されていること、合議制は複数人で構成されていることをいう。

2 執行機関とは、行政目的を実現するために必要とされる強制執行等の実力行使を行う機関であり、自衛官、警察官、消防官がその例である。

○ 本問の記述のとおりである。

3 監査機関とは、行政庁から諮問を受けて意見を答申する機関であり、会計検査院、監査委員がその例である。

× **監査機関とは、監査の対象となっている** 機関の事務や会計処理を検査 **し、その** 適否等を監査 **する機関であり、会計検査院、監査委員がその例である。**

4 諮問機関とは、行政庁から諮問を受けて意見を答申する機関である。

○ 本問の記述のとおりである。

5 判例は、法律によって、行政庁が諮問機関に諮問し、その決定を尊重して処分をしなければならない旨を定めている場合において、行政処分が諮問を経ないでなされた場合であっても、違法とまではいえないとしている。

× 判例は、本問のような場合における **諮問機関に対する諮問の経由は、極めて重大な意義を** 有するものというべく、**行政処分が諮問を経ないでなされた場合は、違法として取消しを** まぬがれない **としている**（最判昭50.5.29）。

6 権限の委任とは、行政機関がその権限の全部又は一部を他の行政機関に委譲し、これを当該他の行政機関の権限として行わせることである。

× **権限の委任とは、**行政機関がその**権限の一部**を他の行政機関に委譲し、これを当該**他の行政機関の権限**として行わせることである。権限の**全部**を委譲する場合は、**含まれていない。**

---

7 権限の委任がある場合、上級機関は、下級機関に対する指揮監督権を喪失する。

× **権限の委任があったとしても、上級機関としての委任者は、**下級機関としての受任者に対して、**指揮監督権を有する。**

---

8 判例は、委任を受けた行政庁は、その処分を自己の行為としてするものであるとしても、その処分の取消しを求める訴えは、その委任をした行政庁を被告として提起すべきであるとしている。

× 判例は、委任を受けた行政庁は、その処分を**自己の行為としてするものであるから、**その処分の取消しを求める訴えは、その**委任を受けた行政庁**を被告として提起すべきであるとしている（最判昭54.7.20)。

---

9 権限の委任を行うには、法律の根拠までは必要がないと解されている。

× **権限の委任は、法律上定められた処分権者である行政庁を変更するものであるから、法律の根拠が必要**である。

問題 1

国家Ⅱ種（2007年度）

行政機関についての講学上の概念に関するア～エの記述のうち、妥当なもののみをすべて挙げているのはどれか。

ア　行政庁とは、行政主体の意思又は判断を決定し外部に表示する権限を有する機関をいい、各省大臣及び都道府県知事は行政庁に該当するが、公正取引委員会や公害等調整委員会等の行政委員会は行政庁に該当しない。

イ　諮問機関とは、行政庁から諮問を受けて意見を具申する機関をいい、諮問機関に対する諮問手続が法律上要求されているのに行政庁が諮問手続を経ることなく行政処分をした場合であっても、行政庁の決定が違法となることはないとするのが判例である。

ウ　執行機関とは、行政上の義務を国民が履行しない場合に強制執行をしたり、違法な状況を排除する緊急の必要がある場合に即時強制をするなど、行政目的を実現するために必要とされる実力行使を行う機関をいう。

エ　監査機関とは、監査の対象となっている機関の事務や会計処理を検査し、その適否を監査する機関をいい、国の会計検査を行う会計検査院や地方公共団体の財務に関する事務の執行等を監査する監査委員が監査機関に該当する。

1．ア
2．ア、イ
3．イ、ウ
4．ウ、エ
5．エ

➡解答・解説は別冊 P.077

問題 2

行政法学上の行政庁の権限の委任に関する記述として、妥当なのはどれか。

1 権限の委任とは、自己に与えられた権限の全部又は主要な部分を他の機関に委任して行わせることをいう。

2 権限の委任は、法律上定められた処分権者を変更するものであるから、法律の根拠が必要である。

3 権限の委任を受けた受任者は、民法上の委任とは異なり、代理権の付与を伴わないため、当該権限の行使を委任者の名で行う。

4 行政不服審査法に基づく再調査の請求を行う場合には、権限の委任が行われていれば、委任者に対して行わなければならない。

5 権限の委任が上級機関から下級機関に対して行われたときは、権限が委譲されるため、委任者は、受任者に対して指揮監督権を有することはない。

➡解答・解説は別冊 P.078

2 地方公共団体の運営①

STEP 1 要点を覚えよう！

POINT 1 地方議会

　普通地方公共団体には、その**議事機関**として、当該普通地方公共団体の住民が**選挙した議員をもって組織される議会を置く**と規定されている（地方自治法89条1項）。普通地方公共団体の**議会の議員の任期は4年**である（同法93条1項）。

　なお、**町村**については、**条例で、議会を置かず、選挙権を有する者の総会を設けることができる**と規定されている（同法94条）。

> 総会は、代表者を決めて議事を行うわけではなく、選挙権を有する住民が集まって、その町村の意思決定を行うものだよ。住民の人数が少ないところじゃないと難しいよね。

POINT 2 地方議会の議決事項

　普通地方公共団体の議会における議決事項としては、主に次の①～③が規定されている（地方自治法96条1項）。

◆普通地方公共団体の議会における議決事項

①条例を設け又は改廃すること
②予算を定めること
③法律又はこれに基づく政令に規定するものを除くほか、地方税の賦課徴収又は分担金、使用料、加入金若しくは手数料の徴収に関すること

POINT 3 長の再議

　普通地方公共団体の長は、普通地方公共団体の**議会の議決について異議がある**とき、この法律に特別の定めがあるものを除くほか、その**議決の日（条例の制定に関する議決については、その送付を受けた日）から10日以内**に、理由を示して、これを**再議**に付することができると規定されている（地方自治法176条1項）。

> 要するに、「もう一度、考え直せ！」と言えるということだね。

—

—

POINT 4　議員の定数

「都道府県」の議会の議員の定数は、条例で定めると規定されており（地方自治法90条1項）、また、「市町村の議会」の議員の定数も条例で定めると規定されている（同法91条1項）。

なお、当該地方公共団体の人口や面積に応じるものとして、地方議会における議員の定数を明確に定めた地方自治法の規定は存在しない。

POINT 5　請負

普通地方公共団体の議会の議員は、当該普通地方公共団体に対し、請負をする者及びその支配人になることができない（地方自治法92条の2）。

議員自身が業務を請け負うといったことがされないようにするんだ。

POINT 6　予算

普通地方公共団体の長は、予算を調製し及びこれを執行する事務等を担任する（地方自治法149条2号、同条柱書）と規定されている。

そして、議会は、予算について、増額してこれを議決することを妨げないと規定されている（同法97条2項本文）。

POINT 7　事務に関する調査

普通地方公共団体の議会は、当該普通地方公共団体の事務に関する調査を行うことができ、この場合において、当該調査を行うため特に必要があると認めるときは、選挙人その他の関係人の出頭及び証言並びに記録の提出を請求することができる（地方自治法100条1項）。

これを受けて、出頭又は記録の提出の請求を受けた選挙人その他の関係人が、正当の理由がないのに、議会に出頭せず若しくは記録を提出しないとき又は証言を拒んだときは、6か月以下の禁錮又は10万円以下の罰金に処すると規定されている（同条3項）。

出頭等に応じない場合は、罰則まで規定されているということだよ。

POINT 8　一身上に関する事件

普通地方公共団体の議会の議長及び議員は、自己の一身上に関する事件については、その議事に参与することができない。ただし、議会の同意があったときは、会議に出席し、発言することができる（地方自治法117条）。

POINT 9 　関与の法定主義

　普通地方公共団体は、その事務の処理に関し、**法律**又は**これに基づく政令**によらなければ、普通地方公共団体に対する**国又は都道府県の関与**を受けることはないと規定されている（地方自治法245条の2）。

> 法律かそれに基づく政令に規定がなければ、国や地方公共団体の関与を受けることがないよ。簡単には口を出されない…というイメージかな。

　そして、「普通地方公共団体に対する**国又は都道府県の関与**」とは、普通地方公共団体の**事務の処理**に関し、国の行政機関又は都道府県の機関が行う**助言又は勧告**（同法245条1号イ）等の行為をいうと規定されている（同条柱書）。

　よって、この普通地方公共団体に対する国又は都道府県の**関与としての助言又は勧告等の対象**は、**法定受託事務***に限定されていない。

POINT 10 　是正の指示

　各大臣は、その所管する法律又はこれに基づく政令に係る都道府県の**法定受託事務の処理**が法令の規定に**違反**していると認めるとき、又は**著しく適正を欠き、かつ、明らかに公益を害している**と認めるときは、当該都道府県に対し、当該法定受託事務の処理について**違反の是正又は改善のため講ずべき措置**に関し、**必要な指示**をすることができる（地方自治法245条の7第1項）。

　この規定からすれば、**知事の罷免については規定がない**ため、**知事の罷免をすることはできない**。

POINT 11 　是正の要求

　各大臣は、その担任する事務に関し、**都道府県の自治事務の処理**が法令の規定に**違反**していると認めるとき、又は**著しく適正を欠き、かつ、明らかに公益を害している**と認めるときは、当該都道府県に対し、当該自治事務の処理について違反の是正又は改善のため**必要な措置を講ずべきことを求める**ことができると規定されている（地方自治法245条の5第1項）。

　この規定からすれば、**是正又は改善のため必要な措置を講ずべきことを「求める」**ことはできるが、「**是正命令**」を出すことは**できない**。

POINT 12 　代執行等

　各大臣は、都道府県知事の**法定受託事務の処理**に**違反**するものがある場合又は**執行を怠る**ものがある場合において、その**是正を図ることが困難**であり、かつ、それを**放置することにより著しく公益を害する**ことが明らかであるときは、当該違反を是正し、又は管理若しくは執行を改めるべきことを**勧告**することができる

* **法定受託事務**…都道府県や市町村等の事務のうち、本来は国又は都道府県が果たすべきもので、国又は都道府県において適正な処理を特に確保する必要があるものとして法令で特に定めるもの（地方自治法2条9項）。

と規定されている（地方自治法245条の8第1項）。

さらにこれを受けて、**各大臣は、都道府県知事が行わないときは、当該都道府県知事に代わって、当該事項を行うことができる**と規定されている（同条8項前段）。

POINT10〜13は似ている話が続くけれど、ポイントは以下のものだよ。

 是正の指示、要求、代執行等のポイント

前提として、いずれも「各大臣」が「都道府県（知事）」に対して行うものである。

↓

①是正の「指示」
　☞都道府県の法定受託事務の処理に違反等があるとき。
　☞必要な指示ができるが、知事の罷免まではできない。

②是正の「要求」
　☞都道府県の自治事務の処理に違反等があるとき。
　☞必要な措置を求めることができるが、是正命令まではできない。

③代執行等
　☞都道府県知事の法定受託事務の処理に違反等があるとき。
　☞違反の是正等を勧告できる。
　☞都道府県知事が是正等を行わないとき、各大臣は、当該都道府県知事に代わって、当該事項を行うことができる。

POINT 13 国地方係争処理委員会

総務省には、国地方係争処理委員会を置くと規定されている（地方自治法250条の7第1項）。

国地方係争処理委員会とは、国と地方公共団体との間の国の関与をめぐる紛争について、地方公共団体からの審査の申出を受けて、解決にあたる第三者機関である（同条2項参照）。

これを受けて、**普通地方公共団体の長その他の執行機関は、その担任する事務に関する国の関与**のうち是正の要求、許可の拒否その他の処分その他公権力の行使にあたるものに**不服があるときは、国地方係争処理委員会に対し、当該国の関与を行った国の行政庁を相手方として、文書で、審査の申出をすることができる**と規定されている（同法250条の13第1項柱書）。

1 都道府県の議会及び市町村議会の議員の定数は、地方自治法によって人口や面積に応じて規定されている。

× 　**都道府県の議会の議員の定数は、条例で定めると規定**されており（地方自治法90条1項）、また、**市町村の議会の議員の定数は、条例で定めると規定されている**（同法91条1項）。**人口や面積に応じて規定されているわけではない。**

2 普通地方公共団体の長は、予算を調製し及びこれを執行する事務等を担任する以上、議会は、予算について、増額してこれを議決することはできない。

× 　普通地方公共団体の長は、予算を調製し及びこれを執行する事務等を担任する（地方自治法149条2号、同条柱書）ところ、**議会は、予算について、増額してこれを議決することを妨げない**と規定されている（同法97条2項本文）。

3 普通地方公共団体の議会の議長及び議員は、原則として、自己の一身上に関する事件についても、その議事に参与することができる。

× 　**普通地方公共団体の議会の議長及び議員は、自己の一身上に関する事件については、その議事に参与することができない。**ただし、**議会の同意があったときは、会議に出席し、発言することができる**（地方自治法117条）。

4 国又は都道府県は、普通地方公共団体の事務の処理に関し、法律又はこれに基づく政令によらなくても関与することができる。

× 　**普通地方公共団体は、その事務の処理に関し、法律又はこれに基づく政令によらなければ、普通地方公共団体に対する国又は都道府県の関与を受けることはない**（地方自治法245条の2）。

5 各大臣は、都道府県知事の法定受託事務の処理に違反するものがある場合において、その是正を図ることが困難であり、かつ、それを放置することにより著しく公益を害することが明らかであるときは、当該違反を是正するべきことを強制することができる。

× **各大臣は、都道府県知事の法定受託事務の処理に違反するものがある場合**において、その是正を図ることが困難であり、かつ、それを放置することにより著しく公益を害することが明らかであるときは、**当該違反を是正するべきことを**勧告**することができる**（地方自治法245条の8第1項）。つまり、勧告はできるが強制することはできない。

6 各大臣は、都道府県知事の法定受託事務に違反するものがある場合において、その是正を図ることが困難であり、かつ、それを放置することにより著しく公益を害することが明らかであるときは、当該違反を是正するべきことを勧告できるが、都道府県知事が是正等を行わないとき、各大臣は、当該都道府県知事に代わって、当該事項を行うことができる。

○ **本問の記述のとおりである**（地方自治法245条の8第8項前段）。

7 普通地方公共団体の長その他の執行機関は、その担任する事務に関する国の関与のうち是正の要求、許可の拒否その他の処分その他公権力の行使にあたるものに不服があるときは、国地方係争処理委員会に対し、当該国の関与を行った国の行政庁を相手方として、文書で、審査の申出をすることができる。

○ **本問の記述のとおりである**（地方自治法250条の13第1項柱書）。

過去問にチャレンジ！

問題 1　　　　　　　　　　　　　　　　　　　　市役所（2015 年度類題）

国と地方公共団体の関係に関する次の記述のうち、妥当なのはどれか。

1　普通地方公共団体は、その事務処理に関して法律・政令・条例のいずれかの根拠によらなくても、その裁量によって国又は都道府県の関与を受けることができる。

2　普通地方公共団体に対する国又は都道府県の関与とは、普通地方公共団体の法定受託事務に限って、国又は都道府県の機関が行う助言・勧告をいう。

3　各大臣は、都道府県の法定受託事務の処理に法令違反等がある場合には、是正指示を行うことができ、その裁量によって都道府県知事への罷免措置を採ることもできる。

4　各大臣は、都道府県の事務処理に法令違反等がある場合には、是正指示を行うことができ、是正指示に従わない場合は、その義務違反が法定受託義務に関するかどうかを問わず、代執行が可能である。

5　普通地方公共団体の長その他の執行機関は、その担当事務に関する国の関与のうち是正要求・許可の拒否・一定の公権力の行使に不服があるときは、国地方係争処理委員会に対して、その関与を行った国の行政庁を相手方として、文書で審査の申出をすることができる。

➡解答・解説は別冊 P.079

問題2

地方自治法における普通公共団体の議会について述べた次の記述のうち、妥当なのはどれか。

1 地方議会における議員の定数は、当該地方公共団体の人口や面積に応じて地方自治法で明確に決められている。

2 地方議会は、長が調整し提出した予算について、増額して議決することはできない。

3 地方議会は、地方公共団体の事務に関する調査を行うことができるが、この調査権はあくまでも任意的な手段として許容されているにすぎないため、罰則をもって強制することはできない。

4 普通地方公共団体の議会の議員は、議会の議決を経れば、当該地方公共団体に対し請負をする者および支配人になることができる。

5 普通地方公共団体の議会の議員は、自己の一身上に関する事件について、議事に参与することはできないが、議会の同意があれば、会議に出席し発言することができる。

➡解答・解説は別冊P.080

3 地方公共団体の運営②

STEP 1 要点を覚えよう！

POINT 1 条例案の提出権

普通地方公共団体の議会の議員は、**議会の議決すべき事件**につき、**議会に議案を提出**することができる（地方自治法112条1項本文）。

また、**普通地方公共団体の長は、普通地方公共団体の議会の議決を経るべき事件につきその議案を提出**する事務等を担任する（同法149条）と規定されている。

そして、**これらの「議会の議決すべき事件」「議会の議決を経るべき事件」**について、**普通地方公共団体の議会は、条例を設け又は改廃**すること等の事件を議決しなければならない（同法96条1項）と規定されている。

以上の規定から、**条例案の提出権は、議会の議員のみの権限**ではなく、**長にも**認められている。

◆上記規定の関係

普通地方公共団体の議会議員☞「①議会の議決すべき事件」の議案を提出
普通地方公共団体の長　　　☞「②議会の議決を経るべき事件」の議案を提出
普通地方公共団体の議会　　☞①②について、条例を制定・改廃
　　　　　↓
ということは、議員と長は、①②の条例に関して議案を提出できる。

POINT 2 条例の施行

条例は、条例に特別の定があるものを除く外、**公布の日から起算して10日を経過した日から、これを施行する**と規定されている（地方自治法16条3項）。

POINT 3 条例の制定・改廃の請求

普通地方公共団体の議会の議員及び長の**選挙権を有する者は**、政令で定めるところにより、その総数の50分の1以上の者の連署をもって、その代表者から、**普通地方公共団体の長に対し、条例の制定又は改廃の請求をすることができる**と規定されている（地方自治法74条1項）。

これは**条例の制定を請求**することができるにとどまる以上、**議会に提出した時点**において、その**請求内容に従った条例の成立が認められるのではない**。

なお、地方税の賦課徴収並びに分担金、使用料及び手数料の徴収に関する条例は、制定・改廃の請求ができない（同項かっこ書）。

POINT 4 条例の罰則規定

分担金、使用料、加入金及び手数料の徴収に関しては、一定の場合を除くほか、**条例で5万円以下の過料を科する規定**を設けることができる（地方自治法228条2項）。

これは条例において、罰則を設けることができることも意味しているよ。

POINT 5 住民訴訟

住民訴訟とは、地方公共団体の住民が、**自己の法律上の利益とはかかわりなく**、地方公共団体の執行機関及び職員の**違法**な財務会計上の**行為又は財産の管理を怠る事実の是正**を求める**住民監査請求を行った後に提起できる訴訟**である。住民訴訟は、以下の場合に提起できると規定されている（地方自治法242条の2第1項柱書）。

◆住民訴訟が提起できる場合

①**監査委員の監査の結果**若しくは**勧告に不服があるとき。**
②普通地方公共団体の議会、長その他の執行機関若しくは職員の**措置に不服があるとき。**
③**監査委員**が、**監査**若しくは**勧告を行わないとき。**
④議会、長その他の執行機関若しくは職員が**措置を講じないとき。**

監査や措置に不服があるときか、監査や措置を行ってくれないときだね。

POINT 6 住民訴訟の提訴権者

住民訴訟は、**普通地方公共団体の住民が提起できる**と規定されている。この「**住民」についての限定はない**ため、**住民であれば誰でも**提起することができ、**法人や外国人でも**、**1人からでもこれを提起できる。**

もっとも、**事前に住民監査請求をすることが必要**となる（地方自治法242条の2第1項柱書）。

POINT 7 住民訴訟の対象

住民訴訟の対象については、当該普通地方公共団体の長若しくは委員会若しくは委員又は当該普通地方公共団体の職員の**違法な行為又は怠る事実**につき、訴えをもって請求をすることができると規定されている（地方自治法242条の2第1項柱書）。

1 条例は、条例に特別の定があるものを除く外、公布の日から起算して15日を経過した日から、これを施行する。

× **条例は、条例に特別の定があるものを除く外、公布の日から起算して10日を経過した日から、これを施行する**（地方自治法16条3項）。

2 普通地方公共団体の議会の議員及び長の選挙権を有する者は、その総数の50分の1以上の者の連署をもって、その代表者から、普通地方公共団体の長に対し、条例の制定又は改廃を義務付けることができる。

× 普通地方公共団体の議会の議員及び長の選挙権を有する者は、政令で定めるところにより、その総数の50分の1以上の者の連署をもって、その代表者から、**普通地方公共団体の長に対し、条例の制定又は改廃の請求**をすることができる（地方自治法74条1項）。**条例の制定や改廃を義務付けることまではできない**。

3 分担金、使用料、加入金及び手数料の徴収に関しては、条例で罰則を設けることはできない。

× **分担金、使用料、加入金及び手数料の徴収に関しては、一定の場合を除くほか、条例で5万円以下の過料を科する規定を設けることができる**（地方自治法228条2項）。

4 住民訴訟は当該普通地方公共団体に属する住民の利益に影響するものであり、国民主権の理念からしても、法人や外国人は、住民訴訟を提起することができる「住民」には含まれない。

× 地方自治法242条の2第1項柱書は「**普通地方公共団体の住民**」が、住民訴訟を提起することができると規定されており、「**住民**」についての限定は**ない**ため、**住民であれば誰でもこれを提起することができる**。

5 監査委員の監査の結果に不服があるときには、住民訴訟を提起できない。

× 監査委員の監査の結果に不服があるとき等に、住民訴訟を提起できると規定されている（地方自治法242条の2第1項柱書）。

6 住民訴訟を提起するには、事前に住民監査請求をすることまでは必要とされていない。

× 住民訴訟を提起するには、事前に住民監査請求をすることが必要となる（地方自治法242条の2第1項柱書）。

7 住民訴訟は、住民の総数の50分の1以上の者の連署をもって、その代表者から、普通地方公共団体の長に対して行うものであるため、たとえ当該普通地方公共団体の住民であっても1人で行うことはできない。

× 住民訴訟は当該普通地方公共団体の住民であれば、1人でも提起することができる。総数の50分の1以上の者の連署をもって行うのは、条例の制定・改廃の請求である。

8 地方自治法において、住民訴訟の対象となるのは、当該普通地方公共団体の執行機関や職員の不当な行為、あるいは不当に怠る事実に限られると規定されている。

× 住民訴訟の対象となるのは、当該普通地方公共団体の長若しくは委員会若しくは委員又は当該普通地方公共団体の職員の違法な行為又は怠る事実についてである（地方自治法242条の2第1項柱書）。「不当」な行為や「不当」に怠る事実ではない。

STEP 3 過去問にチャレンジ！

問題 1

市役所（2009 年度類題）

地方公共団体の条例に関する次の記述のうち、妥当なのはどれか。

1 地方公共団体における条例案提出権は、その地方公共団体の住民の代表者たる
地方議会議員のみに認められた権能であり、それ以外の者には認められない。

2 地方公共団体が、条例で独自の罰則規定等を設けることは、憲法の規定する平
等原則や罪刑法定主義の観点から許されていない。

3 普通地方公共団体の議会の議決について異議があるときは、当該普通地方公共
団体の長は、原則として、その議決の日から10日以内であれば、理由を明示し
たうえで再議に付することができる。

4 その地方公共団体の住民は、条例の制定・改廃の請求をすることができ、一定
の要件を満たしたうえでこの請求を行えば、地方自治の本旨の観点から、その
請求内容どおりの条例が自動的に制定・改廃される。

5 条例を施行するためには、原則として、その公布の日から起算して20日を経過
することが必要である。

➡解答・解説は別冊 P.081

問題 2

住民訴訟に関する次の記述のうち、妥当なのはどれか。

1 　住民訴訟は、住民であれば国籍・居住年数を問わず誰でも提起可能であり、複数人によらずに単独で住民訴訟を提起することも可能である。

2 　住民訴訟の対象になる行為には、その地方公共団体の執行機関や職員の違法な行為又は怠る事実に加え、不当な行為や不当な怠る事実も含まれている。

3 　住民訴訟を提起できる住民とは、その文言ゆえに自然人に限られるため、外国人は住民訴訟を提起できるが、法人は住民訴訟を提起できない。

4 　住民訴訟を提起するにあたっては、事前に住民監査請求をすることは必須ではなく、行政活動の適法性維持の観点から、住民監査請求を前置せずに住民訴訟を提起することも可能である。

5 　住民訴訟は、住民監査請求において、監査委員の監査結果・勧告に不服のある場合又は監査請求があった日から60日以内に監査委員が監査・勧告を行わない場合に限って、提起することができる。

➡解答・解説は別冊 P.082

SECTION 4 公物

STEP 1 要点を覚えよう！

POINT 1 公共用物・公用物

公物とは、国又は地方公共団体などの行政主体によって、直接、公の目的に供用される個々の有体物のことである。

この公物には、**道路、河川、公園、海岸**のように、**直接公衆の共同使用**に供される**公共用物**と、**役所**等の官公署の建物や敷地、国公立学校の建物や敷地のように、**国又は地方公共団体自身の公用**に供される**公用物**がある。

◆公物の概観

公物 ── 公共用物 …道路、海岸のように、公衆に使用されるもの
     └─ 公用物 …役所等の建物のように国等が使用するもの

POINT 2 公物の公用開始

公物は、公の用に供されること（公用開始）で、公物という法的地位が与えられるところ、**公物の公用開始が法的に有効に成立**するためには、当該物について**行政主体が権原を有している**必要があり、行政主体は、当該物について権原を有していない場合、所有権に基づく引渡請求に応じなければならない。

なお、判例も公物の公用開始について、**所有権その他の権原を取得**して、その供用を開始することを必要とするものであって、**何らの権原を取得することなく供用を開始することは許されない**としている（最判昭44.12.4）。

POINT 3 国有財産

国有財産とは、国有となった財産であって、次の①～⑥に掲げるものをいう（国有財産法2条1項柱書）。

◆国有財産の種類

①不動産（1号）
②船舶、浮標、浮桟橋及び浮ドック並びに航空機（動産、2号）
　☞ここに「自動車」は含まれていない。
③前①②に掲げる不動産及び動産の従物（3号）

④地上権、地役権、鉱業権その他これらに準ずる権利（4号）
⑤特許権、著作権、商標権、実用新案権その他これらに準ずる権利（5号）
⑥株式、新株予約権、社債、地方債、信託の受益権及びこれらに準ずるもの並びに出資による権利（6号）
☞⑥に関して、**「国債」は含まれていない。**

なお、国有財産は「行政財産」と「普通財産」とに分類される（国有財産法3条1項）。

◆国有財産の分類

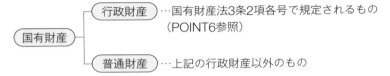

国有財産 ─┬─ （行政財産）…国有財産法3条2項各号で規定されるもの
　　　　　　　　　　　　　　（POINT6参照）
　　　　　　└─ （普通財産）…上記の行政財産以外のもの

POINT 4 国有財産と独立行政法人の関係

「公共上の事務等を効果的かつ効率的に行わせる法人」（独立行政法人通則法2条1項）である**独立行政法人は、国有財産の帰属主体である国ではない**から、**独立行政法人の所有する不動産は、国有財産には**あたらない。

なお、前述のとおり公物は、公の用に供されること（公用開始）で公物という法的地位が与えられることから、**独立行政法人の所有する不動産が公の用に供されている場合は公物に**あたる。

独立行政法人とは、国の機関である府省庁から独立した法人組織だけれども、業務の性質上などから、民間では必ずしも実施されないおそれがあるものなどについて、行わせることを目的とした法人なんだ。

POINT 5 国有財産（職員による譲り受け）

国有財産に関する事務に従事する職員は、その取扱いに係る**国有財産を譲り受けることが**できない（国有財産法16条1項）。そして、この規定に違反する行為は、無効となる（同条2項）。

POINT 6 行政財産

前述のとおり、**国有財産は「行政財産」と「普通財産」**とに分類される（国有財産法3条1項）。

そして、**「行政財産」とは**、次ページの①～④に掲げる財産をいうと規定されている（同条2項柱書）。

◆**行政財産の種類**

①**公用財産**
　国において国の事務、事業又はその職員の住居の用に供し、又は供するものと決定したもの（1号）
　☞具体例としては、庁舎、国家公務員宿舎等である。

②**公共用財産**
　国において直接公共の用に供し、又は供するものと決定したもの（2号）

③**皇室用財産**
　国において皇室の用に供し、又は供するものと決定したもの（3号）

④**森林経営用財産**
　国において森林経営の用に供し、又は供するものと決定したもの（4号）

STEP 1

要点を覚えよう！

　上記②の「公共用財産」は、国有の「公共用物」と考えればよいであろう。この公共用財産について、私人が時効取得できるかが問題となった判例がある。

最判昭51.12.24
判例（事案と判旨） 公共用財産を私人が時効取得できるのかが問題となった事案。
☞公共用財産が、**長年の間、事実上公の目的に供用されることなく放置**され、**公共用財産としての形態、機能を全く喪失**し、その物のうえに他人の平穏かつ公然の占有が継続したが、そのため実際上公の目的が害されるようなこともなく、もはやその物を公共用財産として維持すべき理由がなくなった場合には、当該公共用財産については、**黙示的に公用が廃止**されたものとして、これについて**取得時効の成立を妨げない**。

POINT 7 　公園・広場

　公園又は広場として公共の用に供し、又は供するものと決定した**公共用財産**について、**その用途を廃止し、若しくは変更し、又は公共用財産以外の行政財産としようとするとき**は、国会の議決を経なければならないと規定されている（国有財産法13条1項本文）。

POINT 8 　信託

　行政財産は、貸し付け、交換し、売り払い、譲与し、信託し、若しくは出資の目的とし、又は私権を設定することができないと規定されている（国有財産法18条1項）。
　なお、**普通財産は、土地に限り信託することができる**が、「**国以外の者**を信託の受益者とするとき」（同法28条の2第1項2号）等の場合は、信託できない（同条項）。

信託とは、財産を他人に託して、運用してもらったり、管理してもらったりすることだよ。

POINT 9 普通財産

普通財産とは、行政財産以外の一切の**国有財産**をいうと規定されている（国有財産法3条3項）。

そして、**普通財産は、財務大臣が管理し、又は処分しなければならない**（同法6条）。

なお、**国が普通財産を取得した場合**においては、**各省各庁の長は、財務大臣に引き継がなければならないが、政令で定める特別会計に属するもの及び引き継ぐことを適当としないものとして政令で定めるものについては、この限りでない**と規定されている（同法8条1項）。

この規定を受けて、**当該普通財産**については、当該財産を所管する**各省各庁の長が管理し、又は処分する**ものとすると規定されている（同条2項）。

POINT 10 他人の土地への立入り

各省各庁の長は、その所管に属する**国有財産の調査又は測量を行うためやむをえない必要**があるときは、その所属の**職員を他人の占有する土地に立ち入らせることができる**と規定されている（国有財産法31条の2第1項）。

なお、各省各庁の長は、**あらかじめその占有者に通知**しなければならない。この場合において、通知を受けるべき者の所在が知れないときは、当該通知は、公告をもって、これに代えることができる（同条2項）。

POINT 11 境界確定の協議

各省各庁の長は、その**所管に属する国有財産の境界が明らかでない**ため、その管理に支障がある場合には、隣接地の所有者に対し、立会場所、期日その他必要な事項を通知して、**境界を確定するための協議を求めることができる**と規定されている（国有財産法31条の3第1項）。

なお、当該隣接地の所有者は、やむをえない場合を除き、立ち会って、境界の確定につき協議しなければならないと規定されている（同条2項）。

1 公物には、直接公衆の共同使用に供される公共用物と、国又は地方公共団体自身の公用に供される公用物がある。

○ 本問の記述のとおりである。この二つを区別するために、「公共」＝「公衆が使用」というイメージをもっておけばよい。

2 公共用物とは、国や地方公共団体における役所等の建物など官公署の用に供されるものである。

× 公共用物とは、道路、河川、海岸など公衆の用に供されるものである。

3 公用物とは、道路、河川、海岸など公衆の用に供されるものである。

× 公用物とは、国や地方公共団体における役所等の建物など、官公署の用に供されるものである。

4 公物の公用開始が法的に有効に成立するためには、当該物について行政主体が権原を有している必要はないことから、行政主体は、当該物について権原を有していないとしても、所有権に基づく引渡請求に応じる義務はない。

× 公物の公用開始が法的に有効に成立するためには、当該物について行政主体が権原を有している必要があり、行政主体が当該物について権原を有していない場合、所有権に基づく引渡請求に応じなければならない。

5 国有財産とは、国有となった財産のうち国有財産法で規定されるものであって、「行政財産」と「普通財産」とに分類される。

○ 本問の記述のとおりである（国有財産法2条、3条）。

6 公用財産と公共用財産は、国有財産のうちの行政財産に分類される。

○ 本問の記述のとおりである（国有財産法3条2項柱書）。

7	公用財産の具体例としては、庁舎、国家公務員宿舎等が、これにあたる。	○　本問の記述のとおりである（国有財産法3条2項）。
8	判例は、公共用財産については、公用が廃止されたとしても、これについて私人による取得時効は成立しないとしている。	×　判例は、一定の場合において、**公共用財産**については、**黙示的**に**公用が廃止**されたものとして、**取得時効の成立を妨げない**としている（最判昭51.12.24）。
9	独立行政法人は、国有財産の帰属主体であるから、独立行政法人の所有する不動産は、国有財産にあたる。	×　**独立行政法人は、国有財産の帰属主体である国**ではないから、**独立行政法人の所有する不動産は、国有財産には**あたらない。
10	国有財産に関する事務に従事する職員は、その取扱いに係る国有財産を譲り受けることができないが、この規定に違反したとしてもその行為は、無効とまではならない。	×　国有財産に関する事務に従事する職員は、その取扱いに係る国有財産を譲り受けることができないと規定されており（国有財産法16条1項）、**この規定に違反する行為は、無効となる**（同条2項）。
11	行政財産は、貸し付け、交換し、売り払い、譲与し、信託し、若しくは出資の目的とし、又は私権を設定することができない。	○　本問の記述のとおりである（国有財産法18条1項）。

STEP 3 過去問にチャレンジ！

問題 1

国家専門職（2015年度）

公物に関するア〜エの記述のうち、妥当なもののみを挙げているのはどれか。ただし、争いのあるものは判例の見解による。

ア 公共用物は、国や地方公共団体における役所等の建物など官公署の用に供されるものをいい、公用物は、道路、河川、海岸など公衆の用に供されるものをいう。

イ 公物は、公の用に供されるものであるから、行政庁の明示的な公用廃止の意思表示があった場合に限り、私人による時効取得が認められる。

ウ 公物の公用開始が法的に有効に成立するためには、当該物について行政主体が権原を有している必要があり、行政主体は、当該物について権原を有していない場合、所有権に基づく引渡請求に応じなければならない。

エ 行政主体たる独立行政法人の所有する不動産は、国有財産法にいう財産に当たらないが、当該不動産が公の用に供されている場合、当該不動産は公物である。

1. ア、エ
2. イ、エ
3. ウ、エ
4. ア、イ、ウ
5. イ、ウ、エ

➡解答・解説は別冊P.083

問題 2

国有財産法に関するア～オの記述のうち、妥当なのはどれか。

ア 国有財産には、土地等の不動産や自動車等の動産のみならず、特許権や新株予
約権、国債も含まれる。

イ 国有財産に関する事務に従事する職員は、その取扱いに係る国有財産を譲り受
けることができず、これに違反する行為は無効となる。

ウ 行政財産における公用財産とは、公の用に供される財産のことをいい、道路や
河川はこれに当たる。

エ 普通財産は、財務大臣が管理し、又は処分しなければならず、各省各庁の長は、
普通財産を取得した場合には、全て速やかに財務大臣に引き継がなければなら
ない。

オ 国有財産のうち、行政財産は信託することができないが、普通財産は、不動産、
動産を問わず信託することができ、国以外の者を信託の受益者とすることがで
きる。

1. イ
2. ウ
3. ア、イ
4. ウ、オ
5. エ、オ

➡解答・解説は別冊 P.084

索 引

主要な参考文献リスト

● 櫻井敬子＝橋本博之『行政法〔第6版〕』（弘文堂・2019年）

● 中原茂樹『基本行政法〔第3版〕』（日本評論社・2018年）

● 興津征雄『法学叢書 行政法Ⅰ 行政法総論』（新世社・2023年）

● 宇賀克也『行政法概説Ⅰ 行政法総論〔第8版〕』（有斐閣・2023年）

● 宇賀克也『行政法概説Ⅱ 行政救済法〔第7版〕』（有斐閣・2021年）

● 宇賀克也『行政法概説Ⅲ 行政組織法/公務員法/公物法〔第5版〕』（有斐閣・2019年）

● 宇賀克也『新・情報公開法の逐条解説〔第8版〕』（有斐閣・2018年）

● 宇賀克也『地方自治法概説〔第10版〕』（有斐閣・2023年）

● 伊藤建 他2名『行政法解釈の技法』（弘文堂・2023年）

● 斎藤誠＝山本隆司 編集『行政法判例百選Ⅰ〔第8版〕』（有斐閣・2022年）

● 斎藤誠＝山本隆司 編集『行政法判例百選Ⅱ〔第8版〕』（有斐閣・2022年）

● 大橋真由美 他2名『START UP行政法 判例50!』（有斐閣・2017年）

● 中原茂樹『基本行政法判例演習』（日本評論社・2023年）

　など

きめる！公務員試験　行政法

カバーデザイン	野条友史（BALCOLONY.）
本文デザイン	宮嶋章文
本文イラスト	ハザマチヒロ
編集協力	コンデックス株式会社
校正	遠藤理恵
データ作成	コンデックス株式会社
印刷所	TOPPAN株式会社
編集担当	辻田紗央子

AL

Gakken

きめる！ KIMERU SERIES

［別冊］

行政法
Administrative Law

解答解説集

 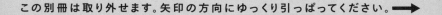

きめる！ 公務員試験

行政法

解答解説

1 1 行政法の基本概念

問題1 特別区Ⅰ類（2021年度） ·· 本冊 P.026

正解：5

1 ×　行政法の法源には、**成文の形式**をもって制定する**成文法源**と、**文章では表されない不文法源**とがあり、**法律は成文法源**に分類され、**条理法と行政先例は不文法源**に分類される。成文法源に条理法を含めている部分が誤っている。

2 ×　条約は、国家間又は国家と国際機関との間の文書による合意であり、国際法上の法形式である。成文の形式をもって制定する成文法源として定められているから、**国内行政に関係するもの**であれば、**行政法の法源として機能すると**されている。そして、条約は、①国内の立法措置によって国内法としての効力を有するものと、②国内行政に関する自力執行性のある**具体的定めを含んでいる場合には、国内の立法措置がなくとも公布・施行されることによって国内法としての効力を有するもの**とに分類される。国内の立法措置によって国内法としての効力を持ったものに限り、行政法の法源となるわけではない。

3 ×　命令は、内閣が制定する政令等、行政機関が制定する法形式のことである。**日本国憲法の下**では、**法律の委任に基づく委任命令と、法律を執行するための細目について規定する執行命令のみが認められている**（憲法73条6号参照）。法律を執行するための細目について規定するものは、独立命令ではない。

4 ×　**判例法**は、裁判所で長期にわたって繰り返された判例が、一般的な法と認識されたものであり、**不文法源に分類**される。

5 ○　**慣習法とは、長年行われている慣習が法的ルールとして国民の法的確信を得ているもの**である。判例は、**法令の公布の方法**について、大日本帝国憲法（明治憲法）下においては、明治40年勅令6号公式令により法令の公布は官報をもってする旨が定められていたが（同令12条）、これは日本国憲法施行と同時に廃止され、これに代わるべき法令公布の方法に関する一般的規定は未だ定められていないものの、実際の取扱いとして、**従前通り官報によってなされてきているとしており**（最大判昭32.12.28）、これは**慣習法の例**とされる。

問題2 特別区Ⅰ類（2011年度）·· 本冊P.027

正解：3

1 × 条例について、憲法94条において、地方公共団体には条例制定権が認められている。また、これを受けて**地方自治法14条1項では、普通地方公共団体は**「法令に違反しない限り」条例を制定することができると規定されており、**条例制定権が認められている**。そして、**地方自治法15条1項**において、**普通地方公共団体の長は**「法令に違反しない限り」**規則を制定することができる**と規定されている。よって、条例と地方公共団体の長が定める規則は、成文の形式をもって制定する**成文法源として定められており、行政法の法源にあたる**。

2 × **最高裁判所の判決**は、書面として残されるが、他の係属事件に関する裁判所の判断を拘束することが文章で表現されてはいないため、行政法の**成文法源にはあたらず、不文法源**とされる。

3 ○ **命令**は、憲法において法律の委任に基づく**委任命令**と法律を執行するための細目について規定する**執行命令のみ**が認められている（憲法73条6号参照）。そして、命令は、**政令**（憲法73条6号）、**内閣府令**（内閣府設置法7条3項）、**省令**（国家行政組織法12条1項）に分類され、成文の形式をもって制定する**成文法源として定められており、行政法の法源にあたる**。

4 × 条約は、国家間又は国家と国際機関との間の文書による合意であり、国際法上の法形式である。成文の形式をもって制定する成文法源として定められているから、**国内行政に関係するものであれば、行政法の法源として機能すると**されている。そして、条約は、①**国内の立法措置によって国内法としての効力**を有するものと、②国内行政に関する自力執行性のある**具体的定めを含んでいる場合には、国内の立法措置がなくとも公布・施行されることによって国内法としての効力を有するもの**とに分類される。よって、条約は、行政法の法源とならないわけではない。

5 × 法律は、「国権の最高機関」（憲法41条）である国会の議決により制定される法形式であるが、**憲法は、国の最高法規**であり、その条規に反する法律は、その効力を有しない（憲法98条1項）と規定されていることから、**法律よりも憲法が上位の成文法源**となる。

正解：2

1 × 命令は、内閣が制定する政令等、行政機関が制定する法形式のことである。**日本国憲法の下**では、**法律の委任に基づく委任命令**と、**法律を執行するための細目について規定する執行命令のみ**が認められている（憲法73条6号参照）。法律を執行するための細目について規定するものは、独立命令ではない。

2 ○ **本肢の記述のとおり**である。

3 × **憲法**は、一般的に、**国家の基本的な統治構造を定める基本法**であり、行政の組織や作用の基本原則を定めている。成文の形式をもって制定される**成文法源**であり、**行政法の法源にあたる**。

4 × 判決は、書面として残されるが、他の係属事件に関する裁判所の判断を拘束することが文章で表現されてはいないため、**行政法の「成文」法源にはあたらない**。もっとも、**下級裁判所・最高裁判所を問わず**、一度行われた裁判所の判断（判決や決定）と同種の係属事件に関して裁判所が同様の判断を繰り返すことで、法と同じような拘束力をもつ**判例法**は、**不文法源に分類**されるため、**行政法の法源となる**。

5 × 条例について、憲法94条において、地方公共団体には条例制定権が認められている。また、これを受けて**地方自治法14条1項**では、**普通地方公共団体**は「法令に違反しない限り」条例を制定することができると規定されており、**条例制定権が認められている**。そして、**地方自治法15条1項**において、**普通地方公共団体の長**は「法令に違反しない限り」規則を**制定することができる**と規定されている。よって、条例と地方公共団体の長が定める規則は、成文の形式をもって制定する**成文法源として定められており、行政法の法源にあたる**。

正解：1

1 ○ 「法律の優位」とは、いかなる行政活動も、**行政活動を制約する法律の定めに違反してはならない**という原則である。

2 × 「法律の法規創造力」とは、**国民の権利義務に関する法規**を創造することができるのは**法律のみ**であるという原則である。なお、行政機関が、国民の権利義務に関する法規を創造する場合は、法律の授権が必要となる。

3 ✕ 「法律の留保」とは、**行政活動**が行われるには、**法律の根拠が必要**であるという原則である。なお、「法律の留保」は、行政機関は国民の代表である議会が定めた法律に従って行政活動を行わなければならないとする「法律による行政の原理」の内容の一つである。

4 ✕ 「**権力留保説**」は、肢3の「法律の留保」において対立する学説の一つであり、**行政活動が権力的**なものであれば、**法律の根拠が必要**であるとする見解である。少し細かい見解なので、本肢で押さえておこう。

5 ✕ 「**重要事項留保説**」は、肢3の「法律の留保」において対立する学説の一つであり、**行政活動**が、侵害的なものか、授益的なものか、権力的なものか、非権力的なものかにかかわらず、**重要な事項**に関する場合は**法律の根拠が必要**であるとする見解である。

1 2 行政法上の法律関係

問題 1 国家一般職（2014年度） ··· 本冊 P.036

正解：5

1 ✕ 判例は、行政庁相互の間においていわゆる**権限の委任**がされ、委任を受けた行政庁が委任された権限に基づいて行政処分を行う場合には、**委任を受けた行政庁**は、その処分を**自己の行為**としてするものであるとしている（最判昭54.7.20）。よって、権限の委譲（移譲）を受けた受任機関は、委任機関の行為として、当該権限を行使するとはしていない。

2 ✕ 判例は、行政庁相互の間においていわゆる**権限の委任**がされ、委任を受けた行政庁が委任された権限に基づいて行政処分を行う場合には、**委任を受けた行政庁**は、その処分を**自己の行為**としてするものであるとしている（最判昭54.7.20）。そうであるならば、**委任機関は当該権限を喪失**するため、**引き続き当該権限を行使することはできない**と解されている。

3 ✕ 権限の代理について、**法定代理であれ、授権代理であれ**、権限を行使することになった代理機関は、被代理機関の代理として権限を行使することを明らかにする**顕名が必要**であると一般に解されている。

4 ✕ **専決**とは、**補助機関が、法定権限を有する行政機関の名**において、**当該権限を行使**することである。そして、専決は、事実上の行使にすぎず、法律が定めた処分権限の変更ではないため、**法律による明文の根拠が不要**であると一般に解されている。

5 ○ 上級行政機関が、法律が定めた下級行政機関の権限を代執行（代替執行）する場合、法律が定めた処分権限を実質的に変更することになり、下級行政機関の権限を上級行政機関が奪うことになるため、法律による明文の根拠が必要であると一般に解されている。

問題2 **特別区Ⅰ類（2006年度）** ·· 本冊 P.037

正解：**2**

A ○ 本肢の記述のとおりである（最判昭34.6.26）。

B × 判例は、公衆浴場営業許可をめぐって競願関係が生じた場合に、各競願者の申請が、いずれも許可基準を満たすものであって、その限りでは条件が同一であるときは、行政庁は、その申請の前後により、先願者に許可を与えなければならず、先願後願の関係は、所定の申請書がこれを受け付ける権限を有する行政庁に提出された時を基準とすべきであるから、申請の受付ないし受理というような行政庁の行為の前後によってこれを定めるべきではないとしている（最判昭47.5.19）。

C ○ 本肢の記述のとおりである（最判昭39.10.22）。

D × 判例は、国籍離脱の届出が本人の意思に基づかず、かつ、父親の名義をもってなされた場合においては、国籍離脱の届出は無効であり、かつ、その後、無効である国籍離脱を前提としてなされた国籍回復に関する内務大臣の許可もまた無効であるとしている（最大判昭32.7.20）。よって、「取り消されなければならない」わけではない。なお、「無効」とは、何らの行為がなくともはじめから効力が生じないことをいい、「取消し」は、取り消すまでは有効である。

本肢は内務大臣の許可が「取り消されなければならない」としているけれども、この選択肢が正しいのならば、取り消すまでは内務大臣の許可が有効であることになってしまうんだ。

以上により、妥当なものは**A・C**であり、正解は**2**となる。

問題3 国家Ⅱ種（2003年度） ··· 本冊 P.038

正解：2

1 × **上級行政機関が、下級行政機関の権限行使を指揮するために発する訓令に**ついて、下級行政機関は、訓令の内容・効力を審査する権限を有しないため、明白に無効である場合を除き、発せられた訓令に従わなければならない。

2 ○ 国家行政組織法15条において、**各省、各委員会及び各庁の間において政策調整が必要**となる場合に、**各省大臣等はその必要性を明らかに**したうえで、関係行政機関の長に対して必要な資料の提出及び説明を求めることができるほか、当該関係行政機関の政策に関して意見を述べることができると規定されている。

3 × **主任の大臣の間における権限についての疑義**は、内閣総理大臣が、閣議にかけて、これを裁定すると規定されている（内閣法7条）。

4 × **権限の委任とは、行政機関がその権限の一部を他の行政機関に委譲し、これを当該他の行政機関の権限として行わせる**ことである。**受任機関が委任機関の下級機関**である場合には、行政上級機関の下級行政機関に対する**指揮監督関係が存在**するが、判例は、行政庁の相互間においていわゆる権限の委任がなされ、委任を受けた行政庁が委任された権限に基づいて行政処分を行う場合には、委任を受けた行政庁はその処分を自己の行為としてするものであるから、その処分の取消しを求める訴えは、その委任を受けた行政庁を被告として提起すべきものであって、委任をした行政庁を被告として訴えを提起することは許されないとしている（最判昭54.7.20）。

5 × **権限（機関）の代理とは、行政機関の権限の全部又は一部を他の行政機関が代わって行う**ことである。権限の代理は二つに分かれ、①法定代理（本来の行政機関が事故等で欠けた場合等に法律により他の行政機関が本来の行政機関の全権限を代行するもの）は、**法律の根拠が必要**となるが、②授権代理（本来の行政機関がその権限の一部を付与〈授権〉することにより、他の行政機関が本来の行政機関の権限を代行するもの）は、**法律の根拠は不要**である。

2 1 行政立法

問題1 国家専門職（2016年度） ·· 本冊 P.048

正解：**4**

ア ○ **本問の記述のとおりである。**大日本帝国憲法（明治憲法）とは異なり、現行憲法は、国会が「国の唯一の立法機関」（憲法41条）と規定しているため、国会と無関係に行政機関が法規命令を制定できない。

イ × 内閣は、この憲法及び法律の規定を実施するために、政令を制定することができると規定し（憲法73条6号本文）、また、各省大臣は、主任の行政事務について、法律若しくは政令を施行するため、それぞれその機関の命令として省令を発することができると規定されている（国家行政組織法12条1項）ことから、法律等を執行するために定められる**執行命令は、特別な法律の根拠なくして、行政機関が定めることができる**。

ウ ○ 委任命令を制定する行政機関は、委任の趣旨に従って命令を制定することになるが、判例は、**委任の趣旨をどのように具体化するか**については、**法の委任の趣旨を逸脱しない範囲内**において、当該**行政機関に専門技術的な観点からの一定の裁量権が認められる**としている（最判平2.2.1）。

エ × 判例は、建築基準法上のいわゆる2項道路の一括指定に関する告示について、本件告示によって2項道路の指定の効果が生じる以上、その敷地所有者は、当該道路につき道路内の建築等が制限される等の具体的な私権の制限を受けるのであるから、そうすると、個別の土地について本件**告示の本来的な効果として、具体的な私権制限を発生させ、個人の権利義務に対して直接影響を与えるもの**であるから、抗告訴訟の対象となる行政処分にあたるとしている（最判平14.1.17）。つまり、**告示であったとしても、個人の権利義務に対して直接影響を与える法規としての性質を有することがあることを認めている。**

オ ○ 判例は、課税がたまたま通達を機縁として行われたものであっても、**通達の内容が法の正しい解釈に合致**するものである以上、**課税処分は法の根拠に基づく処分である**としており（最判昭33.3.28）、**租税法律主義に反しない**としている。

　以上により、妥当なものは**ア・ウ・オ**であり、正解は**4**となる。

問題2 特別区Ⅰ類（2015年度） ·······················本冊P.049

正解：**3**

1 ✕ 法規命令は、国民の権利義務に関係する一般的な法規範であるが、内閣の制定する**政令**や、各省大臣の発する**省令**だけではなく、各省の外局に置かれる**各行政委員会の制定する規則も法規命令にあたる**（憲法73条6号本文、国家行政組織法12条1項、13条1項参照）。

2 ✕ 判例は、**委任命令の制定における法律の委任**に関し、**白地で包括的な政令への委任を認めない**趣旨を述べている（最判平27.12.14）。よって、委任命令の制定についての法律の委任は、法律の法規創造力を失わせるような**白紙委任が禁じられる**とともに、**一般的で包括的な委任も認められない**。

3 ◯ 判例は、憲法73条6号によれば、法律の規定を実施するために政令を制定する内閣の権限を認めるとともに、特にその**法律の委任がある場合を除いては、政令において罰則を設けることができない**と定めており、これを換言すれば、実施されるべき基本の法律において特に**具体的な委任がない限り**、その実施のための**政令で罰則を設けることはできない**としている（最大判昭27.12.24）。

4 ✕ 法規命令のうち**委任命令**は、**法律の委任**に基づき、**国民の権利や義務を創設する命令**である。本肢は「執行命令」に関する記述となっている。

5 ✕ 法規命令のうち**執行命令**は、法律等の**上位の法令の実施に必要な具体的で細目的な事項を定める命令**である。本肢は「委任命令」に関する記述となっている。

上の選択肢**4**と**5**は、委任命令と執行命令の問題文の内容が逆になっている問題だね。行政法ではたくさんの用語の定義を覚える必要があるけれど、混乱しないように内容の整理をしっかり行おう。

問題1 特別区Ⅰ類（2005年度）.. 本冊P.056

正解：3

1 × **許可は**、行政法令による**一般的禁止を特定の場合に解除**する行為であり、国民に対して命ずる命令的行為の一つである。その例としては、**飲食店等の営業許可、運転免許、医師免許**等があり、例として挙げられている「電気事業やガス事業の許可、公有水面埋立の免許」は、特許の例である。

2 × **許可は**、行政法令による**一般的禁止を特定の場合に解除**する行為であり、国民に対して命ずる命令的行為の一つである。許可には、**相手方における一定の権利又は権利能力の発生という効果はなく**、許可によって何らかの利益を得られるとしても、それは許可による直接的な利益ではなく**反射的利益にとどまる**。

3 ○ **本肢の記述のとおりである。**

4 × **認可は**、第三者の行為を補充して、その**法律上の効力を完成させる行為**であり、形成的行為の一つである。その例としては、農地の権利移転の許可、河川占用権の譲渡の承認のほかに、土地改良区の設立認可、公共料金の値上げの許可等がある。認可は、**法律上の効力を完成させるもの**であるから、**認可の対象は法律行為に限られる**。もっとも、認可の例のとおり、私法上の法律行為だけでなく、**公法上の法律行為も認可の対象となる**。

5 × **認可を要する行為を認可なく行うことは、そもそも禁止されていないため、認可を要する行為を認可なく行った場合**でも、**行政上の強制執行が行われたり、行政罰は科されない**。

なお、「命令的行為」や「形成的行為」は、命令的行政行為、形成的行政行為と呼ばれることもあるよ。

正解：4

1　×　**公証とは、特定の事実又は法律関係の存在を公に証明**する行為をいい、証明書の交付、運転免許証の交付、戸籍への記載、建築士の登録等がこれにあたる。例として挙げられている「納税の督促や代執行の戒告」は、通知の例である。

2　×　**特許とは、本来有していない権利や地位等の法律関係を設定し、特定の者に与える行為をいい、電気事業やガス事業の許可、公有水面埋立の免許等**がこれにあたる。本肢の記述は「認可」についてのものとなっている。

3　×　**認可とは、**第三者の行為を補充してその**法律上の効力を完成させる**行為であり、形成的行為の一つである。農地の権利移転の許可、河川占用権の譲渡の承認のほかに、土地改良区の設立認可、公共料金の値上げの許可等がこれにあたる。本肢の記述は「許可」についてのものとなっている。

4　○　本肢の記述のとおりである。**確認とは、特定の事実又は法律関係の存否について公の権威をもって判断する**行為で、法律上、法律関係を確定する効果が認められるものをいい、**当選人の決定、市町村の境界の裁定、建築確認**等がこれにあたる。

5　×　**許可とは、**行政法令による**一般的禁止を特定の場合に解除**する行為であり、国民に対して命ずる命令的行為の一つである。その例としては、飲食店等の営業許可、運転免許、医師免許等がある。本肢の記述は「特許」についてのものとなっている。

正解：2

1　×　**許可とは**、行政法令による**一般的禁止を特定の場合に解除**する行為であり、国民に対して命ずる命令的行為の一つである。その例としては、飲食店等の営業許可、運転免許、医師免許等がある。そして、**許可を要する法律行為が無許可で行われた場合**は、禁止違反として**強制執行や処罰の対象となり、当然に無効ではない**。本肢の例として挙げられている「道路の占有許可や公有水面埋立ての免許」は、「特許」の例である。

2　○　本肢の記述のとおりである。**認可は**、第三者の行為の**法律上の効力を完成させるもの**である以上、認可を要する法律行為に**認可がなされない限り、法律上の効力を生じない**。

3　×　**特許とは**、**本来有していない権利や地位等の法律関係を設定し、特定の者に与える**行為をいい、**電気事業やガス事業の許可、公有水面埋立の免許**がこれにあたる。本肢前半の記述は「許可」についてのものである。そして、**特許は行政庁の自由裁量が認められる**ため、特許を拒むことも許される。

4　×　**確認とは**、**特定の事実又は法律関係の存否について公の権威をもって判断**する行為で、法律上、**法律関係を確定する効果**が認められるものである。法令の規定により決められた効果が生じるため、**行政庁に裁量判断を認める余地はない**。そして、その例として、**当選人の決定、市町村の境界の裁定、建築確認**等がある。本肢の例として挙げられている「証明書の交付や選挙人名簿への登録」は、「公証」の例である。

5　×　**下命とは**、国民に対し**作為義務を課す**行為で、例として、**違反建築物の除却命令、租税の納付命令**があり、国民に対して命ずる**命令的行為**である。よって、本肢は全体的に誤っている。

正解：4

ア × **特許とは**、本来有していない権利や地位等の法律関係を設定し、特定の者に与える行為をいい、法律行為的行政行為のうち、形成的行為の一つである。具体例としては、電気事業やガス事業の許可、公有水面埋立の免許等がこれにあたる。本肢前半の記述は「許可」についてのものである。そして、特許は行政庁の自由裁量が認められるため、特許を拒むことも許される。

イ ○ 本肢の記述のとおりである。認可は、第三者の行為の法律上の効力を完成させるものである以上、認可を要する法律行為に認可がなされない限り、法律上の効力を生じない。

ウ × **許可とは**、行政法令による一般的禁止を特定の場合に解除する行為であり、国民に対して命ずる命令的行為の一つである。その例としては、飲食店等の営業許可、運転免許、医師免許等がある。そして、許可には行政庁の広い裁量が認められ、附款を付すことができる。

エ ○ 本肢の記述のとおりである。**確認とは**、特定の事実又は法律関係の存否について公の権威をもって判断する行為で、法律上、法律関係を確定する効果が認められるものである。法令の規定により決められた効果が生じるため、行政庁に裁量判断を認める余地はない。そして、その例として、当選人の決定、市町村の境界の裁定の他に建築確認がある。また、確認は準法律行為的行政行為の一つである。

オ × **公証とは**、特定の事実又は法律関係の存在を公に証明する行為をいい、準法律行為的行政行為の一つである。証明書の交付、運転免許証の交付、戸籍への記載、建築士の登録等がこれにあたる。そして、法令の規定により決められた効果が生じるため、行政庁に裁量判断を認める余地はない。よって、「行政庁の効果意思によって法的効果が発生する」という部分、「例としては、当選人の決定が挙げられる」という部分が誤っている。

以上により、妥当なものはイ・エであり、正解は4となる。

問題1 特別区Ⅰ類（2019年度）··本冊P.064

正解：5

1 × **不可争力とは**、裁決・決定について**一定期間が経過すると相手方は争うこ
とができなくなる**ことであり、**形式的確定力**と呼ばれている。よって、本肢は
全体的に誤っている。

2 × **拘束力とは、行政行為に違法・不当**があるとしても、行政庁は**取り消さ
ない限りその内容に拘束され、国民は不服があるとしても取り消されるまでは
その内容に拘束される**ことである。また、**規律力とは**、行政機関が**国民の同意
なく、直接国民の権利義務を一方的に形成**する効力を意味する。よって、本肢
は全体的に誤っている。

3 × **不可変更力とは**、裁決・決定は、行政機関による実質的な裁判として争
訟裁判的な性質を有する行政処分であることから、他の一般行政処分とは異な
り、**特別の規定がない限り**、裁決・決定をした**行政庁自らにおいて取り消すこ
とはできない**とするものである（最判昭29.1.21）。なお、裁決・決定につい
て一定期間が経過すると、国民の側から争うことができなくなる効力は不可争
力（形式的確定力）である。

4 × 行政行為に認められる**公定力の（実定法上の）根拠は、行政行為の法的
効果については、取消訴訟以外では争うことができないこと（取消訴訟の排他
的管轄）**とされている。なお、実定法とは、憲法や民法など、人がつくった法
律のことを意味する。

5 ○ **本肢の記述のとおり**である。判例は、行政処分が違法であることを理由
として**国家賠償の請求**をするについては、**あらかじめ行政処分について取消し
又は無効確認の判決を得なければならないものではない**としている（最判昭
36.4.21、最判平22.6.3）。

正解：4

1　×　**自力執行力**とは、行政行為によって命ぜられた**義務を国民が履行しない場合**に、行政庁が裁判判決を得ずに、**義務者に対し強制執行を行い、義務内容を強制的に実現する効力のこと**である。よって、本肢は「裁判判決を得て」としている点が誤っている。なお、行政活動は法律に基づき行われるべきとする法律による行政の原理の下、個人の権利を制約し又は義務を課す侵害行政については、**法律の根拠が必要**であるとされていることから、**自力執行力には、法律の根拠が必要**である。

2　×　**不可変更力**とは、裁決・決定は、行政機関による実質的な裁判として争訟裁判的な性質を有する行政処分であることから、他の一般行政処分とは異なり、特別の規定がない限り、裁決・決定をした行政庁自らにおいて取り消すことはできないとするものである（最判昭29.1.21）。よって、「不服申立てや取消訴訟を提起できる争訟提起期間を経過すると」不可変更力が生じるとする部分が誤っている。

3　×　**公定力**とは、行政行為はたとえ違法であっても、その違法が重大かつ明白であり、当該処分を当然無効なものと認めるべき場合を除いては、適法に取り消されない限り、完全にその効力を有するという効力である（最判昭30.12.26）。また、取消訴訟の排他的管轄とは、行政行為の法的効果を取消訴訟以外では争うことができないことを意味する。本肢は全体的に誤っている。

4　○　判例は、行政処分が違法であることを理由として国家賠償請求をする場合、あらかじめ当該行政処分について取消し又は無効確認の判決を得なければならないものではないのであり、このことはその違法を理由とする国家賠償請求を認容したという場合であっても異ならないとしている（最判平22.6.3）。つまり、国家賠償請求訴訟（損害賠償請求訴訟）については公定力が及ばず、行政行為を取り消さなくても行うことができる。取消訴訟と国家賠償訴訟とは制度の趣旨・目的が異なるから、別々に判断されることとなり、**国家賠償訴訟において、裁判所が判決で行政行為を違法であると認めたとしても、**行政行為の効力は存続する。

5　×　**不可争力（形式的確定力）**とは、裁決・決定について一定期間が経過すると国民の側から争うことができなくなることである。本肢は全体的に誤っている。

正解：1

ア　○　**本肢の記述のとおり**である（行政行為の公定力、最判昭30.12.26）。

イ　×　判例は、行政処分が違法であることを理由として**国家賠償請求**をするについては、**あらかじめ当該行政処分について取消し又は無効確認の判決を得なければならないものではない**のであり、このことは、**当該行政処分が金銭を納付させることを直接の目的としており**、その違法を理由とする**国家賠償請求を認容したとすれば、結果的に当該行政処分を取り消した場合と同様の経済的効果が得られるという場合であっても異ならない**としている（最判平22.6.3）。

ウ　×　行政行為の**自力執行力とは、**行政行為によって命ぜられた**義務を国民が履行しない場合**に、行政庁が**裁判判決を得ずに、義務者に対し強制執行を行い、義務内容を強制的に実現すること**である。行政活動は法律に基づき行われるべきとする法律による行政の原理の下、**個人の権利を制約し又は義務を課す侵害行政**については、**法律の根拠が必要である**とされていることから、**自力執行力には、法律の根拠が必要である。**よって、本肢は「根拠法がなくとも」としている点が誤っている。

エ　×　**行政行為の撤回とは、行政行為の成立時には瑕疵がなく、**その後の事情の変化により、その行政行為から生じた法律関係を存続させることが妥当でなくなった場合に、**将来においてその行政行為の効力を失わせること**である。そして、行政行為の撤回について判例は、**法令上その撤回について直接明文の規定がなくとも、その権限において撤回することができる**としている（最判昭63.6.17、参079ページ）。

オ　×　**負担とは、法令に規定されている義務とは別に、相手方に特別の義務を命じる附款**であり、負担を履行しなくても、**本体たる行政行為の効力が当然に失われることはない**（参085ページ）。

　以上により、妥当なものは**アのみ**であり、正解は**1**となる。

問題4　国家専門職（2007年度） ··· 本冊 P.067

正解：5

1　×　行政行為の公定力の効果は、行政庁、国民、裁判所のこれら全てに対して及ぶとされている。

2　×　行政行為の撤回とは、行政行為の成立時には瑕疵がなく、その後の事情の変化により、その行政行為から生じた法律関係を存続させることが妥当でなくなった場合に、将来においてその行政行為の効力を失わせることである。そして、行政行為の撤回について判例は、法令上その撤回について直接明文の規定がなくとも、その権限において撤回することができるとしている（最判昭63.6.17、參079ページ）。

3　×　判例は、処分当初に瑕疵がある場合、処分をした行政庁その他正当な権限を有する行政庁においては、自らその違法又は不当を認めて、処分の取消しによって生ずる不利益と、取消しをしないことによってかかる処分に基づき、すでに生じた効果をそのまま維持することの不利益とを比較考量し、当該処分を放置することが公共の福祉の要請に照らし著しく不当であると認められるときに限り、これを取り消すことができるとしている（最判昭43.11.7、參078ページ）。

4　×　判例は、公務員に国家公務員法に定められた懲戒事由がある場合に、懲戒処分を行うかどうか、懲戒処分を行うときにいかなる処分を選ぶかは、懲戒権者の裁量に任されていることから、裁判所がその処分の適否を審査するにあたっては、懲戒権者の裁量権の行使に基づく処分が社会観念上著しく妥当を欠き、裁量権を濫用したと認められる場合に限り、違法であると判断すべきとしている（最判昭52.12.20、參095ページ）。よって、「裁判所は、いかなる場合においても国家公務員の懲戒処分について審査することはない」わけではない。

5　○　行政行為の附款は、行政庁の裁量権行使の一環として、行政行為の効果を制限するために付加される従たる意思表示であり、附款も行政行為である。よって、附款に対しても公定力（最判昭30.12.26）が認められる。また、附款も行政行為として、附款だけで取消しの訴えの対象となることから、附款が行政行為の本体と同様の性質を有するものとして、行政行為の本体と分離可能な場合は、行政行為の一部の取消しを求める争訟を提起して、附款の全部又は一部の取消しを求めることができる（參084ページ）。

問題 1 特別区Ⅰ類（2017年度）………………………………………………… 本冊 P.074

正解：1

1 ○ **本肢の記述のとおり**である。

2 × **行政行為の撤回**とは、行政行為の**成立時には瑕疵がなく、その後の事情の変化**により、その行政行為から生じた法律関係を存続させることが妥当でなくなった場合に、**将来においてその行政行為の効力を失わせることであり、処分庁のみに認められている**。行政行為の撤回について、判例は、法令上その撤回について直接明文の規定がなくとも、その権限において撤回することができるとしている（最判昭63.6.17、参079ページ）。よって、「撤回権は監督庁のみ有する」とする部分が誤っている。

3 × **行政行為の取消し**とは、行政行為が**成立当初から違法**であった場合に、**行政行為を取り消すこと**をいい、その**効果は遡及する**。瑕疵を取り消して違法状態を回復するため、法律の根拠は不要である。行政行為の取消しについて判例は、処分当初に瑕疵があり、処分をした行政庁その他正当な権限を有する行政庁においては、自らその違法又は不当を認めて、処分の取消しによって生ずる不利益と、取消しをしないことによってかかる処分に基づき、すでに生じた効果をそのまま維持することの不利益とを**比較考量**し、しかも**当該処分を放置することが公共の福祉の要請に照らし著しく不当**であると認められるときに限り、これを**取り消すことができる**としている（最判昭43.11.7、参078ページ）。「いかなる授益的行政行為の場合であっても、必ず行政行為成立時まで遡って効力は失われる」わけではない。

4 × **行政行為の瑕疵の治癒**とは、行政行為の法定要件が欠けていたとしても、その後の事情の変化により欠けていた要件が充足された場合、その行政行為の効力が維持されることである。

5 × **行政行為はたとえ違法**であっても、その**違法が重大かつ明白**で当該処分を**当然無効ならしめるものと認めるべき場合を除いては**、適法に取り消されない限り完全にその効力を有する（行政行為の公定力、最判昭30.12.26）。そして、その効果は、行政庁、国民、裁判所のこれら全てに対して及ぶ。また、公定力の実定法上の根拠は、**行政行為の法的効果を取消訴訟以外では争うことができないこと**（取消訴訟の排他的管轄）とされているので、取消しうべき瑕疵を有する行政行為は、行政行為の法的効果を**取消訴訟以外では争うことができず、裁判所によって取り消される**ことにより効力を失うこととなる（参060ページ）。

よって、「その行政行為の相手方はこれに拘束されるが、行政庁その他の国家機関は拘束されない」の部分が誤っている。

問題2 国家専門職（2013年度） ································· 本冊P.075

正解：**5**

1　×　**行政行為の瑕疵の治癒**とは、行政行為の法定要件が欠けていたとしても、その後の事情の変化により欠けていた要件が充足された場合、その行政行為の効力が維持されることである。本肢の内容は、違法行為の転換についてである。

2　×　**行政行為が成立当初から違法**であった場合に、行政行為を取り消すことを行政行為の取消しという。瑕疵を取り消して違法状態を回復するものであり、法律の根拠は不要である。また判例は、処分当初に瑕疵があり、処分をした行政庁その他正当な権限を有する行政庁においては、自らその違法又は不当を認めて、処分の取消しによって生ずる不利益と、取消しをしないことによってかかる処分に基づき、すでに生じた効果をそのまま維持することの不利益とを**比較考量**し、しかも**当該処分を放置することが公共の福祉の要請に照らし著しく不当**であると認められるときに限り、これを**取り消すことができる**としている（最判昭43.11.7、参078ページ）。よって、法律上、明文で違法な行政行為を行政庁が取り消すことができる旨が規定されていなくとも、行政庁は自ら行った違法な行政行為を職権で取り消すことができる。

3　×　**行政行為の附款**は、行政庁の裁量権行使の一環として、行政行為の効果を制限するために付加される従たる意思表示であるから、附款も行政行為である。そして、附款も行政行為として、附款だけで取消しの訴えの対象となり、附款が違法で本体の行政行為と分離可能な場合は、附款のみを対象として取消しを求める取消訴訟を提起することができる（参084ページ）。

4　×　判例は、**無効原因となる重大・明白な違法**とは、処分要件の存在を肯定する**処分庁の認定に重大・明白な誤認がある**と認められる場合を指すものであり、例えば、その誤認が何人の目にも明白であるというような場合でなければならないとしている（最判昭34.9.22）。よって、「行政庁が怠慢により調査すべき資料を見落とすなどの過誤が存在することが必要であるとするのが判例」という部分が誤っている。

5　○　判例は、**条例所定の接道要件を満たしていない建築物**について、**同条例に基づく安全認定が行われたうえで建築確認がされている**場合、安全認定が取り消されていなくても、**建築確認の取消訴訟**において、安全認定が違法であると主張することは許されるとしている（新宿たぬきの森事件：最判平21.12.17）。

正解：**5**

1 × 判例は、**行政行為が違法な場合は取消事由**となりうるが、**無効事由となる違法は**、処分要件の存在を肯定する**処分庁の認定に重大・明白な誤認があると認められる場合**を指すとしている（最判昭34.9.22）。よって、**瑕疵ある行政行為は、** 瑕疵が違法な取消しうべき行政行為と、瑕疵の違法が重大・明白である無効な行政行為に分類されるといえる。なお、行政行為の不存在とは、行政行為がその成立要件を全く欠き、行政行為としての外観さえも存在しないことや、行政機関の内部的意思決定があるだけで、未だ外部に表示されていない状態を意味する。行政行為としての効果が当初から生じない点などから、無効な行政行為と同じであり、両者を区別する実益がほとんどないとされている。

2 × **行政行為の瑕疵の治癒**とは、行政行為の法定要件が欠けていたとしても、その後の事情の変化により欠けていた要件が充足された場合、その行政行為の効力が維持されることである。本肢の内容は、違法行為の転換についてである。

3 × **行政行為の取消し**とは、行政行為が成立当初から違法であった場合に、**行政行為を取り消すこと**をいい、その効果は遡及する。瑕疵を取り消して違法状態を回復するため、法律の根拠は不要である。行政行為の取消しについて判例は、処分当初に瑕疵があり、**処分をした行政庁その他正当な権限を有する行政庁においては、自らその違法又は不当を認めて、**処分の取消しによって生ずる不利益と、取消しをしないことによってかかる処分に基づき、すでに生じた効果をそのまま維持することの不利益とを**比較考量**し、しかも**当該処分を放置することが公共の福祉の要請に照らし著しく不当**であると認められるときに限り、これを**取り消すことができる**としている（最判昭43.11.7、📖078ページ）。

4 × 判例は、権限ある者により適法に発せられた**退去強制令書**（外国人の国外送還処分の根拠となる書面）**が権限ある者によって適法に執行**された以上、その**執行は有効**であって、この**令書に執行者の署名捺印のない事実**は、この**令書に基づく執行を違法ならしめるものではない**としている（最判昭25.12.28）。なお、本肢の「外国人退去強制令書」とは、この退去強制令書を指すものと考える。

5 ○ 判例は、**村長解職賛否投票の効力の無効が宣言**されても、賛否投票の**有効なことを前提として、それまでの間になされた後任村長の行政処分は無効となるものではない**としている（最大判昭35.12.7）。

　　正解：1

ア　×　判例は、**無効原因となる重大・明白な違法**とは、処分要件の存在を肯定する**処分庁の認定に重大・明白な誤認がある**と認められる場合を指すものであり、例えば、その**誤認が何人の目にも明白であるというような場合でなければならない**としている（最判昭34.9.22）。「行政庁が怠慢により調査すべき資料を見落としたかどうかといった事情も考慮して決すべき」とはしていない。

イ　○　判例は、一般に、課税処分が課税庁と被課税者との間にのみ存するもので、処分の存在を信頼する第三者の保護を考慮する必要のないこと等を勘案すれば、当該**課税処分における内容上の過誤が課税要件の根幹**についてのそれであって、徴税行政の安定とその円滑な運営の要請を斟酌してもなお、不服申立期間の徒過による不可争的効果の発生を理由として**被課税者にこの処分による不利益を甘受させることが、著しく不当と認められるような例外的な事情のある場合**には、当該処分が**当然無効**となるとしている（最判昭48.4.26）。

ウ　×　**行政行為の瑕疵の治癒**は、行政行為の法定要件が欠けていたとしても、**その後の事情の変化**により**欠けていた要件が充足**された場合、その**行政行為の効力が維持**されることである。よって、「当該行政行為の効力が維持されることはない」とはいえない。

エ　×　判例は、建築確認における接道要件充足の有無の判断と、安全認定における安全上の支障の有無の判断は、異なる機関がそれぞれの権限に基づき行うこととされているが、もともとは一体的に行われていたものであり、避難又は通行の安全の確保という同一の目的を達成するために行われるものである。そのことからすれば、安全認定は、建築主に対し建築確認申請手続における一定の地位を与えるものであり、建築確認と結合して初めてその効果を発揮するものである以上、**安全認定が行われたうえで建築確認がされている場合は、安全認定が取り消されていなくても、建築確認の取消訴訟において安全認定が違法であると主張することは許される**としている（新宿たぬきの森事件：最判平21.12.17）。

　　以上により、妥当なものは**イのみ**であり、正解は**1**となる。

正解：4

1 × **行政行為の取消し**とは、行政行為が**成立当初から違法**であった場合に、行政行為を取り消すことをいい、その**効果は遡及**する。本肢の内容は、行政行為の「撤回」となっている。

2 × **行政行為の撤回**とは、行政行為の**成立時には瑕疵がなく**、その後の事情の変化により、その行政行為から生じた法律関係を存続させることが妥当でなくなった場合に、**将来においてその行政行為の効力を失わせること**である。本肢の内容は、行政行為の「取消し」となっている。

3 × **行政行為の撤回**は、**処分庁にのみ**認められている。なお、行政行為の撤回について、判例は、法令上その撤回について**直接明文の規定がなくとも、その権限において撤回することができる**としている（最判昭63.6.17）。

4 ○ **本肢の記述のとおりである**（最判昭63.6.17）。

5 × 判例は、行政財産たる土地について、使用期間を定めないで使用の許可を受けていたが、当該**行政財産本来の用途又は目的上の必要が生じて使用許可が取り消された場合**においては、当該**行政財産本来の用途又は目的上の必要が生じた時点**において、原則として**使用権は消滅すべきもの**であり、その**例外**は、使用権者がなお当該使用権を保有する実質的理由を有すると認めるに足りる**特別の事情が存する場合に限られ**、土地使用権の喪失という損失につき**補償を必要としない**としている（最判昭49.2.5）。よって、本肢の事案において、使用権者は、当該取消しによる土地使用権喪失についての補償を求めることはできない。

問題2 特別区Ⅰ類（2014年度） ·································· 本冊P.083

正解：1

1 ○ **本肢の記述のとおり**である（最判昭49.2.5）。

2 × 判例は、旧優生保護法により**人工妊娠中絶を行いうる医師の指定を受けた医師**が、実子あっせん行為を行ったことが判明し、**医師法違反等の罪により罰金刑に処せられた**ため、当該指定を存続させることが公益に適合しない状態が生じたというべきところ、実子あっせん行為のもつ法的問題点、指定医師の指定の性質等に照らすと、**指定医師の指定の撤回によって被る不利益を考慮しても、なおそれを撤回すべき公益上の必要性が高い**と認められるから、法令上その撤回について**直接明文の規定がなくとも**、指定医師の指定の権限を付与されている医師会は、その権限において**指定を撤回することができる**としている（最判昭63.6.17）。

3 × **行政行為の撤回**は、**処分庁にのみ**認められている。なお、行政行為の撤回について、判例は、法令上その撤回について**直接明文の規定がなくとも、その権限において撤回することができる**としている（最判昭63.6.17）。

4 × **行政行為の撤回**とは、行政行為の成立時には瑕疵がなく、その後の事情の変化により、その行政行為から生じた法律関係を存続させることが妥当でなくなった場合に、**将来においてその行政行為の効力を失わせる**ことである。撤回の効力は、当該行政行為の成立時に遡るわけではない。

5 × **行政行為の撤回**とは、行政行為の**成立時には瑕疵がなく**、その後の事情の変化により、その行政行為から生じた法律関係を存続させることが妥当でなくなった場合に、将来においてその行政行為の効力を失わせることである。行政行為が当初から違法又は不当であった場合は、行政行為の「取消し」の話となる。

正解：2

1　×　条件とは、行政行為の効果を将来発生することの**不確実な事実**にかからせる附款であり、条件には、その事実の発生によって、行政行為の効果が**生じる停止条件**と、それが**消滅する解除条件**とがある。本肢は行政行為の効果を将来発生することの「確実な事実」にかからせるとする点で誤っている。

2　○　**本肢の記述のとおりである。負担とは**、法令に規定されている義務とは別に、相手方に**特別の義務を命じる**附款であり、負担を履行しなくても、本体たる行政行為の効力が**当然に失われることはない**。

3　×　**法律効果の一部除外**とは、行政行為をするにあたって、法令が一般にその行政行為に付した**効果の一部を発生させない**ものである。本肢の内容は、**撤回権の留保**となっている。

4　×　**行政行為の附款**は、行政庁の**裁量権行使の一環**であるため、行政行為の根拠法上に、附款についての**明文規定がなくても**、根拠法における行政庁の**裁量の範囲内において付すことができる**。

5　×　**行政行為の附款**は、行政庁の裁量権行使の一環として、**行政行為の効果を制限するために付加される従たる意思表示**であるから、**附款も行政行為**である。よって、附款も行政行為として、**附款だけで取消しの訴えの対象となる。附款が違法で本体の行政行為と分離可能**な場合は、**附款のみの取消しの訴えを提起することができる**。

問題2 国家一般職（2016年度） ························· 本冊 P.089

正解：1

ア ○ 本肢の記述のとおりである。

イ × **条件とは**、行政行為の効果を将来発生することの**不確実な事実**にかからせる附款であり、条件には、その事実の発生によって、行政行為の効果が**生じる停止条件**と、それが**消滅する解除条件**とがある。本肢は行政行為の効果を将来発生することの「発生確実な事実」にかからしめるとする点で誤っている。

ウ × **負担とは、法令に規定されている義務とは別に、相手方に特別の義務を命じる附款**である。そして、**本来の行政行為による効果以上の義務を相手方に課す場合**は、附款としての従たる意思表示とはいえず、**別個の主たる行政行為**である。また、行政活動は法律に基づき行われるべきとする**法律による行政の原理**の下で、**個人の権利を制約し又は義務を課す侵害行政は、法律の根拠が必要**とされる。よって、本来の行政行為による効果以上の義務を相手方に課す場合は、侵害行政にあたるから、**法律の根拠が必要**となる。

エ × 撤回権の留保とは、特定の場合には将来において行政行為を撤回することを留保しておく附款である。もっとも、**そもそも行政行為**は、行政行為の根拠法における**行政庁の裁量の範囲内**において、行政行為を**撤回することが可能**である。

オ × 行政行為の附款は、行政庁の裁量権行使の一環として、行政行為の効果を制限するために付加される従たる意思表示であるから、**附款も行政行為**である。よって、附款も行政行為として、**附款だけで取消しの訴えの対象となる**。そして、附款が違法であり、**本体の行政行為と分離可能**な場合は、**附款のみを対象とする取消訴訟を提起することができる**。

以上により、妥当なものは**ア**のみであり、正解は**1**となる。

正解：5

1 × **行政行為の附款は**、行政庁の**裁量権行使の一環**として、行政行為の効果を制限するために付加される従たる意思表示であるから、行政行為の根拠法上に附款の**明文規定がなくても**、根拠法における行政庁の**裁量の範囲内において付すことができる。**

2 × 行政行為の附款は、行政庁の裁量権行使の一環として、行政行為の効果を制限するために付加される従たる意思表示であるから、**附款も行政行為**である。よって、附款も行政行為として、**附款だけで取消しの訴えの対象となる。**そして、附款が違法であり、**本体の行政行為と分離可能**な場合は、**附款のみを対象とする取消訴訟を提起することができる。**

3 × **条件とは**、行政行為の効果を将来発生することの**不確実な事実**にかからせる附款であり、条件には、その事実の発生によって、行政行為の効果が**生じる停止条件**と、それが**消滅する解除条件**とがある。本肢は行政行為の効果を「発生確実な事実」にかからしめるとする点で誤っている。

4 × **期限とは**、行政行為の効力の発生、消滅を**発生確実な事実**にかからしめる附款であり、事実の発生により**効果が生じるものが始期**、**効果が消滅するものが終期**である。本肢は、行政行為の効力の発生、消滅を「発生不確実な事実」にかからしめるとする点で誤っている。

5 ○ **本肢の記述のとおりである。負担とは**、法令に規定されている義務とは別に、相手方に**特別の義務を命じる**附款であり、負担を履行しなくても、本体たる行政行為の効力が**当然に失われることはない。**

> ここまで見てくると、特に附款については、**同じような問題が繰り返し出題**されていることがわかるよね。出題されたら確実に正解したいところだよ！

問題 4 特別区Ⅰ類（2011年度） ·· 本冊 P.091

正解：1

1 ○ 本肢の記述のとおりである。

2 × **期限とは**、行政行為の効力の発生、消滅を**発生確実な事実**にかからしめる附款であり、事実の発生により**効果が生じるものが始期**、**効果が消滅するものが終期**である。**発生が確実**であれば、**到来時期が不確定であるという事実にかからせることもある。**

「雨が降ったら○○」という場合、普通に考えて将来の発生は確実だけれども、時期は不確定だよね。

3 × 負担とは、法令に規定されている義務とは別に、相手方に特別の義務を命じる附款である。そして、**負担を履行しなくても**、**本体たる行政行為の効力が当然に失われることはない。**

4 × 行政行為の**附款は、行政庁の**裁量権行使の一環として、行政行為の効果を制限するために付加される意思表示であるから、附款も行政行為である。また、行政行為の根拠法上に**附款の明文規定がなくても**、根拠法における行政庁の**裁量の範囲内において付すことができる。**

5 × 行政行為の附款は、行政庁の裁量権行使の一環として、行政行為の効果を制限するために付加される従たる意思表示であるから、**附款も行政行為である**。よって、附款も行政行為として、**附款だけで取消しの訴えの対象となる。**そして、附款が違法であり、**本体の行政行為と分離可能な場合は、附款のみを対象とする取消訴訟を提起することができる。**

正解：3

1　×　**効果裁量説**は、**便宜裁量（自由裁量）と法規裁量（覊束裁量）を区別する基準**として、行政行為の効果に着目し、行政庁の裁量は専ら行政行為の決定ないし選択に存在するとする学説である。そして、**法規裁量（覊束裁量）**とは、行政行為の判断に対して**全面的に裁判所の司法審査が及ぶ場合**であり、**効果裁量説**からすると、行政行為の効果として**国民の権利利益を制限**する場合は、**裁判所の司法審査が及ぶべき**であるから、**法規裁量（覊束裁量）にあたる**と解される。もっとも、**便宜裁量（自由裁量）**とは、行政行為の判断が優先され、**裁量権の逸脱・濫用がない限り裁判所の司法審査が及ばない場合**であり、効果裁量説からすると、行政行為の効果として国民の権利利益を制限しない場合は、行政行為の判断が優先され、**便宜裁量（自由裁量）にあたる**と解される。よって、国民に権利を付与する場合は、国民の権利利益を制限する場合ではないから、便宜裁量（自由裁量）となる。

2　×　**裁量権収縮論**とは、規制行政に関して**行政権を発動するかどうかの判断**は、行政庁の**裁量がゼロに収縮**され、行政権の**発動が義務付けられる**という理論である。本肢は全体的に誤っている。

3　○　**本肢の記述のとおりである**（行政事件訴訟法30条）。

4　×　**裁量行為**は、法規裁量（覊束裁量）行為と便宜裁量（自由裁量）行為とに分けられ、行政庁の裁量処分については、裁量権の範囲を超え又はその濫用があった場合に限り、裁判所は、その処分を取り消すことができると規定されている（行政事件訴訟法30条）。そして、法規裁量（覊束裁量）行為、便宜裁量（自由裁量）行為ともに、**裁量権の範囲を超え又はその濫用があった**場合は、裁判所の審査の対象となる。

5　×　判例は、処分権限が付与された趣旨・目的に照らし、その不行使が著しく不合理と認められれば、権限の不行使が違法の評価を受けるとしている（最判平元.11.24）。よって、権限不行使について「違法となることは一切ない」という部分が誤っている。

問題2 特別区Ⅰ類 （2012年度）······························ 本冊P.099

正解：1

A ○ 本肢の記述のとおりである（最判昭46.10.28）。

B ○ 本肢の記述のとおりである（マクリーン事件：最大判昭53.10.4）。

C × 判例は、原子炉施設の安全性に関する判断の適否が争われる原子炉設置許可処分の取消訴訟における裁判所の審理、判断は、**原子力委員会若しくは原子炉安全専門審査会の専門技術的な調査審議及び判断を基にしてされた、被告行政庁の判断に不合理な点があるか否か**という観点から行われるべきであって、現在の科学技術水準に照らし、その調査審議において用いられた具体的審査基準に不合理な点があり、あるいは当該原子炉施設が具体的審査基準に適合するとした**原子力委員会若しくは原子炉安全専門審査会の調査審議及び判断の過程に看過し難い過誤、欠落**があり、被告行政庁の判断がこれに依拠してされたと認められる場合には、被告行政庁の判断に不合理な点があるものとして、原子炉設置許可処分は違法としている（伊方原発訴訟：最判平4.10.29）。よって、行政庁の処分が、裁判所の審理、判断の対象となることはある。

D × 判例は、**懲戒権者の裁量権の行使としてなされた公務員に対する懲戒処分の適否を裁判所が審査**するにあたっては、懲戒権者と同一の立場に立って、懲戒処分をすべきであったかどうか又はいかなる処分を選択すべきであったかについて判断し、その結果と懲戒処分とを比較してその軽重を論ずべきものではなく、懲戒権者の裁量権の行使に基づく処分が社会観念上著しく妥当を欠き、裁量権を濫用したと認められる場合に限り、違法であると判断すべきとしている（最判昭52.12.20）。

以上により、妥当なものは **A・B** であり、正解は **1** となる。

正解：**1**

ア ○ 判例は、**裁判所が都市施設に関する都市計画の決定又は変更の内容の適否を審査**するにあたっては、当該決定又は変更が裁量権の行使としてされたことを前提として、その**基礎とされた重要な事実に誤認**があること等により重要な事実の基礎を欠くこととなる場合、又は、**事実に対する評価が明らかに合理性を欠くこと**、**判断の過程において考慮すべき事情を考慮しないこと**等により、その内容が**社会通念に照らし著しく妥当性を欠くものと認められる場合に限り**、裁量権の範囲を逸脱し又はこれを濫用したものとして**違法となる**としている（最判平18.11.2）。

本問の選択肢ア・ウ・エの判例については、本編で紹介していないけれども、ここで確認しておこう。事案と結論が判断できるようにしておこう。

イ ○ **本肢の記述のとおり**である（最判昭52.12.20）。

ウ × 判例は、**高等専門学校の校長が学生に対し原級留置処分又は退学処分を行うかどうかの判断は、校長の合理的な教育的裁量にゆだねられるべきもの**であるが、退学処分は学生の身分をはく奪する重大な措置であるから特に慎重な配慮を要するものであるとともに、原級留置処分も同様に慎重な配慮が要求されるものというべきであることからすれば、代替措置が不可能というわけでもないのに、**代替措置について何ら検討もすることなく原級留置処分又は退学処分を行う**ことは、社会観念上著しく妥当を欠く処分をしたものであり**裁量権の範囲を超える違法なもの**としている（最判平8.3.8）。

エ × 判例は、**農地に関する賃借権の設定移転**は、本来個人の自由契約に任せられていた事項であって、法律が小作権保護の必要上これに制限を加え、その効力を承認にかからせているのは、結局個人の自由の制限であり、法律が承認について客観的な基準を定めていない場合でも、法律の目的に必要な限度においてのみ行政庁も承認を拒むことができるのであって、旧農地調整法の趣旨に反して承認を与えないのは違法であるから、換言すれば、**承認するかしないかは農地委員会の自由な裁量に委ねられているのではない**としている（最判昭31.4.13）。

以上により、妥当なものは**ア・イ**であり、正解は**1**となる。

3 1 行政上の義務の履行確保

問題1 特別区Ⅰ類（2015年度）‥‥‥‥‥‥‥‥‥‥‥‥‥‥‥‥‥‥‥本冊P.110

正解：5

1 × **直接強制**とは、**義務者が義務を履行しない場合、義務者の身体や財産に実力**を加え、**義務の内容を実現**する作用をいう。本肢の内容は**即時強制**となっている。

2 × **即時強制**とは、**目前急迫の必要があって義務を命じる暇がない**場合、行政機関が**相手方の義務の不履行を前提とすることなく、直接、国民の身体や財産に実力**を加え、**行政上必要な状態を作り出す作用**をいう。そして、行政活動は法律に基づき行われるべきとする**法律による行政の原理**の下で、**個人の権利を制限し又は義務を課す侵害行政**については、**法律の根拠が必要**であるとされていることから、**即時強制**には、例外的に最小限、個別法に特別の定めが置かれているだけでは不十分で、**法律の根拠が必要**である。

3 × **行政代執行**は、法律（法律の委任に基づく命令、規則及び条例を含む）により直接に命ぜられ、又は法律に基づき行政庁により命ぜられた行為（他人が代わってなすことのできる行為に限る）について**義務者がこれを履行しない**場合、他の手段によってその履行を確保することが困難であり、かつ、その不履行を放置することが著しく公益に反すると認められるときは、**当該行政庁は、自ら義務者のなすべき行為をなし、又は第三者をしてこれをなさしめ、その費用を義務者から徴収**するものである（行政代執行法2条）。行政代執行に要した費用を義務者から徴収することはできる（同法6条1項）。

4 × 判例は、**漁港管理者である町が**、当該漁港の**区域内の水域に不法に設置されたヨット係留杭を強制撤去**した事案について、町長として本件鉄杭撤去を強行したことは、漁港法及び行政代執行法上適法と認めることのできないものであるが、**緊急の事態に対処**するためにとられた**やむを得ない措置**であり、民法720条の法意に照らしても、町としては当該撤去に直接要した費用を同町の経費として支出したことを容認すべきものであって、公金支出については、その**違法性を肯認することはできず、損害賠償責任を負うものとすることはできない**としている（最判平3.3.8）。

5 ○ **本肢の記述のとおり**である（最大判昭41.2.23）。

正解：2

1 × **行政代執行**は、**法律**（法律の委任に基づく命令、規則及び条例を含む）**により直接に命ぜられ**、又は**法律に基づき行政庁により命ぜられた行為**（他人が代わってなすことのできる行為に限る）について、義務者がこれを履行しない場合、他の手段によってその履行を確保することが困難であり、かつ、その不履行を放置することが著しく公益に反すると認められるときは、当該行政庁は、自ら義務者のなすべき行為をなし、又は第三者をしてこれをなさしめ、その費用を義務者から徴収することができると規定されている（行政代執行法2条）。よって、**本肢は「不作為義務」を対象に含めている点で誤っている。**

2 ○ 上記選択肢1の解説にもあるとおり、**行政代執行**は、特定の義務が履行されない場合において、**他の手段**によってその履行を確保することが**困難であり、かつ、その不履行を放置する**ことが**著しく公益に反する**と認められるときに認められる（行政代執行法2条）。

3 × **行政上の義務の履行確保**に関しては、**別に法律で定めるものを除いては、この法律の定めるところによる**と規定されている（行政代執行法1条）。よって、**個別法に特別な代執行の定めがない場合**は、**行政代執行法の規定に基づいて行政庁が自ら義務者のなすべき行為を行うことができる。**

4 × **代執行**をなすには、**あらかじめ文書で戒告しなければならない**（行政代執行法3条1項）。また、**代執行令書**をもって、代執行をなすべき**時期・代執行の**ために派遣する**執行責任者の氏名及び代執行に要する費用の概算による見積額を義務者に通知**すると規定されている（同条2項）。これを受けて、**非常の場合又は危険切迫**の場合において、当該行為の急速な実施について**緊急の必要**があり、**前2項に規定する手続をとる暇がない**ときは、その**手続を経ないで代執行をすることができる**と規定されている（同条3項）。よって、**緊急の必要**があるときは、**戒告だけでなく代執行令書による通知も省略することができる。**

5 × 代執行に要した費用の徴収については、実際に要した費用の額及びその納期日を定め、義務者に対し、文書をもってその納付を命じなければならないと規定され（行政代執行法5条）、また、**代執行に要した費用は、国税滞納処分の例により、これを徴収する**ことができると規定されている（同法6条1項）。よって、強制徴収することはできる。

問題3　特別区Ⅰ類（2018年度）　………………………………………………… 本冊P.112

正解：4

1　×　**行政上の義務の履行確保**に関しては、別に法律で定めるものを除いては、この法律の定めるところによると規定されており（行政代執行法1条）、**法律による根拠規範が必要**であり、行政上の義務の履行確保手段である執行罰・直接強制はともに**条例を根拠規範とすることができない**。

2　×　**執行罰**は、**非代替的作為義務**の不履行又は**不作為義務**の不履行に対して適用することはできるが、**代替的作為義務の不履行に対して適用することはできない**。

3　×　執行罰は、義務を履行しない者に対し過料を科す旨を通告することで義務者に心理的圧迫を与え、義務を履行させる強制執行制度である。**執行罰は、刑罰ではないので**、当該義務が履行されるまで**反復して科すことができる**。

4　○　**行政上の義務の履行確保**に関しては、別に法律で定めるものを除いては、この法律の定めるところによると規定されており（行政代執行法1条）、**法律による根拠規範が必要**である。そして、代執行を規定する行政代執行法（肢1の解説を参照）や行政上の強制徴収を規定する国税徴収法を除き、行政上の義務の履行確保に関しては個別法によって規定されている。

5　×　本肢の前半部分は正しいが、**直接強制を許容する一般法は存在しない**。

正解：3

1　×　判例は、行政手続が刑事責任追及を目的とするものでないとの理由のみで、行政手続における一切の強制が、主として刑事責任追及手続における強制に関して司法権による事前の抑制の下におかれるべきことを保障した憲法における適正手続（令状主義）の保障の枠外にあることにはならないとしている（川崎民商事件①：最大判昭47.11.22）。よって、即時強制も行政手続であるから、憲法における適正手続（令状主義）の保障の枠外にあることにはならない。

2　×　比例原則等の一般原則は、行政活動においても適用される。そして、即時強制も行政活動である以上、比例原則が適用される。

3　○　身柄の収容や物の領置などの即時強制が実施され継続して不利益状態におかれている場合、即時強制は「その他公権力の行使に当たる行為」（行政事件訴訟法3条2項）、「その他公権力の行使に当たる行為」（行政不服審査法1条2項）にあたるため、行政不服申立て又は取消訴訟によって不利益状態の排除を求めることができる。

4　×　行政上の義務の履行確保に関しては、別に法律で定めるものを除いては、この法律の定めるところによると規定されており（行政代執行法1条）、法律による根拠規範が必要であり、行政上の義務の履行確保手段である執行罰・直接強制はともに条例を根拠規範とすることができない。しかし、即時強制とは、目前急迫の必要があって義務を命じる暇がない場合、行政機関が相手方の義務の不履行を前提とすることなく、直接、国民の身体や財産に実力を加え、行政上必要な状態を作り出す作用であり、義務の不履行を前提とせず、行政上の義務の履行確保（行政上の強制執行）にはあたらないことから、行政代執行法1条が適用されない。よって、即時強制の根拠を条例で定めることができる。

5　×　即時強制とは、目前急迫の必要があって義務を命じる暇がない場合、行政機関が相手方の義務の不履行を前提とすることなく、直接、国民の身体や財産に実力を加え、行政上必要な状態を作り出す作用である。つまり、即時強制は、義務の不履行を前提としておらず、義務の履行を確保する手続ではない。

3 2 行政指導

問題1 特別区Ⅰ類（2019年度） ……………………………………………………… 本冊P.120

正解：1

A ○ **本肢の記述のとおりである**（行政手続法36条）。

B ○ **本肢の記述のとおりである**（行政手続法33条）。

C × 行政指導に携わる者は、当該行政指導をする際に、**行政機関が許認可等をする権限又は許認可等に基づく処分をする権限を行使しうる旨を示すとき**は、その相手方に対して、次に掲げる事項を示さなければならないと規定されており（行政手続法35条2項柱書）、同項各号において、「当該権限を行使し得る**根拠となる法令の条項**」「前号の条項に規定する**要件**」「当該権限の行使が前号の**要件に適合する理由**」と規定されている。よって、「当該権限を行使し得る根拠となる法令の条項、当該法令の条項に規定する要件」だけではなく、「**要件に適合する理由**」も示さなければならない。

D × **行政指導が口頭**でされた場合において、その相手方から**前2項に規定する事項を記載した書面の交付を求められたとき**は、当該行政指導に携わる者は、**行政上特別の支障がない限り、これを交付しなければならない**と規定されている（行政手続法35条3項）。よって、**必ず交付しなければならないわけではない**。なお、「前2項に規定する事項」について、同条1項では行政指導の趣旨、内容、責任者が規定されている（同条2項は、肢Cの解説参照）。

　以上により、妥当なものは**A・B**であり、正解は**1**となる。

問題2 国家一般職（2017年度） ……………………………………………………… 本冊P.121

正解：3

1 × 行政指導に携わる者は、当該行政指導をする際に、**行政機関が許認可等をする権限又は許認可等に基づく処分をする権限を行使しうる旨を示すとき**は、その相手方に対して、次に掲げる事項を示さなければならないと規定されており（行政手続法35条2項柱書）、同項各号において、「当該権限を行使し得る**根拠となる法令の条項**」「前号の条項に規定する**要件**」「当該権限の行使が前号の**要件に適合する理由**」と規定されている。よって、「当該権限を行使し得る根拠となる法令の条項」だけではなく、「**法令の条項に規定する要件**」及び「**要件に適合する理由**」も示さなければならない。

2 ×　**法令に違反する行為の是正を求める行政指導**（その根拠となる規定が法律に置かれているものに限る）の相手方は、**当該行政指導が当該法律に規定する要件に適合しないと思料**するときは、当該行政指導をした行政機関に対し、その旨を申し出て、**当該行政指導の中止その他必要な措置をとることを求めることができる**（行政手続法36条の2第1項本文）。そして、**当該「申出」は、行政機関が応答義務を負う「申請」（同法7条）とは異なり**、当該申出を受けた**行政機関は、応答義務を負う規定が存在しない。**

3 ○　**本肢の記述のとおり**である（行政手続法36条の3第1項）。

4 ×　**命令等制定機関は、命令等を定めようとする場合**、当該命令等の案及びこれに関連する資料をあらかじめ公示し、意見の提出先及び意見の提出のための期間を定めて**広く一般の意見を求めなければならない**と規定されており（行政手続法39条1項）、これがいわゆる意見公募手続（パブリック・コメント）である。そして、**ここでいう「命令等」**には、「**行政指導指針**（同一の行政目的を実現するため一定の条件に該当する複数の者に対し行政指導をしようとするときにこれらの行政指導に共通してその内容となるべき事項）」が**含まれる**（同法2条8号ニ）。

5 ×　行政指導に携わる者は「**行政指導の内容があくまでも相手方の任意の協力によってのみ実現**されるものであることに**留意し**」（行政手続法32条1項）、「**その相手方が行政指導に従わなかったことを理由**として、**不利益な取扱いをしてはならない**」（同条2項）。また、「**申請者が当該行政指導に従う意思がない旨を表明**したにもかかわらず**当該行政指導を継続すること等により当該申請者の権利の行使を妨げるようなことをしてはならない**」（同法33条）と規定されている。この「行政指導に従う意思がない旨を表明」について、判例は、行政指導に不協力の意思を真摯かつ明確に表明している場合には、特段の事情が存在しない限り、行政指導が行われているとの理由だけで処分を留保することは違法であるとしている（品川区マンション事件：最判昭60.7.16）。よって、**行政指導に不協力の意思を真摯かつ明確に表明していない場合は、行政指導に応じるよう説得を重ねることは許される**といえる。

3 | 3 | 行政計画・行政契約

問題 1 特別区Ⅰ類（2016年度） ································· 本冊 P.128

正解：4

1 × **行政計画**とは、**行政機関が定立する計画**であって、**行政権が一定の目的のために目標を設定**し、その**実現のための手段・方策の総合的調整を図るもの**である。そして、基本的に、法律の根拠は不要であるが、**私人に対して法的拘束力をもつ場合は、法律の根拠が必要**となる。

2 × 行政計画の策定については、計画策定権者に対して広範囲な行政裁量が認められており、個別の法律において、公聴会の開催（例：都市計画法16条等）、審議会の開催（例：同法5条3項等）や意見書の提出（例：同法17条2項等）などの規定があるが、**行政手続法においては規定がない**。

3 × 判例は、**地方公共団体が継続的な施策を決定した後**に社会情勢の変動等により当該施策が変更された場合、特定の者に対して当該施策に適合する特定内容の活動をすることを促す個別的、具体的な勧告ないし勧誘を伴うものであり、かつ、その活動が相当長期にわたる当該施策の継続を前提としてはじめてこれに投入する資金又は労力に相応する効果を生じうる性質のものである場合には、たとえ当該勧告ないし勧誘に基づいてその者と当該地方公共団体との間に当該施策の維持を内容とする契約が締結されたものとは認められない場合であっても、**代償的措置を講ずることなく施策を変更**することは、それが**やむをえない客観的事情によるものでない限り、当事者間に形成された信頼関係を不当に破壊**するものとして**違法性を帯び、地方公共団体の不法行為責任を生ぜしめる**としている（最判昭56.1.27）。

4 ○ **本肢の記述のとおり**である（最大判平20.9.10）。

5 × 判例は、**都市計画区域内において工業地域を指定する決定**は、当該決定が告示されて効力を生ずると、当該地域内の土地所有者等に建築基準法上新たな制約を課し、その限度で一定の法状態の変動を生ぜしめるものであることは否定できないが、かかる**効果は**、あたかも新たに制約を課する法令が制定された場合におけると同様の**当該地域内の不特定多数の者に対する一般的抽象的なそれにすぎず**、このような効果を生ずるということだけから直ちに当該地域内の個人に対する具体的な権利侵害を伴う処分があったものとして、**これに対する抗告訴訟を肯定することはできない**としている（最判昭57.4.22）。

正解：**3**

ア × **売買、貸借、請負その他の契約を締結する場合**においては、**公告して申込みをさせることにより競争に付さなければならない**と規定されており（会計法29条の3第1項）、**現在においても一般競争入札が原則**となっている。

イ × **行政契約は**、行政作用の一形態であるが、**対等な立場で当事者間の合意に基づくもの**であるため、**行政手続法上において行政契約に関する規定は存在せず、対象外**となっている。そして、行政契約に関して判例は、私法が適用又は類推適用されるとしており（最判平16.7.13）、行政事件訴訟法が適用されるとはしていない。よって、行政契約に対して不服のある者は、抗告訴訟ではなく、**民事訴訟で争うこととなる**。

ウ × 判例は、廃棄物の処理及び清掃に関する法律（廃棄物処理法）において、**処分業者による事業の廃止、処理施設の廃止**については、**知事に対する届出で足りる旨が規定**されているところ、**処分業者が、公害防止協定において、協定の相手方に対し、その事業や処理施設を将来廃止する旨を約束することは、処分業者自身の自由な判断で行える**ことであり、その結果、**許可が効力を有する期間内に事業や処理施設が廃止**されることがあったとしても、**同法に何ら抵触するものではない**としている（最判平21.7.10）。

エ ○ 行政契約には、基本的には民法等の私法が適用又は類推適用（最判平16.7.13）されるが、その契約が私人間で一般的に用いられている売買契約であったとしても、**契約自由の原則がそのまま貫徹されるわけではなく、平等原則や公序良俗等の行政法の一般原則が適用**される。なお、公序良俗に言及している判例として、最判平21.7.10がある。

オ ○ **本肢の記述のとおりである**。

　以上により、妥当なものは**エ・オ**であり、正解は**3**となる。

3 4 行政調査と情報公開

問題1 国家専門職（2012年度）⋯⋯⋯⋯⋯⋯⋯⋯⋯⋯⋯⋯⋯⋯⋯⋯ 本冊P.136

正解：5

1 × **強制的に行う行政調査**は、相手方において、調査を受忍すべき義務を一般的に負い、その履行を強制され、不利益を被ることから、**法律上の根拠が必要**であると解されている。他方、**相手方の任意の協力をもってなされる行政調査**は、相手方において、あえて受忍しない場合には、それ以上直接的物理的に調査を強制されず、必ずしも不利益を被るとはいえないことから、**法律上の根拠が必要とはされていない**と解されている。

2 × 判例は、法律によって授権された**行政調査権限は、犯罪の証拠資料を取得収集し保全するためなど、犯則事件の調査あるいは捜査のための手段として行使することは許されない**としている（最決平16.1.20）。

3 × 強制的に行政調査を実行すると国民の権利・自由を不当に害するおそれがあるところ、判例は、**行政調査が刑事責任追及を目的とするものでないとの理由のみで、行政調査における一切の強制が、主として刑事責任追及手続における強制に関して司法権による事前の抑制の下におかれるべきことを保障した憲法における適正手続の保障の枠外にあることにはならない**としている（川崎民商事件②：最大判昭47.11.22）。ただし、行政調査に憲法における適正手続の規定が適用されるにしても、**行政調査は多種多様**であるから、**行政調査に当然に適用されるのではなく、一定の場合には適用される**と解される。また、**行政手続法**においては、**行政調査に関する規定は存在しない**。

4 × 「不利益処分」とは、行政庁が、法令に基づき、**特定の者を名あて人として、直接に、これに義務を課し、又はその権利を制限する処分**をいう（行政手続法2条4号）。よって、「特定の者を名あて人」とする場合である以上、**相手方が不特定である、いわゆる一般処分**の場合は、**行政手続法は適用されない**（**参**140ページ）。

5 ○ 行政庁は、**申請に対する許可・認可等の処分を行う場合の審査基準の策定**（行政手続法2条8号ロ）と、その**公表が原則義務づけられている**（同法5条1項、3項）。しかし、**不利益処分**を行う場合の**処分基準の策定**（同法2条8号ハ）と**その公表は、努力義務**にとどめられている（同法12条1項、**参**141ページ）。

正解：4

1 × 　行政調査は、行政機関が行政目的を達成するために必要な情報を収集する活動であり、例えば、麻薬及び向精神薬取締法における調査方法として、**報告の徴収、立入検査、質問、物件**（薬もしくは疑いのある物）**の収去**が規定されている（同法50条の38第1項）。よって、「物件の収去は含まれない」という部分が誤っている。

2 × 　判例は、質問検査の範囲、程度、時期、場所等、**実定法上に特段の定めのない実施の細目**については、質問検査の必要があり、かつ、これと相手方の私的利益との衡量において社会通念上相当な限度にとどまる限り、**権限ある税務職員の合理的な選択に委ねられている**としている（最決昭48.7.10）。なお、強制的に行う行政調査は、相手方において、調査を受忍すべき義務を一般的に負い、その履行を強制され、不利益を被ることから、法律上の根拠が必要であると解されている。

3 × 　**行政調査**において、調査（国税通則法74条の2）を拒否した者に対する罰則規定（同法128条2号等）が定められている場合、罰則規定によって行政調査の実効性が担保されることを前提としている。よって、**緊急を要するときであっても、相手の抵抗を排除するための実力行使は認められない。**

4 ○ 　**本肢の記述のとおり**である（川崎民商事件②：最大判昭47.11.22）。

5 × 　判例は、**犯則嫌疑者に対して、国税犯則取締法に基づく調査を行った場合**に、課税庁が当該調査により**収集された資料を課税処分及び青色申告承認の取消処分を行うために利用することは許される**としている（最判昭63.3.31）。

問題3 国家一般職（2017年度）··· 本冊P.138

正解：**1**

ア × 開示請求は、開示請求書を行政機関の長に提出してしなければならないと規定されており（情報公開法4条1項柱書）、その各号において、「**開示請求をする者の氏名又は名称及び住所又は居所並びに法人その他の団体にあっては代表者の氏名**」（同項1号）、「**行政文書の名称**その他の開示請求に係る**行政文書を特定するに足りる事項**」（同項2号）のみ規定されている。よって、「請求の理由や目的を記載する必要がある」の部分が誤っている。

イ ○ **本肢の記述のとおり**である（情報公開法5条4号）。

ウ × 開示請求に対し、**当該開示請求に係る行政文書が存在しているか否かを答えるだけで**、**不開示情報を開示することとなるときは**、行政機関の長は、**当該行政文書の存否を明らかにしないで、当該開示請求を拒否することができる**（情報公開法8条）。また、行政機関の長は、**開示請求に係る行政文書の全部を開示しないときは**、**開示をしない旨の決定**をし、開示請求者に対し、**その旨を書面により通知**しなければならないと規定されているところ（同法9条2項）、この書面による通知は、**書面による「申請に対する処分」にあたるため、書面による理由の提示が必要**となる（行政手続法8条1項、2項）。

エ × **裁判所に対する取消訴訟の提起と、行政不服審査法に基づく不服申立てについて、どちらを行うかは自由に選択できることが原則**となっており（行政事件訴訟法8条1項本文、自由選択主義）、**例外的に法律**において、行政不服審査法に基づく**不服申立てに対する裁決を経た後でなければ取消訴訟を提起することができない旨の規定がある場合に限り**、行政不服審査法に基づく不服申立てが義務付けられる（同項但書、不服申立前置主義、参153ページ）。また、**情報公開法**において、行政不服審査法に基づく**不服申立てに対する裁決を経た後でなければ取消訴訟を提起することができない旨の規定は存在しない**ため、開示決定や不開示決定に対して不服がある場合は、直ちに取消訴訟を提起することができる。

以上により、妥当なものは**イ**のみであり、正解は**1**となる。

正解：**3**

ア × 　何人も、この法律の定めるところにより、行政機関の長に対し、当該行政機関の保有する行政文書の開示を請求することができる（情報公開法3条）。居住地に関係なく、外国人であっても開示請求できる。

イ ○ 　本肢の記述のとおりである（情報公開法7条）。

ウ ○ 　本肢の記述のとおりである（情報公開法19条1項柱書、情報公開・個人情報保護審査会設置法9条1項前段、2項）。

エ × 　開示請求に対し、**当該開示請求に係る行政文書が存在しているか否かを答えるだけで**、**不開示情報を開示することとなるとき**は、行政機関の長は、当該行政文書の存否を明らかにしないで、当該開示請求を拒否することができる（情報公開法8条）。ただし、この拒否は、開示請求という「申請に対する処分」にあたるため、理由の提示が必要となる（行政手続法8条1項、2項）。

オ × 　第三者に関する情報が記録されているときは、行政機関の長は、**開示決定等をするにあたって**、当該情報に係る第三者に対し意見書を提出する機会を与えることができると規定されており（情報公開法13条1項）、意見書を提出する機会を必ず与えなければならないわけではない。なお、同条2項各号に該当する場合は、意見書を提出する機会の付与が義務とされている。そして、**第三者が当該行政文書の開示に反対の意思を表示した意見書を提出**した場合において、開示決定をするときは、開示決定をした旨及びその理由並びに開示を実施する日を書面により通知しなければならないと規定されており（同条3項）、開示に反対する意見書を提出した場合であっても、当該行政文書の開示決定をすることができることが前提となっている。

　以上により、妥当なものは**イ・ウ**であり、正解は**3**となる。

3 5 行政手続法

問題 1 国家一般職（2021年度）·· 本冊 P.146

正解：**4**

ア × **行政手続法1条1項**において、**処分、行政指導**及び**届出に関する手続**並び
に**命令等を定める手続**に関し、**共通する事項を定める**ことによって、**行政運営
における公正の確保と透明性**（行政上の意思決定について、その内容及び過程
が国民にとって明らかであることをいう）**の向上**を図り、もって**国民の権利利
益の保護**に資することを目的とすると規定されている。よって、「国民の行政
の意思決定への参加を促進すること」は規定されていない。なお、同条2項に
おいて「他の法律に特別の定めがある場合は、その定めるところによる」と規
定されており、**行政手続法は、行政手続に関する一般法**であるといえる。

イ ○ **本肢の記述のとおりである**（行政手続法第二章、第三章）。

ウ ○ 行政手続法は、行政庁が**不利益処分**をしようとする場合における処分の名
あて人の意見陳述のための手続として、**「聴聞」**（同法13条1項1号イ～ニ、第
二節）と**「弁明の機会の付与」**（同項2号、第三節）の二つを規定しており、**「許
認可等を取り消す不利益処分をしようとするとき」**は、**原則として聴聞**を行わ
なければならないとしている（同法13条1項1号イ）。

エ × 行政手続法は、**処分、行政指導及び届出に関する手続**並びに**命令等を定め
る手続**に関し、共通する事項を定めると規定しており（同法1条1項）、**命令等
を定めようとする場合**には、**広く一般の意見を求めなければならない**と規定し
ている（同法39条1項）。

以上により、妥当なものは**イ・ウ**であり、正解は**4**となる。

正解：1

1 ○ **本肢の記述のとおり**である（最判昭60.1.22）。

2 × 「**不利益処分**」とは、行政庁が、法令に基づき、**特定の者を名あて人**として、直接に、これに**義務を課し、又はその権利を制限**する処分であるが、**次のいずれかに該当するものを除く**と規定されており（行政手続法2条4号柱書本文）、同号ロにおいて、「**申請により求められた許認可等を拒否する処分**その他申請に基づき当該申請をした者を名あて人としてされる処分」と規定されている。つまり、**申請を拒否する処分は不利益処分に含まれない。**

3 × 行政庁は、**処分基準を定め、かつ、これを公にしておくよう努めなければならない**と規定されている（行政手続法12条1項）。よって、処分基準を公にしておくことは**努力義務**にとどまる。「審査基準」の設定と公表は法的義務である点と区別しておこう。

4 × 行政手続法において、**申請に対して拒否処分**をする場合、**聴聞や弁明の機会付与は規定されていない。不利益処分**をする場合に、聴聞（同法三章第二節）と弁明の機会の付与（同章第三節）が**規定されている**。

5 × 「**行政指導**」とは、行政機関がその任務又は所掌事務の範囲内において一定の行政目的を実現するため特定の者に一定の作為又は不作為を求める指導、勧告、助言その他の行為であって**処分に該当しないもの**をいう（行政手続法2条6号、参114ページ）。

問題3 特別区Ⅰ類（2016年度） ··· 本冊P.148

正解：2

1 × 行政庁は、**処分基準を定め、かつ、これを公にしておくよう努めなければ
ならない**と規定されている（行政手続法12条1項）。よって、処分基準を公に
しておくことは**努力義務**にとどまる。また、同条2項において、行政庁は、**処
分基準を定めるにあたっては、不利益処分の性質に照らしてできる限り具体的
なものとしなければならない**と規定されており、処分基準を定める場合、でき
る限り具体的なものとすることは**法的義務**である。

2 ○ 本肢の記述のとおりである（行政手続法13条1項1号ロ、2項1号）。

3 × 行政庁は、**許認可等を取り消す不利益処分**をしようとするときは、当該不
利益処分の名あて人となるべき者について、**聴聞の手続を執らなければならな
い**（行政手続法13条1項1号イ）。「弁明の機会を付与」ではない。

4 × 行政庁は、**不利益処分**をする場合には、その名あて人に対し、同時に、当
該不利益処分の**理由を示さなければならない**と規定されており（行政手続法
14条1項本文）、同条3項において、**不利益処分を書面でするときにおいて、
理由は書面により示さなければならない**と規定されている。

5 × **当事者等は、聴聞の通知があった時から聴聞が終結する時までの間**、行政
庁に対し、当該事案についてした調査の結果に係る調書その他の当該**不利益処
分の原因となる事実を証する資料の閲覧を求める**ことができ、この場合におい
て、行政庁は、**第三者の利益を害するおそれがあるとき**、その他**正当な理由が
あるときでなければ、その閲覧を拒むことができない**（行政手続法18条1項）。
「弁明の機会の付与」に関しては、このような規定は存在しない。よって、本
肢は資料の閲覧請求に関して、弁明の機会の付与を行う場合も含めている点と、
閲覧を拒むことができる場合を「第三者の利害を害するおそれがあるとき」に
限定している点で誤っている。

問題1 特別区Ⅰ類（2006年度） ……………………………………………… 本冊P.158

正解：**2**

1 × **抗告訴訟とは、行政庁の公権力の行使に関する不服の訴訟**をいうと規定されており（行政事件訴訟法3条1項）、その形式は、**処分の取消しの訴え**（同条2項）、**裁決の取消しの訴え**（同条3項）、**無効等確認**の訴え（同条4項）、**不作為の違法確認**の訴え（同条5項）、**義務付け**の訴え（同条6項）、**差止めの訴え**（同条7項）と規定されている。また、判例は、**無名抗告訴訟**（抗告訴訟のうち行政事件訴訟法3条2項以下において個別の訴訟類型として法定されていないもの）も抗告訴訟に含まれるとしており（最判令元.7.22等）、**同法に規定されている訴訟形式以外の訴訟形式を認めている。**

2 ○ 裁判所は、**訴訟の結果により権利を害される第三者**があるときは、当事者若しくはその第三者の**申立てにより又は職権**で、決定をもって、その**第三者を訴訟に参加させることができる**と規定されている（行政事件訴訟法22条1項、参187ページ）。

3 × **処分の取消しの訴えとは、行政庁の処分その他公権力の行使にあたる行為の取消しを求める訴訟**をいう（行政事件訴訟法3条2項）。そして、判例は、当時の**関税定率法による通知等**は、判断の結果の表明、すなわち**観念の通知（＝事実行為）**であるとはいうものの、もともと法律の規定に準拠してされたものであり、かつ、これにより適法に輸入することができなくなるという**法律上の効果を及ぼすもの**というべきであるから、行政事件訴訟法3条2項にいう「**行政庁の処分その他公権力の行使に当たる行為**」にあたるとしている（最判昭54.12.25）。

4 × **処分又は裁決をした行政庁が国又は公共団体に所属**する場合には、**取消訴訟**は、次の各号に掲げる訴えの区分に応じて**それぞれ当該各号に定める者を被告として提起しなければならない**と規定されており（行政事件訴訟法11条1項柱書）、その2号において、「**裁決の取消しの訴え 当該裁決をした行政庁の所属する国又は公共団体**」と規定されている。よって、本肢の場合は、当該裁決をした**行政庁の所属する国又は公共団体を被告として提起**することになる。

5 × **不作為の違法確認の訴えは、処分又は裁決についての申請をした者に限り、提起することができる**（行政事件訴訟法37条）。よって、現実に申請をしていない者には原告適格が認められず、不作為の違法確認の訴えを提起することができない。

問題2　特別区Ⅰ類（2016年度）　………………………………………………… 本冊P.159

正解：2

1　×　**抗告訴訟とは、行政庁の公権力の行使に関する不服の訴訟**をいうと規定されており（行政事件訴訟法3条1項）、その形式は、**処分の取消しの訴え**（同条2項）、**裁決の取消しの訴え**（同条3項）、**無効等確認の訴え**（同条4項）、**不作為の違法確認の訴え**（同条5項）、**義務付けの訴え**（同条6項）、**差止めの訴え**（同条7項）と規定されている。また、判例は、**無名抗告訴訟**（抗告訴訟のうち行政事件訴訟法3条2項以下において個別の訴訟類型として法定されていないもの）も抗告訴訟に含まれるとしており（最判令元.7.22等）、**同法に規定されている訴訟形式以外の訴訟形式を認めている。**

2　○　**本肢の記述のとおりである**（行政事件訴訟法10条2項）。

3　×　**抗告訴訟を定める行政事件訴訟法3条4項**において、無効等確認の訴えとは、**処分若しくは裁決の存否又はその効力の有無の確認を求める訴訟**をいうと規定されている。また、**無効等確認の訴え**に関しては、**出訴期間に関する規定は存在しないため、出訴期間の制約はない。**

4　×　**当事者訴訟**（行政事件訴訟法4条）には、**2つの類型**がある。まず、**当事者間の法律関係を確認し又は形成する処分又は裁決に関する訴訟で法令の規定によりその法律関係の当事者の一方を被告とするものである形式的当事者訴訟**（同条前段）と、次に、**公法上の法律関係**に関する確認の訴えその他の公法上の法律関係に関する訴訟である**実質的当事者訴訟**（同条後段）とに分類される。本肢では「形式的当事者訴訟」と「実質的当事者訴訟」とが逆に定義されている点で誤っている。

5　×　**民衆訴訟とは、国又は公共団体の機関の法規に適合しない行為の是正を求める訴訟で、選挙人たる資格その他自己の法律上の利益にかかわらない資格で提起するもの**をいう（行政事件訴訟法5条）。そして、民衆訴訟は、**法律に定める場合**において、**法律に定める者に限り、提起することができる**（同法42条）。

問題3　国家一般職（2015年度）　………………………………………………… 本冊P.160

正解：3

ア　×　**抗告訴訟とは、行政庁の公権力の行使に関する不服の訴訟**をいうと規定されており（行政事件訴訟法3条1項）、その形式は、**処分の取消しの訴え**（同条2項）、**裁決の取消しの訴え**（同条3項）、**無効等確認の訴え**（同条4項）、**不作**

為の違法確認の訴え（同条5項）、**義務付けの訴え**（同条6項）、差止めの訴え（同条7項）と規定されている。また、判例は、**無名抗告訴訟**（抗告訴訟のうち行政事件訴訟法3条2項以下において、個別の訴訟類型として法定されていないもの）も抗告訴訟に含まれるとしており（最判令元.7.22等）、**同法に規定されている訴訟形式以外の訴訟形式を認めている。**

イ ○ **本肢の記述のとおり**である（行政事件訴訟法3条4項）。無効等確認の訴えは、当該処分若しくは裁決の存否又はその効力の有無を前提とする現在の法律関係に関する訴えによって、目的を達することができないものに限り、提起することができる（同法36条）。

ウ ○ **本肢の記述のとおり**である（行政事件訴訟法2条、42条）。

エ ✕ 当事者間で公法上の法律関係を争う訴えである**当事者訴訟には、二つの類型**がある。これらのうち、**公法上の法律関係**に関する訴訟は、対等な当事者間の訴訟である点で民事訴訟と共通するが、公法私法二元論を前提として、民事訴訟と区別して公法関係における行政事件訴訟の一類型として位置付けたものであり、**実質的当事者訴訟**と呼ばれる（行政事件訴訟法4条後段）。なお、公法私法二元論とは、公法関係を私法関係と区別して、公法関係には、私法を適用せずに独自の解釈を適用するものである。

オ ✕ 処分の取消しの訴えと、その処分についての審査請求を棄却した裁決の取消しの訴えとを提起することができる場合には、裁決の取消しの訴えにおいては、処分の違法を理由として取消しを求めることができない（行政事件訴訟法10条2項）。よって、**原処分を支持した裁決の取消しを求める訴訟**において、**原処分の取消しを求めることはできない。**

以上により、妥当なものは**イ・ウ**であり、正解は**3**となる。

問題4 国家一般職（2014年度）‥‥‥‥‥‥‥‥‥‥‥‥‥‥‥‥‥‥‥‥‥**本冊P.161**

正解：5

ア ✕ 判例は、違法であることは取消事由とはなるが、それだけでは、当然に、重大・明白な瑕疵として無効原因となるわけではなく、**無効原因となる重大・明白な違法とは、処分要件の存在を肯定する処分庁の認定に重大・明白な誤認があると認められる場合**を指すとしている（最判昭34.9.22、**参**069ページ）。よって、**無効等確認訴訟の対象となる行政庁の処分又は裁決は、その効果を否定するにつき取消訴訟の排他的管轄に服さないほど瑕疵が重大・明白なもの**である。次に、**行政事件訴訟法36条**は、無効等確認の訴えの原告適格について

規定するが、同条にいう当該処分の無効等の確認を求めるにつき「**法律上の利益を有する者」の意義**についても、**取消訴訟の原告適格の場合と同義**であるとしている（もんじゅ訴訟：最判平4.9.22）。よって、当該処分又は裁決に不服のある者は、取消訴訟の原告適格と同様に、当該処分又は裁決の無効等の確認を求めるにつき法律上の利益を有する場合に限り、無効等確認訴訟を提起することができる。

イ ×　**不作為の違法確認の訴え**は、処分又は裁決についての申請をした者に限り、提起することができる（行政事件訴訟法37条）。また、**行政庁は申請の形式上の要件に適合しない申請**については、速やかに申請者に対し相当の期間を定めて当該申請の補正を求め、又は当該申請により求められた許認可等を拒否しなければならないと規定され（行政手続法7条）、**行政庁は、申請が手続上適法な場合だけではなく、不適法な場合であっても応答義務を負っている**から、手続上適法な申請だけでなく、手続上不適法な申請も含まれる。

ウ ×　**法令に基づく申請に対する不作為についての義務付け訴訟**（行政事件訴訟法3条6項2号）は、同法37条の3第1項において、「次の各号に掲げる要件のいずれかに該当するときに限り、提起することができる」と規定されている。これを受けて同項1号は「当該法令に基づく申請又は審査請求に対し相当の期間内に何らの処分又は裁決がされないこと」、同項2号は「当該法令に基づく申請又は審査請求を却下し又は棄却する旨の処分又は裁決がされた場合において、当該処分又は裁決が取り消されるべきものであり、又は無効若しくは不存在であること」と規定されている。本肢のような規定はない。

エ ○　**義務付けの訴えの提起があった場合**において、その義務付けの訴えに係る処分又は裁決がされないことにより生ずる**償うことのできない損害を避けるため緊急の必要**があり、かつ、**本案について理由があるとみえるときは、裁判所は**、申立てにより、決定をもって、仮に行政庁がその処分又は裁決をすべき旨を命ずること（仮の義務付け）ができる（行政事件訴訟法37条の5第1項）。行政庁がその処分等をすべき旨を裁判所が命じるので、裁判所自身が仮の処分をするものではない。

オ ○　本肢の記述のとおりである（最判平24.2.9）。

以上により、妥当なものはエ・オであり、正解は**5**となる。

行政事件訴訟は数が多く、内容もわかりにくいので苦手とする受験生が多いけれど、正確に定義を覚えていれば正解できるよ。ここは丁寧に食らいついて勉強していこうね。

正解：2

1 × 判例は、**医療法に基づく病院開設中止の勧告**について、当該勧告を受けた者に対し、これに従わない場合には、相当程度の確実さをもって病院を開設しても保険医療機関の指定を受けることができなくなるという結果をもたらし、健康保険、国民健康保険等を利用しないで病院で受診する者はほとんどなく、保険医療機関の指定を受けることができない場合には、実際上病院の開設自体を断念せざるを得ないことになるのであるから、これらの事情からして、この勧告は、処分性が認められるとしている（病院開設中止勧告事件：最判平17.7.15）。

2 ○ 判例は、**建築許可に際し、消防法に基づき消防長が知事に対してした消防長の同意**は、知事に対する行政機関相互間の行為であって、これにより対国民との直接の関係においてその権利義務を形成し又はその範囲を確定する行為とは認められないから処分ということはできないとしている（最判昭34.1.29）。

3 × 判例は、土地区画整理事業の事業計画については、その法的地位に直接的な影響が生ずるものというべきであり、事業計画の決定に伴う法的効果が一般的、抽象的なものにすぎないということはできないため、実効的な権利救済を図るために抗告訴訟の提起を認めるのが合理的であることから、これらの事情からして、処分性が認められるとしている（最大判平20.9.10、参122ページ）。

4 × 判例は、市の設置する**特定の保育所を廃止する条例の制定**について、本件改正条例は、本件各保育所の廃止のみを内容とするものであって、他に行政庁の処分を待つことなく、その施行により各保育所廃止の効果を発生させ、当該保育所に現に入所中の児童及びその保護者という限られた特定の者らに対して、直接、当該保育所において保育を受けることを期待しうる法的地位を奪う結果を生じさせるものであるから、行政庁の処分と実質的に同視しうるとしている（横浜市保育所廃止条例事件：最判平21.11.26）。

5 × 判例は、**労働者災害補償保険法に基づく労災就学援護費の支給**は、保険給付を補完するために、労働福祉事業として、保険給付と同様の手続により支給することができるものであり、そして、被災労働者又はその遺族は、労働基準監督署長の支給決定によって初めて具体的な労災就学援護費の支給請求権を取得するものといわなければならないので、労働基準監督署長の行う労災就学援護費の支給又は不支給の決定は、優越的地位に基づいて一方的に行う公権力の

行使として、被災労働者又はその遺族の上記権利に直接影響を及ぼす法的効果を有するものであるから、これらの事情からして、**処分性が認められる**としている（最判平15.9.4）。

問題2 国家専門職（2019年度）……………………………………………… 本冊P.169

正解：5

ア × 判例は、**行政庁の処分とは、公権力の主体たる国又は公共団体が行う行為**のうち、その行為によって、**直接国民の権利義務を形成し又はその範囲を確定することが法律上認められているもの**であり、**都がごみ焼却場の設置を計画し、その計画案を都議会に提出する行為**は、**都自身の内部的手続行為に止まる**としている（最判昭39.10.29）。

イ × 判例は、**森林法に基づく保安林の指定解除処分の取消訴訟において、代替施設の設置によって当該洪水や渇水の危険が解消され、その防止上からは本件保安林の存続の必要性がなくなったと認められるに至ったときは、もはや指定解除処分の取消しを求める訴えの利益は失われるに至った**としている（最判昭57.9.9、参180ページ）。

ウ × 判例は、**弁済供託は、弁済者の申請により供託官が債権者のために供託物を受け入れ管理するもので、民法上の寄託契約の性質を有するもの**であるが、供託官が弁済者から供託物取戻の請求を受けたときには、単に、民法上の寄託契約の当事者的地位にとどまらず、行政機関としての立場から当該請求につき理由があるかどうかを判断する権限を供託官に与えたものと解するのが相当であり、**供託官が供託物取戻請求を理由がないと認めて却下した行為は行政処分である**としている（最大判昭45.7.15）。

エ ○ **本肢の記述のとおり**である（病院開設中止勧告事件：最判平17.7.15）。

オ ○ 判例は、**都市計画事業の事業地の周辺に居住する住民のうち当該事業が実施されることにより騒音、振動等による健康又は生活環境に係る著しい被害を直接的に受けるおそれのある者**は、**当該事業の認可の取消しを求めるにつき法律上の利益を有する者**として、その取消訴訟における原告適格を有するとしている（小田急線訴訟：最大判平17.12.7、参170ページ）。

以上により、妥当なものは**エ・オ**であり、正解は**5**となる。

4 3 行政事件訴訟法③（原告適格）

問題1 国家専門職（2016年度） ······················· 本冊 P.176

正解：**2**

ア × 　判例は、**自転車競技法に基づく設置許可がされた場外車券発売施設から一定の距離以内の地域において居住する者**に関して、一般的に、場外施設の設置、運営により、**直ちに生命、身体の安全や健康が脅かされたり、その財産に著しい被害が生じたりすることまでは想定し難い**ところであり、一方で生活環境に関する利益は、基本的には公益に属する利益というべきであって個別的利益としても保護する趣旨を含むと解するのは困難といわざるをえないことから、場外施設の周辺において居住する者は、**場外施設の設置許可の取消しを求める原告適格を有しない**としている（最判平21.10.15）。

イ ○ 　判例は、**原子炉**施設の近くに居住する者はその生命、**身体等に直接的かつ重大な被害を受けるものと想定**されるのであり、**本件設置許可処分の無効確認を求める本訴請求**において、行政事件訴訟法36条にいう「**法律上の利益を有する者**」に**該当する**としており（もんじゅ訴訟：最判平4.9.22）、当該無効確認訴訟の**原告適格を有する**。

ウ ○ 　**本肢の記述のとおり**である（最判平元.6.20）。

エ × 　判例は、**地方鉄道業者に対する特別急行料金の改定の認可処分の取消訴訟**において、本件特別急行料金の改定（変更）の認可処分によって**自己の権利利益を侵害され又は必然的に侵害されるおそれのある者にあたるということができず、当該認可処分の取消しを求める原告適格を有しない**としている（最判平元.4.13）。

オ × 　判例は、**風俗営業等の規制及び業務の適正化等に関する法律に基づく風俗営業許可の取消訴訟**において、良好な風俗環境の保全という公益的な見地から風俗営業の制限地域の指定を行うことを予定しているものと解されるのであって、**当該営業制限地域の居住者個々人の個別的利益をも保護することを目的としているものとは解し難い**ことから、当該地域に居住する者は、風俗営業の許可の取消しを求める**原告適格を有するとはいえない**としている（最判平10.12.17）。

　以上により、妥当なものは**イ・ウ**であり、正解は**2**となる。

問題2 国家専門職（2013年度） ·················· 本冊P.177

正解：**2**

1 ×　判例は、人格権等に基づき本件**原子炉**の建設ないし運転の差止めを求める**民事訴訟の提起**について、当該民事訴訟は、行政事件訴訟法36条にいう当該処分の効力の有無を前提とする現在の法律関係に関する訴えに該当するものとみることはできず、また、本件無効確認訴訟と比較して、本件設置許可処分に起因する本件紛争を解決するための争訟形態としてより直接的かつ適切なものであるともいえないから、**当該民事訴訟の提起が可能であって現にこれを提起していることは、本件無効確認訴訟が所定の要件を欠くことの根拠とはなりえない**として、無効確認訴訟の**原告適格を認めている**（もんじゅ訴訟：最判平4.9.22）。

2 ○　**本肢の記述のとおり**である（小田急線訴訟：最大判平17.12.7）。

3 ×　判例は、**文化財保護法に基づき制定された県文化財保護条例による史跡指定解除処分の取消訴訟**において、本件条例及び法において、文化財の学術研究者の学問研究上の利益の保護について特段の配慮をしていると解しうる規定を見出すことはできないから、**本件史跡を研究の対象としてきた学術研究者**であるとしても、本件史跡指定解除処分の取消しを求めるにつき法律上の利益を有せず、本件訴訟における**原告適格を有しない**としている（最判平元.6.20）。

4 ×　判例は、**風俗営業等の規制及び業務の適正化等に関する法律**は、善良の風俗と清浄な風俗環境を保持し、及び少年の健全な育成に障害を及ぼす行為を防止することを目的としており、当該目的規定から、法の風俗営業の許可に関する規定が一般的公益の保護に加えて個々人の個別的利益をも保護すべきものとする趣旨を含むことを読み取ることは、困難であるから、「住居が多数集合しており、住居以外の用途に供される土地が少ない地域」の良好な風俗環境を一般的に保護しようとしていることが明らかであって、したがって、**当該地域に住居する者は、風俗営業の許可の取消しを求める原告適格を有するとはいえない**としている（最判平10.12.17）。

5 ×　判例は、**不当景品類及び不当表示防止法（景表法）により公正取引委員会がした公正競争規約の認定に対する行政上の不服申立てができる者**について、単に一般消費者であるというだけでは不服申立てをする法律上の利益をもつ者であるということは**できない**としている（主婦連ジュース事件：最判昭53.3.14）。

正解：2

ア ○ **本肢の記述のとおり**である（建築確認取消訴訟：最判昭59.10.26）。

イ × 判例は、**風俗営業者に対する営業停止処分が営業停止期間の経過により効力を失った場合**、行政手続法に基づいて定められ公にされている処分基準に、先行の営業停止処分の存在を理由として将来の営業停止処分を加重する旨が定められているときは、行政手続法12条1項の規定により定められ公にされている処分基準において、先行の処分を受けたことを理由として後行の処分に係る量定を加重する旨の不利益な取扱いの定めがある場合には、**上記先行の処分にあたる処分を受けた者は、将来において上記後行の処分にあたる処分の対象となりうる**ときは、上記先行の処分にあたる処分の効果が期間の経過によりなくなった後においても、**当該処分基準の定めにより上記の不利益な取扱いを受けるべき期間内はなお当該処分の取消しによって回復すべき法律上の利益を有する**としており（風営法処分基準事件：最判平27.3.3）、当該風俗営業者に当該営業停止処分の取消しを求める**訴えの利益が認められる**。

ウ × 判例は、**再入国の許可申請に対する不許可処分を受けた者が再入国の許可を受けないまま本邦から出国**した場合には、当該不許可処分の取消しを求める訴えの利益は失われるのであり、その理由は再入国の許可を受けないまま本邦から出国した場合には、それまで有していた在留資格は消滅するところ、不許可処分が取り消されても、同人に対して当該在留資格のままで**再入国することを認める余地はなくなる**としている（最判平10.4.10）。

エ × 判例は、**土地改良法に基づく土地改良事業施行認可処分が取り消された場合**に、本件事業施行地域を本件事業施行以前の原状に回復することが**本件訴訟係属中に本件事業計画に係る工事及び換地処分がすべて完了**したため、社会的、経済的損失の観点からみて、社会通念上、不可能であるとしても行政事件訴訟法31条の適用に関して考慮されるべき事柄であって、本件認可処分の取消しを求める**法律上の利益を消滅させるものではない**としており（最判平4.1.24）、**訴えの利益は失われない**。

オ ○ **本肢の記述のとおり**である（最判平21.2.27）。

　以上により、妥当なものは**ア・オ**であり、正解は**2**となる。

問題 2 国家専門職（2014年度） ………………………………………… 本冊P.185

正解：**1**

ア ✕ 判例は、**土地改良法に基づく土地改良事業施行認可処分が取り消された場合**に、本件事業施行地域を本件事業施行以前の原状に回復することが**本件訴訟係属中に本件事業計画に係る工事及び換地処分がすべて完了**したため、社会的、経済的損失の観点からみて、社会通念上、不可能であるとしても行政事件訴訟法31条の適用に関して考慮されるべき事柄であって、本件認可処分の取消しを求める**法律上の利益を消滅させるものではない**としており（最判平4.1.24）、**訴えの利益は失われない**。

イ ✕ 判例は、**自動車運転免許の効力停止処分を受けた者**が、**免許の効力停止期間を経過したとき**は、**当該処分の取消しによって回復すべき法律上の利益を有しない**のであり、名誉、感情、信用等を損なう可能性が常時継続して存在するとしても、事実上の効果にすぎず、**これをもって取消しの訴によって回復すべき法律上の利益を有することの根拠とするのは相当でない**としており（最判昭55.11.25）、**訴えの利益は失われる**。

ウ 〇 **本肢の記述のとおり**である（建築確認取消訴訟：最判昭59.10.26）。

エ ✕ 判例は、**免職処分を受けた公務員が、当該処分後に公職の選挙に立候補した場合**は、公職選挙法の規定によりその届出の日に公務員の職を辞したものとみなされ、公務員たる地位を回復することはできないが、公務員免職の行政処分は、それが取り消されない限り、免職処分の効力を保有し、当該公務員は、違法な免職処分さえなければ公務員として有するはずであった給料請求権その他の権利、利益につき裁判所に救済を求めることができなくなるのであるから、公務員たる地位を回復するに由なくなった現在においても特段の事情の認められない本件においては、当該権利・利益が害されたままになっているという不利益状態の存在する余地がある以上、**本件訴訟を追行する利益を有する**としており（最大判昭40.4.28）、**訴えの利益は失われない**。

オ ✕ 判例は、**条例に基づき公開請求された公文書を非公開と決定した処分の取消訴訟**において、当該訴訟において**当該公文書が書証として提出された**としても、当該公文書の非公開決定の**取消しを求める訴えの利益は消滅するものではない**としている（最判平14.2.28）。

　以上により、妥当なものは**ウのみ**であり、正解は**1**となる。

正解：**2**

ア ×　一定の場合は、裁決を経ないで処分の取消しの訴えを提起することができると規定されており（行政事件訴訟法8条2項柱書）、その1号において、**審査請求があった日から3か月**を経過しても裁決がないときと規定されている。よって、本肢は「6か月」としている部分が誤っている。

イ ○　判例は、**取消訴訟の対象である「行政庁の処分」**（行政事件訴訟法3条2項）とは、行政庁の法令に基づく行為のすべてを意味するものではなく、公権力の主体たる国又は公共団体が行う行為のうち、**その行為によって、直接国民の権利義務を形成し又はその範囲を確定することが法律上認められているもの**をいうとしている（最判昭39.10.29、 **参**162ページ）。

ウ ×　判例は、**道路交通法に基づく反則金の納付の通告**（以下「通告」）があっても、反則行為の不成立等を主張して通告自体の適否を争う主張をしようとするのであれば、反則金を納付せず、後に公訴が提起されたときにこれによって開始された刑事手続の中でこれを争い、これについて裁判所の審判を求める途を選ぶべきであるから、通告に対する行政事件訴訟法による取消訴訟は不適法であり、**抗告訴訟の対象とならない**としている（最判昭57.7.15）。

エ ×　判例は、**行政処分の行われた後に法律が改正**されたからといって、行政庁は改正法律によって行政処分をしたのではないから、**裁判所が改正後の法律によって行政処分の当否を判断することはできない**としている（最判昭27.1.25）。

オ ×　裁判所は、**訴訟の結果により権利を害される第三者**があるときは、当事者若しくはその第三者の**申立てにより又は職権**で、決定をもって、その第三者を訴訟に参加させることができる（行政事件訴訟法22条1項）。裁判所は職権で第三者を訴訟に参加させることができ、「申立てがあった場合」に限られない。

　以上により、妥当なものは**イのみ**であり、正解は**2**となる。

問題2 特別区Ⅰ類（2012年度）·············· 本冊P.193

正解：1

1 ○ **本肢の記述のとおり**である（行政事件訴訟法27条1項、2項、4項）。

2 × 取消訴訟は、**処分若しくは裁決をした行政庁の所在地**を管轄する裁判所の管轄に属すると規定されているところ（行政事件訴訟法12条1項）、**国を被告**とする取消訴訟は、**原告の普通裁判籍の所在地を管轄する高等裁判所の所在地を管轄する地方裁判所**（特定管轄裁判所）にも提起することができる（同条4項）。よって、本肢は「原告の普通裁判籍の所在地を管轄する高等裁判所へ提起する」という部分が誤っている。

3 × 裁判所は、必要があると認めるときは、職権で、証拠調べをすることができるとだけ規定されており（行政事件訴訟法24条本文）、この証拠調べには、当事者が主張しない事実まで裁判所が職権で証拠の収集を行うという、**職権探知に関する規定は、同法において存在しない**。

4 × 裁判所は、**訴訟の結果により権利を害される第三者**があるときは、当事者若しくはその第三者の**申立て**により又は**職権で**、決定をもって、その**第三者を訴訟に参加させることができる**と規定されている（行政事件訴訟法22条1項）。よって、その第三者自身の申立てにより、その第三者を訴訟に参加させることはできる。

5 × 取消訴訟は、**処分又は裁決があったことを知った日から6か月**を経過したときは、提起することができないが、**正当な理由**があるときは、この限りでないと規定されており（行政事件訴訟法14条1項）、続けて同条2項において、取消訴訟は、**処分又は裁決の日から1年**を経過したときは、提起することができないが、**正当な理由**があるときは、この限りでないと規定されている。したがって、処分又は裁決があった日から1年を経過したときであっても、正当な理由があれば提起することができる。

正解：**3**

1　×　処分の取消しの訴えの提起があった場合において、**処分、処分の執行又は手続の続行により生ずる重大な損害を避けるため緊急の必要**があるときは、裁判所は、申立てにより、決定をもって**執行停止をすることができる**（行政事件訴訟法25条2項本文）。よって、**取消訴訟が係属していることは必要**となるが、**無効等確認訴訟の係属は要件となっていない**。次に、同条4項において、執行停止は、**公共の福祉に重大な影響を及ぼすおそれ**があるとき、又は**本案について理由がないとみえる**ときは、**することができない**と規定されている。よって、公共の福祉に重大な影響を及ぼすおそれがないとき、又は本案について理由がないとみえるときは、消極的要件である。

2　×　処分の効力の停止は、処分の執行又は手続の続行の停止によって目的を達することができる場合には、することができない（行政事件訴訟法25条2項但書）。

3　○　**本肢の記述のとおり**である（行政事件訴訟法27条1項、2項）。

4　×　**義務付けの訴えの提起**があった場合において、**その義務付けの訴えに係る処分又は裁決がされないことにより生ずる償うことのできない損害を避けるため緊急の必要があり**、かつ、本案について理由があるとみえるときは、**裁判所**は、申立てにより、決定をもって、仮に行政庁がその処分又は裁決をすべき旨を命ずること（**仮の義務付け**）**ができる**と規定されている（行政事件訴訟法37条の5第1項）。よって、本案について理由があるとみえないときは、仮の義務付けを命ずることはできない。

5　×　**差止めの訴えの提起**があった場合において、**その差止めの訴えに係る処分又は裁決がされることにより生ずる償うことのできない損害を避けるため緊急の必要があり**、かつ、**本案について理由がある**とみえるときは、裁判所は、申立てにより、決定をもって、仮に行政庁がその処分又は裁決をしてはならない旨を命ずること（**仮の差止め**）**ができる**と規定されている（行政事件訴訟法37条の5第2項）。よって、「緊急の必要がない場合でも」の部分が誤っている。

正解：5

ア　×　**行政処分の取消判決**がなされた場合、**処分がなされた当時に遡って処分の効力が消滅する**（形成力）とされている。

イ　×　**処分又は裁決を取り消す判決は、第三者に対しても効力を有する**と規定されている（行政事件訴訟法32条1項）。

ウ　○　申請を却下し若しくは棄却した**処分が、判決により取り消されたときは**、その**処分をした行政庁は、判決の趣旨に従い、改めて申請に対する処分をしなければならない**と規定されている（行政事件訴訟法33条2項）。よって、当該処分の理由付記が不備であるとして取消判決がなされた場合、当該処分をした行政庁は、判決の趣旨に従い適法かつ十分な理由を付記して、当該申請について再び拒否処分をすることができる。

エ　○　申請を却下し若しくは棄却した**処分が、判決により取り消されたときは**、その処分をした行政庁は、**判決の趣旨に従い、改めて申請に対する処分をしなければならない**と規定されている（行政事件訴訟法33条2項）。よって、当該訴訟を提起した申請者は、改めて申請することなく、当該申請に対する応答を受けることができる。

オ　○　**本肢の記述のとおりである**（行政事件訴訟法31条1項）。本肢の請求を棄却する判決のことを事情判決という。

　以上により、妥当なものは**ウ・エ・オ**であり、正解は**5**となる。

正解：5

1　×　**審査請求は**、他の法律（条例に基づく処分については、条例）に口頭ですることができる旨の定めがある場合を除き、政令で定めるところにより、**審査請求書を提出してしなければならない**と規定されており（行政不服審査法19条1項）、**書面審理主義を採用**している。もっとも、審査請求人又は参加人の**申立て**があった場合には、審理員は申立人に**口頭で**審査請求に係る事件に関する**意見を述べる機会を与えなければならない**と規定されており（同法31条1項本文）、**これは審査庁の裁量ではない。**

2　×　処分についての審査請求は、処分があったことを**知った日の翌日から起算して3か月**（当該処分について再調査の請求をしたときは、当該再調査の請求についての決定があったことを知った日の翌日から起算して1か月）を経過したときは、することができないが、**正当な理由があるときは、この限りでない**（行政不服審査法18条1項）。よって、いかなる場合でも、処分があったことを知った日の翌日から起算して3か月以内にしなければならないわけではない。

3　×　審査請求書が19条の規定に違反する場合には、審査庁は、**相当の期間を定め、その期間内に不備を補正すべきことを命じなければならない**（行政不服審査法23条）。よって、審査庁は、補正する期間を定めなければならない。

4　×　処分についての審査請求は、処分があった日の翌日から起算して1年を経過したときは、することができないが、**正当な理由があるときは、この限りでない**（行政不服審査法18条2項）。

5　○　審査請求人は、**裁決があるまでは、いつでも**審査請求を**取り下げることができる**（行政不服審査法27条1項）。また、審査請求の取下げは、**書面でしなければならない**（同条2項）。

問題 2　特別区Ⅰ類（2014年度）……………………………………………… 本冊P.203

正解：2

1　✕　まず、法令に基づき行政庁に対して処分についての申請をした者は、当該申請から相当の期間が経過したにもかかわらず、**行政庁の不作為**がある場合には、「次条の定めるところにより」、当該不作為についての審査請求をすることができると規定されている（行政不服審査法3条）。この「次条」とは、同法4条（審査請求をすべき行政庁）の規定であるから、**再調査の請求が含まれていない**。つまり、**不作為**について不服がある場合は、**再調査の請求をすることができない**。また、行政庁の処分につき**法律に再審査請求をすることができる旨の定めがある場合**には、当該処分についての審査請求の裁決に不服がある者は、**再審査請求をすることができる**と規定されており（同法6条1項）、「条例」は含まれていない。

2　○　**本肢の記述のとおりである**（行政不服審査法12条1項、2項）。

3　✕　申請に基づいてした**処分が手続の違法若しくは不当を理由として裁決で取り消された場合**には、**処分庁**は、裁決の趣旨に従い、**改めて申請に対する処分をしなければならない**（行政不服審査法52条2項）。「処分庁の直近上級行政庁」が「当該裁決の中で」行うわけではない。

4　✕　処分についての**審査請求が法定の期間経過後**にされたものである場合、**その他不適法**である場合には、審査庁は、裁決で、当該審査請求を**却下**すると規定されており（行政不服審査法45条1項）、同条2項において、処分についての**審査請求に理由がない場合**には、審査庁は、裁決で、当該審査請求を**棄却**すると規定されている。本肢は却下と棄却が逆になっている。

5　✕　**再調査の請求をすることができる処分**につき、処分庁が誤って再調査の請求をすることができる旨を**教示しなかった場合**において、**審査請求がされた場合**であって、審査請求人から申立てがあったときは、審査庁は、速やかに、**審査請求書又は審査請求録取書を処分庁に送付しなければならない**（行政不服審査法55条1項本文）。「再調査の請求を受けた行政庁が裁決を行う」わけではない。

正解：**5**

1 × **審査請求がされた行政庁は**、審査庁に所属する職員のうちから**審理手続を行う者（審理員）を指名**するとともに、その旨を審査請求人及び処分庁等に通知しなければならないが、**審査請求が不適法であって、補正することができないことが明らかで却下**する場合は、**この限りでない**（行政不服審査法9条1項柱書）。

2 × **審査庁となるべき行政庁は、審理員となるべき者の名簿を作成するよう努める**とともに、これを**作成したときは**、当該審査庁となるべき行政庁及び関係処分庁の事務所における備付け**その他の適当な方法**により**公にしておかなければならない**（行政不服審査法17条）。**審理員の名簿の作成は努力義務**であり、名簿を公にする方法は、備付けに限らず適当な方法でもよい。

3 × 審査請求をすることができる処分につき、**処分庁が誤って審査請求をすべき行政庁でない行政庁を審査請求をすべき行政庁として教示**した場合において、その教示された行政庁に書面で審査請求がされたときは、当該行政庁は、速やかに、**審査請求書を処分庁又は審査庁となるべき行政庁に送付**し、かつ、**その旨を審査請求人に通知**しなければならない（行政不服審査法22条1項）。よって、当該行政庁は審査請求書を「審査請求人に送付」し、その旨を「処分庁に通知しなければならない」の部分が誤っている。

4 × **処分庁の上級行政庁又は処分庁である審査庁は**、必要があると認める場合には、審査請求人の**申立て**により又は**職権で**、処分の効力、処分の執行又は手続の続行の全部又は一部の停止その他の措置**（執行停止）をとることができる**（行政不服審査法25条2項）。よって、「職権で執行停止をすることはできない」の部分が誤っている。

5 ○ **本肢の記述のとおり**である（行政不服審査法28条）。

問題 4 国家一般職（2017年度） ··· 本冊 P.205

　　正解：**4**

ア　○　行政庁は、審査請求若しくは再調査の請求又は他の法令に基づく不服申立て（不服申立て）をすることができる処分をする場合には、処分の相手方に対し、当該処分につき不服申立てをすることができる旨並びに不服申立てをすべき行政庁及び不服申立てをすることができる期間を書面で教示しなければならない（行政不服審査法82条1項本文）。つまり、**行政不服審査法における教示についての規定は、他の法律に基づく不服申立てについても**適用される。

イ　×　審査請求をすることができる処分につき、**処分庁が誤って審査請求をすべき行政庁でない行政庁を審査請求をすべき行政庁として教示**した場合において、その教示された行政庁に書面で審査請求がされたときは、当該行政庁は、速やかに、**審査請求書を処分庁又は審査庁となるべき行政庁に送付し、かつ、その旨を審査請求人に通知**しなければならない（行政不服審査法22条1項）。そして、審査請求書が**審査庁となるべき行政庁に**送付されたときは、**初めから審査庁となるべき行政庁に審査請求がされたものとみなす**と規定されている（同条5項）。よって、「その審査請求がされたことのみをもって」初めから審査庁となるべき行政庁に審査請求がされたものとみなされるわけではない。

ウ　×　**処分庁が誤って法定の期間よりも長い期間を審査請求期間として教示した場合**に関する規定は、**行政不服審査法において存在しない**。よって、法定の期間を超えて**教示された期間内に審査請求がされた**としても、当該審査請求は、**法定の審査請求期間内にされたものとみなされない**。しかし、この場合は、同法18条1項、2項の「正当な理由」ありとして救済される。

エ　○　**本肢の記述のとおりである**（最判昭61.6.19）。

　　以上により、妥当なものは**ア・エ**であり、正解は**4**となる。

正解：5

1　×　判例は、**公務員**が主観的に権限行使の意思をもってする場合に限らず、**自己の利益を図る意図をもってする場合**でも、客観的に職務執行の外形をそなえる行為をして、これによって、他人に損害を加えた場合には、**国又は公共団体は損害賠償の責を負う**としている（最判昭31.11.30）。

2　×　判例は、**公務員による一連の職務上の行為の過程において他人に被害を生ぜしめた場合**において、それが具体的にどの公務員のどのような違法行為によるものであるかを特定することができなくても、**いずれかに行為者の故意又は過失による違法行為がなければ当該被害が生ずることはなく、かつ、被害につき行為者の属する国又は公共団体が法律上賠償の責任を負うべき関係が存在する**ときは、**国又は公共団体は、国家賠償法又は民法上の損害賠償責任を免れることができない**。そして、それらの一連の行為を組成する各行為のいずれもが国又は同一の公共団体の公務員の職務上の行為にあたる場合に限られるとしている（最判昭57.4.1）。

3　×　判例は、行政処分が違法であることを理由として**国家賠償の請求**をするについては、あらかじめ行政処分について、取消し又は無効確認の判決を得なければならないものではないとしている（最判昭36.4.21）。

4　×　判例は、国家賠償法1条1項にいう「公権力の行使」には、公立学校における教師の教育活動も含まれるとしている（最判昭62.2.6）。

5　○　**本肢の記述のとおりである**（最判昭57.3.12）。

問題2 国家一般職（2019年度）·· 本冊P.212

正解：4

ア ✕ 判例は、**公務員**が主観的に権限行使の意思をもってする場合に限らず、**自己の利を図る意図をもってする**場合でも、**客観的に職務執行の外形をそなえる行為**をして、これによって、他人に損害を加えた場合には、**国又は公共団体は損害賠償の責を負う**としている（最判昭31.11.30）。

イ ○ **本肢の記述のとおり**である（最判昭57.4.1）。

ウ ✕ 判例は、**逮捕状は発付された**が、**被疑者が逃亡中**のため、**逮捕状の執行ができ**ず、**逮捕状の更新が繰り返されている**にすぎない時点で、**被疑者の近親者が**、被疑者のアリバイの存在を理由に、**逮捕状の請求、発付における捜査機関又は令状発付裁判官の被疑者が罪を犯したことを疑うに足りる相当な理由があったとする判断の違法性を主張して、国家賠償を請求することは許されない**としている（最判平5.1.25）。

エ ○ **本肢の記述のとおり**である（最判平9.9.9）。

オ ✕ 判例は、都道府県が行った児童福祉法に基づく入所措置によって、**社会福祉法人の設置運営する児童養護施設に入所した児童に対する当該施設の職員等による養育監護行為は**、都道府県の**公権力の行使にあたる公務員の職務行為と解する**としている（最判平19.1.25）。

　以上により、妥当なものは**イ・エ**であり、正解は**4**となる。

正解：5

ア × 判例は、国家賠償法1条1項にいう「公権力の行使」には、**公立学校における教師の教育活動も含まれる**としている（最判昭62.2.6）。

イ ○ 本肢の記述のとおりである（最判昭57.3.12）。

ウ × 判例は、公職選挙法の改正により、それまで行われていた在宅投票制度が廃止され、その後も復活されることがなかったため、在宅投票制度の廃止により投票をすることができなかったと主張する者が、投票できなかったことに基づく精神的苦痛に対する国家賠償を国に求めて出訴した事案において、**国会議員の立法行為は、立法の内容が憲法の一義的な文言に違反しているにもかかわらず、あえて当該立法を行うというような例外的な場合でない限り、国家賠償法1条1項の適用上、違法の評価を受けるものではない**としている（最判昭60.11.21）。

エ ○ 本肢の記述のとおりである（最判平5.3.11）。

オ ○ 本肢の記述のとおりである（最判平2.2.20）。

以上により、妥当なものは**イ・エ・オ**であり、正解は**5**となる。

問題 4 国家専門職（2015年度）‥‥‥‥‥‥‥‥‥‥‥‥‥‥‥‥‥‥‥‥‥‥‥‥ 本冊P.215

正解：4

ア × 国家賠償法6条において、この法律は、**外国人が被害者**である場合には、**相互の保証があるときに限り**、**これを適用する**と規定されており、外国人が被害者である場合について、**1条と2条とで区別されていない**（参227ページ）。

イ × 判例は、**国又は公共団体の不作為**に関して、処分の選択、その権限行使の時期等は、知事等の専門的判断に基づく合理的裁量に委ねられているというべきであり、具体的事情の下において処分権限が付与された趣旨・目的に照らし、その**不行使が著しく不合理と認められるときでない限り**、**当該権限の不行使は国家賠償法1条1項の適用上違法の評価を受けるものではない**としている（最判平元.11.24、参095ページ）。よって、本肢は全体的に誤っている。

ウ ○ **本肢の記述のとおりである**（最判平19.1.25）。

エ ○ 判例は、**国家賠償法2条1項の営造物の設置又は管理の瑕疵とは、営造物が通常有すべき安全性を欠いていることをいい、これに基づく国及び公共団体の賠償責任**については、その**過失の存在を必要としないが、当該瑕疵が不可抗力ないし回避可能性のない場合であることを認めることができないときは、瑕疵があったとして国家賠償法2条1項により損害賠償の責任を負う**としている（高知落石事件：最判昭45.8.20、参216ページ）。また、国家賠償法2条の「**公の営造物**」には、**不動産だけではなく、動産も含まれる**と解されている（最判平5.3.30、参218ページ）。

オ × 判例は、**国道が通行の安全性の確保において欠け、その管理に瑕疵があるため、防護柵を設置**するとした場合、その**費用の額が相当の多額にのぼり県としてその予算措置に困却するであろうことは推察できるが、それにより直ちに道路の管理の瑕疵によって生じた損害に対する賠償責任を免れうることはできない**としている（高知落石事件：最判昭45.8.20、参216ページ）。

　以上により、妥当なものは**ウ・エ**であり、正解は**4**となる。

問題1 特別区 I 類（2010年度）··· 本冊 P.222

正解：3

1 × 国家賠償法2条1項の**「公の営造物」**とは、道路、公園のような**人工公物だけでなく、河川、湖沼、海浜等の自然公物も含まれる**とされている。

2 × 判例は、国家賠償法2条にいう**公の営造物の管理者**は、**必ずしも当該営造物について法律上の管理権ないしは所有権、賃借権等の権原を有している者に限られるものではなく、事実上の管理**をしているにすぎない国又は公共団体も同条にいう管理者に**含まれる**としている（最判昭59.11.29）。

3 〇 **本肢の記述のとおりである**（高知落石事件：最判昭45.8.20）。

4 × 判例は、設置した工事標識板、バリケード及び赤色灯標柱が道路上に倒れたまま放置されていたことで事故が発生した事案において、それが夜間、しかも事故発生の直前に先行した他車によって惹起されたものであり、時間的に遅滞なくこれを原状に復し**道路を安全良好な状態に保つことは不可能**であった状況のもとにおいては、**道路管理に瑕疵がなかった**としている（奈良赤色灯事件：最判昭50.6.26）。

5 × 判例は、**未改修河川又は改修の不十分な河川の安全性**としては、当該諸制約のもとで一般に施行されてきた治水事業による河川の改修、整備の過程に対応するいわば**過渡的な安全性をもって足りる**ものとせざるをえないのであって、当初から通常予測される災害に対応する安全性を備えたものとして設置され公用開始される道路その他の営造物の管理の場合とは、その管理の瑕疵の有無についての判断の基準もおのずから異なったものとならざるをえないとしている（大東水害訴訟：最判昭59.1.26）。

問題2 国家専門職（2016年度）··· 本冊 P.223

正解：3

ア × 判例は、国家賠償法1条1項にいう**「公権力の行使」**には、**公立学校における教師の教育活動も含まれる**としている（最判昭62.2.6、参206ページ）。よって、公立学校における教師の教育活動等の非権力的な行政活動は、「公権力の行使」に含まれ国家賠償法の適用を受けるため、民法の規定を受けない。

イ ✕　判例は、**公務員による一連の職務上の行為の過程において他人に被害を生ぜしめた場合**において、それが**具体的にどの公務員のどのような違法行為によるものであるかを特定することができなくても**、**いずれかに行為者の故意又は過失による違法行為がなければ当該被害が生ずることはなく、かつ、被害につき行為者の属する国又は公共団体が法律上賠償の責任を負うべき関係が存在**するときは、**国又は公共団体は**、加害行為不特定の故をもって**国家賠償法又は民法上の損害賠償責任を免れることができない**としている。そして、それらの一連の行為を組成する各行為のいずれもが、国又は同一の公共団体の公務員の職務上の行為にあたる場合に限られるともしている（最判昭57.4.1、⚫209ページ）。よって、「職務上の行為に該当しない行為が含まれている場合も同様である」の部分が誤っている。

ウ ✕　判例は、国家賠償法2条にいう**公の営造物の管理者**は、**必ずしも当該営造物について法律上の管理権ないしは所有権、賃借権等の権原を有している者に限られるものではなく、事実上の管理をしているにすぎない国又は公共団体も**同条にいう管理者に含まれるとしている（最判昭59.11.29）。

エ ◯　**本肢の記述のとおり**である（大東水害訴訟：最判昭59.1.26）。

オ ◯　判例は、**国家賠償法3条1項所定の設置費用の負担者**には、当該営造物の設置費用につき**法律上負担義務を負う者**のほか、**この者と同等**若しくはこれに**近い設置費用を負担し、実質的にはこの者と当該営造物による事業を共同して執行していると認められる者**であって、**当該営造物の瑕疵による危険を効果的に防止しうる者も含まれる**と解すべきであり、法律の規定上当該営造物の設置をなしうることが認められている国が、自らこれを設置するにかえて、特定の地方公共団体に対しその設置を認めたうえ、当該営造物の設置費用につき当該地方公共団体の負担額と同等若しくはこれに近い経済的な補助を供与する反面、当該地方公共団体に対し法律上当該営造物につき危険防止の措置を請求しうる立場にあるときには、国は、同項所定の設置費用の負担者に含まれるとしている（最判昭50.11.28、⚫226ページ）。よって、被害者は、設置・管理者と費用負担者のいずれに対しても、賠償請求をすることができる。

以上により、妥当なものは**エ・オ**であり、正解は**3**となる。

問題 3 特別区Ⅰ類（2018年度） ··· 本冊 P.224

正解：3

A ○ **本肢の記述のとおり**である（最判昭50.7.25）。

B × 判例は、**工事実施基本計画が策定され、当該計画に準拠して改修、整備がされた河川は**、当時の防災技術の水準に照らして通常予測し、かつ、回避しうる水害を未然に防止するに足りる安全性を備えるべきものであるというべきであり、**水害が発生した場合**においても、当該河川の**改修、整備がされた段階**において**想定された規模の洪水から当該水害の発生の危険を通常予測することができなかった場合**には、**河川管理の瑕疵を問うことができない**としている（多摩川水害訴訟：最判平2.12.13）。

C × 判例は、「公の営造物」（国家賠償法2条1項）の設置・管理者は、公立学校の校庭開放において、テニスコートの審判台が本来の用法に従って安全であるべきことについて責任を負うのは当然として、その責任は原則としてこれをもって限度とすべく、**本来の用法に従えば安全である営造物**について、これを設置管理者の**通常予測し得ない異常な方法で使用しないという注意義務**は、利用者である**一般市民の側が負うのが当然**であり、**幼児について、異常な行動に出ることがないようにさせる注意義務は、もとより、第一次的にその保護者にある**といわなければならないのであり、**このような場合にまで設置・管理者は国家賠償法2条1項所定の責任を負ういわれはない**としている（最判平5.3.30）。

D ○ **本肢の記述のとおり**である（最大判昭56.12.16）。

以上により、妥当なものは**A・D**であり、正解は**3**となる。

問題 4 国家専門職（2019年度） ··· 本冊 P.225

正解：1

ア × 判例は、**点字ブロック等のように、新たに開発された視覚障害者用の安全設備を駅のホームに設置しなかったことをもって当該駅のホームが通常有すべき安全性を欠くか否かを判断**するにあたっては、**その安全設備が**、視覚障害者の事故防止に有効なものとして、その素材、形状及び敷設方法等において**相当程度標準化されて全国的ないし当該地域における道路及び駅のホーム等に普及しているかどうか**、当該駅のホームにおける構造又は視覚障害者の利用度との関係から予測される視覚障害者の事故の発生の危険性の程度、当該事故を未然に防止するため当該安全設備を設置する必要性の程度及び当該安全設備の設置

の困難性の有無等の諸般の事情を**総合考慮することを要する**としている（最判昭61.3.25）。

イ ○ 本肢の記述のとおりである（最判平7.6.23、参208ページ）。

ウ × 判例は、国は自然公園法14条2項により、県に対し、国立公園に関する公園事業の一部の執行として当該かけ橋を含む当該周回路の設置を承認し、その際設置費用の半額に相当する補助金を交付し、その後の改修にも度々相当の補助金の交付を続け、国の当該周回路に関する設置費用の負担の割合は2分の1近くにも達しているというのであるから、**国は、国家賠償法3条1項の適用に関しては、当該周回路の設置費用の負担者にあたる**としている（最判昭50.11.28、参226ページ）。

エ × 判例は、交通法規等に違反して車両で逃走する者をパトカーで追跡する職務の執行中に、逃走車両の走行により第三者が損害を被った場合において、**当該追跡行為が違法であるというためには、当該追跡**が当該職務目的を遂行するうえで**不必要**であるか、又は逃走車両の逃走の態様及び道路交通状況等から予測される被害発生の具体的危険性の有無及び内容に照らし、追跡の開始・継続若しくは**追跡の方法が不相当**であることを要する（最判昭61.2.27、参208ページ）としている。よって、追跡の方法が不相当であったのならば、当該追跡行為を国家賠償法1条1項の適用上違法と評価することができる。

オ × 判例は、道路管理者は、道路を常時良好な状態に保つように維持し、修繕し、もって一般交通に支障を及ぼさないように努める義務を負うところ（道路法42条）、**故障した大型貨物自動車が87時間にわたって放置**され、道路の安全性を著しく欠如する状態であったにもかかわらず**道路を常時巡視して応急の事態に対処しうる看視体制をとっていなかった**ために、本件事故が発生するまで当該故障車が道路上に長時間放置されていることすら知らず、まして故障車のあることを知らせるためバリケードを設けるとか、道路の片側部分を一時通行止めにするなど、**道路の安全性を保持するために必要とされる措置を全く講じていなかったことは明らかである**から、このような状況のもとにおいては**道路管理に瑕疵があった**というほかなく、国家賠償法2条及び3条の規定に基づき**損害を賠償する責に任ずべき**としている（最判昭50.7.25）。

以上により、妥当なものは**イ**であり、正解は**1**となる。

問題1 国家専門職（2014年度） ··· 本冊P.230

正解：**4**

ア ✕ 判例は、国が国家賠償法1条1項に基づく損害賠償責任を負う場合、**国又は公共団体が賠償の責任を負う**のであって、公務員が行政機関としての地位において賠償の責任を負うものではなく、また**公務員個人もその責任を負うものではない**（最判昭30.4.19、参206ページ）。よって、公務員個人に対して直接損害の賠償を請求することはできない。

イ ○ **本肢の記述のとおり**である（最判平元.11.24、参095ページ）。

ウ ✕ 判例は、**裁判官がした争訟の裁判**に、上訴等の訴訟法上の救済方法によって是正されるべき**瑕疵が存在した**としても、これによって**当然に国家賠償法1条1項の規定にいう違法な行為があったものとして国の損害賠償責任の問題が生ずるものではなく**、当該責任が肯定されるためには、**当該裁判官が違法又は不当な目的をもって裁判をしたなど**、裁判官がその付与された**権限の趣旨に明らかに背いてこれを行使したものと認めうるような特別の事情があることを必要とする**としている（最判昭57.3.12、参207ページ）。よって、「当該裁判官の主観のいかんを問わず、国家賠償法第1条第1項が適用されることはない」わけではない。

エ ○ **本肢の記述のとおり**である（最大判昭56.12.16、参219ページ）。

オ ✕ 判例は、**国家賠償法3条1項所定の設置費用の負担者**には、**当該営造物の設置費用につき法律上負担義務を負う者**のほか、この者と同等若しくはこれに近い設置費用を負担し、実質的にはこの者と当該営造物による事業を共同して執行していると認められる者であって、当該営造物の瑕疵による危険を効果的に防止しうる者も含まれると解すべきであり、法律の規定上当該営造物の設置をなしうることが認められている国が、自らこれを設置するにかえて、特定の地方公共団体に対しその設置を認めたうえ、**当該営造物の設置費用につき当該地方公共団体の負担額と同等若しくはこれに近い経済的な補助を供与**する反面、当該地方公共団体に対し法律上当該営造物につき危険防止の措置を請求しうる立場にあるときには、**国は、同項所定の設置費用の負担者に含まれる**としている（最判昭50.11.28）。

以上により、妥当なものは**イ・エ**であり、正解は**4**となる。

正解：1

ア ○ **本肢の記述のとおり**である（国家賠償法3条1項）。

イ × 判例は、**国家賠償法3条1項所定の設置費用の負担者**には、**当該営造物の設置費用につき法律上負担義務を負う者**のほか、**この者と同等若しくはこれに近い設置費用を負担**し、**実質的にはこの者と当該営造物による事業を共同して執行していると認められる者であって、当該営造物の瑕疵による危険を効果的に防止しうる者も含まれる**と解すべきであり、法律の規定上当該営造物の設置をなしうることが認められている**国が**、自らこれを設置するにかえて、特定の地方公共団体に対しその設置を認めたうえ、**当該営造物の設置費用につき当該地方公共団体の負担額と同等**若しくは**これに近い経済的な補助を供与**する反面、当該地方公共団体に対し法律上当該営造物につき危険防止の措置を請求しうる立場にあるときには、**国は、同項所定の設置費用の負担者に含まれる**としている（最判昭50.11.28）。よって、「補助金の額の多少にかかわらず」の部分が誤っている。

ウ × 「失火ノ責任ニ関スル法律（失火責任法）」の適用に関して判例は、国又は公共団体の損害賠償の責任について、国家賠償法4条は、同法1条1項の規定が適用される場合においても、民法の規定が補充的に適用されることを明らかにしているところ、**失火責任法**は、失火者の責任条件について**民法709条の特則**を規定したものであるから、**国家賠償法4条の「民法」に含まれる**と解するのが相当である。また、失火責任法の趣旨にかんがみても、公権力の行使にあたる公務員の失火による国又は公共団体の損害賠償責任についてのみ同法の適用を排除すべき合理的理由も存しない。したがって、公権力の行使にあたる**公務員の失火による国又は公共団体の損害賠償責任**については、国家賠償法4条により**失火責任法が適用され、当該公務員に重大な過失のあることを必要とする**としている（最判昭53.7.17）。

エ × 国家賠償法は、**外国人が被害者**である場合には、**その者の所属する国との相互の保証があるときに限り**、これを適用すると規定されている（国家賠償法6条）。よって、外国人が被害者である場合であっても、日本人と異なることなく国家賠償を請求することができるわけではない。

以上により、妥当なものは**アのみ**であり、正解は**1**となる。

問題1　特別区Ⅰ類（2015年度）································· 本冊P.238

正解：4

1　×　判例は、公共のためにする財産権の制限が社会生活上一般に受忍すべきものとされる限度を超え、特定の人に対し特別の財産上の犠牲を強いるものである場合には、憲法29条3項によりこれに対し補償することを要し、もし財産権の制限を定めた法律、命令その他の法規に損失補償に関する規定を欠くときは、直接憲法29条3項を根拠にして補償請求をすることができないわけではないとしている（最判昭50.3.13）。

2　×　公用収用における損失補償について、土地収用法上、所有権や地上権などの収用される権利に関する補償（同法71条）だけでなく、移転料の補償（同法77条）、調査によって生じた損失及び営業上の損失など収用に伴い受けるであろう付随的損失に関する補償（同法88条、91条）も規定されている。よって、付随的損失についても補償することができる。

3　×　土地収用法における損失補償について、土地が収用される場合、判例は、被収用者は、収用の前後を通じて被収用者の有する財産価値を等しくさせるような補償を受けられるとしている（最判平14.6.11）。

4　○　判例は、河川附近地制限令に規定されている制限について損失補償に関する規定がないからといって、あらゆる場合について一切の損失補償を全く否定する趣旨とまでは解されず、別途、直接憲法29条3項を根拠にして、補償請求をする余地が全くないわけではないとしている（河川附近地制限令事件：最大判昭43.11.27）。

5　×　土地収用法70条において、損失の補償は、金銭をもってするものとすると規定されており、金銭の支払による補償が原則である。また、判例は、土地収用法における損失の補償は、金銭をもって補償する場合には、被収用者が近傍において被収用地と同等の代替地等を取得することをうるに足りる金額の補償を要するとしている（倉吉都市計画街路用地収用事件：最判昭48.10.18）。

問題2 国家一般職（2020年度） ································· 本冊P.239

正解：**4**

ア ○ 本肢の記述のとおりである（福原輪中堤損失補償事件：最判昭63.1.21）。

イ × 判例は、公共のためにする財産権の制限が社会生活上一般に受忍すべきものとされる限度を超え、特定の人に対し特別の財産上の犠牲を強いるものである場合には、憲法29条3項によりこれに対し補償することを要し、もし財産権の制限を定めた法律、命令その他の法規に損失補償に関する規定を欠くときは、直接憲法29条3項を根拠にして補償請求をすることができないわけではないとしている（最判昭50.3.13）。

ウ × 判例は、警察法規が一定の危険物の保管場所等につき、保安物件との間に一定の離隔距離を保持すべきことなどを内容とする技術上の基準を定めている場合において、道路工事の施行の結果、警察違反の状態を生じ、危険物保有者が技術上の基準に適合するように工作物の移転等を余儀なくされ、これによって損失を被ったとしても、それは道路工事の施行によって警察規制に基づく損失がたまたま現実化するに至ったものにすぎず、このような損失は補償の対象には属しないとしている（最判昭58.2.18）。

エ ○ 本肢の記述のとおりである（最判昭47.5.30）。

オ ○ 本肢の記述のとおりである（最大判昭24.7.13）。

　以上により、妥当なものは**ア・エ・オ**であり、正解は**4**となる。

正解：4

1　×　判例は、国家が私人の財産を公共の用に供するには、これによって私人の被るべき損害を塡補するに足りるだけの相当な賠償をしなければならないが、**憲法は「正当な補償」と規定しているだけ**であって、**補償の時期については少しも言明していないのであるから、補償が財産の供与と交換的に同時に履行されるべきことについては、憲法の保障するところではない**としている（最大判昭24.7.13）。

2　×　判例は、**警察法規が一定の危険物の保管場所等につき、保安物件との間に一定の離隔距離を保持すべきことなどを内容とする技術上の基準を定めている場合**において、道路工事の施行の結果、警察法規違反の状態を生じ、危険物保有者が技術上の基準に適合するように工作物の移転等を余儀なくされ、これによって**損失を被ったとしても**、それは道路工事の施行によって警察規制に基づく損失がたまたま現実化するに至ったものにすぎず、**このような損失は補償の対象には属しない**としている（最判昭58.2.18）。

3　×　判例は、土地収用法にいう「通常受ける損失」とは、客観的社会的にみて収用に基づき被収用者が当然に受けるであろうと考えられる経済的・財産的な損失をいうと解するのが相当であって、経済的価値でない特殊な価値についてまで補償の対象とする趣旨ではないから、本件堤防は江戸時代初期から水害より村落共同体を守ってきた輪中堤の典型の一つとして**歴史的、社会的、学術的価値を内包しているが、本件補償の対象となりえない**としている（福原輪中堤損失補償事件：最判昭63.1.21）。

4　○　本肢の記述のとおりである（最判昭47.5.30）。

5　×　判例は、平和条約は、もとより、日本国政府の責任において締結したものではあるが、**平和条約の条項は不可避的に承認せざるをえなかったのであって、その結果として被った在外資産の喪失による損害も**、敗戦という事実に基づいて生じた一種の戦争損害とみるほかはなく、このような戦争損害は、他の種々の戦争損害と同様、多かれ少なかれ、国民のひとしく堪え忍ばなければならないやむを得ない犠牲なのであって、**その補償は憲法29条3項の全く予想しないところで、同条項による補償の余地はない**としている（最大判昭43.11.27）。

5 1 行政組織論

問題1 国家Ⅱ種（2007年度）······················ 本冊P.248

正解：**4**

ア ✕ **行政庁**とは、**行政主体の意思又は判断を決定**し、**外部に表示**する権限を有する機関である。そして、各省大臣及び都道府県知事等は独任制の行政庁であり、公正取引委員会や公害等調整委員会等の**行政委員会は合議制の行政庁**である。よって、公正取引委員会や公害等調整委員会等の行政委員会が、行政庁に該当しないとしている部分が誤っている。

イ ✕ **諮問機関**とは、**行政庁から諮問を受けて意見を答申**する機関である。そして、判例は、一般に、**行政庁が行政処分をするにあたって、諮問機関に諮問し、その決定を尊重して処分をしなければならない旨を法が定めている**のは、処分行政庁が、諮問機関の決定（答申）を慎重に検討し、これに十分な考慮を払い、特段の合理的な理由のない限りこれに反する処分をしないように要求することにより、当該行政処分の客観的な適正妥当と公正を担保することを法が所期しているためであると考えられるから、**かかる場合における諮問機関に対する諮問の経由は、極めて重大な意義を有する**ものというべく、したがって、行政処分が諮問を経ないでなされた場合は、**違法として取消しをまぬがれない**としている（最判昭50.5.29）。

ウ ○ 本肢の記述のとおりである。

エ ○ 本肢の記述のとおりである。

　以上により、妥当なものは**ウ・エ**であり、正解は**4**となる。

正解：2

1　×　**権限の委任**とは、行政庁が自己に与えられた**権限の一部**を他の行政機関に委任して行わせることである。よって、「全部又は主要な部分」の部分が誤っている。

2　○　**本肢の記述のとおり**である（地方自治法153条1項、2項参照）。

3　×　判例は、行政庁相互の間においていわゆる**権限の委任がされ、委任を受けた行政庁が委任された権限に基づいて行政処分を行う場合**には、委任を受けた行政庁は、その処分を**自己の行為としてする**としている（最判昭54.7.20）。よって、権限の委任を受けた当該権限の行使は、**受任者の名**で行われる。

4　×　判例は、行政庁相互の間においていわゆる**権限の委任**がされ、委任を受けた行政庁が委任された権限に基づいて行政処分を行う場合には、委任を受けた行政庁は、その処分を**自己の行為としてする**ものであるから、委任を受けた行政庁を被告とすべきものであって、委任をした行政庁を被告とすることは許されないとしている（最判昭54.7.20）。よって、**行政不服審査法**（同法5条1項、参196ページ）**に基づく再調査の請求**を行う場合、権限の委任が行われていれば、**受任者を被告**として行わなければならない。

5　×　上級機関は、下級機関に対して指揮監督権を有するが、これは**権限の委任**が上級機関から下級機関に対して行われたとしても、**変わることなく、上級機関としての委任者は、下級機関としての受任者に対して、指揮監督権を有する。**

5 2 地方公共団体の運営①

問題1　市役所（2015年度類題）　……………………………………………………… 本冊P.256

正解：5

1　×　普通地方公共団体は、その事務の処理に関し、**法律又はこれに基づく政令によらなければ**、普通地方公共団体に対する**国又は都道府県の関与を受けることとはない**と規定されている（地方自治法245条の2）。

2　×　「普通地方公共団体に対する**国又は都道府県の関与**」とは、普通地方公共団体の事務の処理に関し、国の行政機関又は都道府県の機関が行う**助言又は勧告**（地方自治法245条1号イ）等の行為をいうと規定されている（同条柱書）。とすれば、普通地方公共団体に対する国又は都道府県の関与としての**助言又は勧告等は、法定受託事務に限定されない**。

3　×　**各大臣は**、その所管する法律又はこれに基づく政令に係る**都道府県の法定受託事務の処理が法令の規定に違反**していると認めるとき、又は**著しく適正を欠き、かつ、明らかに公益を害している**と認めるときは、**当該都道府県に対**し、当該法定受託事務の処理について**違反の是正又は改善のため講ずべき措置に関し、必要な指示**をすることができる（地方自治法245条の7第1項）と規定されている。そして、**知事の罷免については規定されていないため、これをすることはできない**。

4　×　**各大臣は**、その担任する事務に関し、**都道府県の自治事務の処理が法令の規定に違反**していると認めるとき、又は**著しく適正を欠き、かつ、明らかに公益を害している**と認めるときは、当該都道府県に対し、当該自治事務の処理について違反の是正又は改善のため**必要な措置**を講ずべきことを**求めることができる**と規定されている（地方自治法245条の5第1項）。よって、是正又は改善のため必要な措置を講ずべきことを**求めることはできるが、是正命令を出すことはできない**。ただし、**都道府県知事の法定受託事務の処理に違反する**ものがある場合又は**執行を怠る**ものがある場合において、その是正を図ることが困難であり、かつ、それを放置することにより著しく公益を害することが明らかであるときは、**当該違反を是正し、又は管理若しくは執行を改めるべきことを勧告**することができると規定されており（同法245条の8第1項）、これを受けて同条8項前段において、**各大臣は、都道府県知事が行わない**ときは、当該都道府県知事に**代わって、当該事項を行うことができる**と規定されており、**代執行は法定受託事務に限定**されている。

5　○　**本肢の記述のとおりである**（地方自治法250条の7第1項、250条の13第

1項柱書）。

問題2 地方上級（2014年度）··· 本冊P.257

正解：5

1　×　都道府県の議会の議員の定数及び市町村の議会の議員の定数は、条例で定めると規定されており（地方自治法90条1項、91条1項）、当該地方公共団体の人口や面積に応じるものとして、地方議会における議員の定数を明確に定めた地方自治法の規定は存在しない。

2　×　**普通地方公共団体の長は、予算を調製し及びこれを執行**する事務等を担任する（地方自治法149条2号、同条柱書）。そして、**議会は、予算について、増額してこれを議決することを妨げない**と規定されている（同法97条2項本文）。

3　×　普通地方公共団体の議会は、当該普通地方公共団体の事務に関する調査を行うことができ、この場合において、当該調査を行うため特に必要があると認めるときは、選挙人その他の関係人の出頭及び証言並びに記録の提出を請求することができると規定されている（地方自治法100条1項）。この**出頭又は記録の提出の請求を受けた選挙人その他の関係人が、正当の理由がなく、議会に出頭せず若しくは記録を提出しない**とき又は証言を拒んだときは、**6か月以下の禁錮又は10万円以下の罰金**に処すると規定されている（同条3項）。

4　×　**普通地方公共団体の議会の議員は、当該普通地方公共団体に対して、請負をする者及びその支配人になることができない**（地方自治法92条の2）。

5　○　**本肢の記述のとおりである**（地方自治法117条）。

5 3 地方公共団体の運営②

問題1　市役所（2009年度類題）……………………………………本冊 P.262

正解：3

1　×　普通地方公共団体の**条例案の提出権**は、普通地方公共団体の議会の議員の
みの権限ではなく、**長にも認められている**（地方自治法112条1項本文、149条、
96条1項参照）。

2　×　**分担金、使用料、加入金及び手数料の徴収**に関しては、一定の場合を除く
ほか、**条例で5万円以下の過料を科する規定を設けることができる**（地方自治
法228条2項）。よって、条例に罰則規定を設けることはできる。

3　○　**本肢の記述のとおりである**（地方自治法176条1項、参250ページ）。

4　×　普通地方公共団体の議会の議員及び長の**選挙権を有する者は**、政令で定め
るところにより、その**総数の50分の1以上の者**の連署をもって、その代表者か
ら、普通地方公共団体の長に対し、**条例の制定又は改廃の請求をすることがで
きる**（地方自治法74条1項）。これは、条例の制定を請求することができるに
とどまり、**議会に提出**した時点で、請求内容に従った**条例の成立が認められる
わけではない**。

5　×　**条例は**、条例に特別の定があるものを除く外、**公布の日から起算して10
日を経過した日**から、これを施行すると規定されている（地方自治法16条3項）。

正解：1

1 ○ **本肢の記述のとおり**である。住民訴訟を提起することができる者については、「普通地方公共団体の住民」とのみ規定されており（地方自治法242条の2第1項柱書）、「住民」についての限定は規定されていない。よって、**住民訴訟は、住民であれば誰でもこれを提起することができ**、また、**1人からでもこれを提起できる**。

2 × **住民訴訟の対象**について、**違法な行為又は怠る事実**につき、訴えをもって請求をすることができると規定されている（地方自治法242条の2第1項柱書）。よって、**違法な行為又は怠る事実に限られる**。本肢のように「不当な行為」「不当な怠る事実」とは規定されていない。

3 × 住民訴訟を提起することができる者については、「普通地方公共団体の住民」とのみ規定されており（地方自治法242条の2第1項柱書）、「住民」についての限定は規定されていない。そのため、**法人や外国人も提訴権者になりえる**。

4 × **住民訴訟は、住民監査請求**（地方自治法242条1項）**をした場合においてのみ提起できる**と規定されている（同法242条の2第1項柱書）。

5 × **住民訴訟を提起できる場合**については、①**監査委員の監査の結果若しくは勧告に不服があるとき**、②普通地方公共団体の議会、長その他の執行機関若しくは職員の**措置に不服があるとき**、③**監査委員が、監査若しくは勧告を行わないとき**、④議会、長その他の執行機関若しくは職員が**措置を講じないとき**と規定されている（地方自治法242条の2第1項柱書）。よって、監査委員の監査の結果又は勧告に不服がある場合に限られない。

5 4 公物

問題 1 国家専門職 (2015年度) ·· 本冊 P.270

正解：3

ア ×　「公共用物」とは、道路、河川、海岸など公衆の用に供されるものであり、他方、「公用物」とは、国や地方公共団体における役所等の建物など官公署の用に供されるものである。本肢は、公共用物と公用物との説明が逆になっている。

イ ×　判例は、**公共用財産が、長年の間、事実上公の目的に供用されることなく放置**され、**公共用財産としての形態、機能を全く喪失**し、その物のうえに他人の平穏かつ公然の占有が継続したが、そのため実際上公の目的が害されるようなこともなく、もはやその物を**公共用財産として維持すべき理由がなくなった場合**には、当該公共用財産については、**黙示的に公用が廃止**されたものとして、これについて**取得時効の成立を妨げない**としている（最判昭51.12.24）。よって、公物の私人による時効取得は、行政庁の「明示的」な公用廃止の意思表示があった場合に限らない。

ウ ○　**本肢の記述のとおりである**（最判昭44.12.4）。

エ ○　**本肢の記述のとおりである**。国有財産とは、国有となった財産であって、国有財産法2条1項各号に掲げるものをいうと規定されており、その1号で「不動産」と規定されている。よって、不動産は国有財産になりえる。しかし、「公共上の事務等を効果的かつ効率的に行わせる法人」（独立行政法人通則法2条1項）である**独立行政法人は、国有財産の帰属主体である国ではないから、独立行政法人の所有する不動産は、国有財産にはあたらない**。もっとも、**公の用に供されること（公用開始）で公物という法的地位が与えられる**ことから、**独立行政法人の所有する不動産が公の用に供されている場合は公物にあたる**ことになる。

　　以上により、妥当なものは**ウ・エ**であり、正解は**3**となる。

正解：1

ア × 「国有財産」とは、国有となった財産であって、国有財産法2条1項各号に掲げるものをいうと規定されており（国有財産法2条1項柱書）、同項5号で「特許権」、同項6号で「新株予約権」と規定されている。また、同項3号で「前二号に掲げる不動産及び動産の従物」と規定されているところ、同項1号には「不動産」、同項2号には「船舶、浮標、浮桟橋及び浮ドック並びに航空機」とのみ規定されている。よって、**国債は、国有財産法上の国有財産には含まれない。**

イ ○ **本肢の記述のとおり**である（国有財産法16条）。

ウ × **行政財産における公用財産**とは、「国において**国の事務、事業又はその職員の住居の用**に供し、又は供するものと決定したもの」と規定されている（国有財産法3条2項1号）。そして、行政財産における公用財産の具体例としては、**庁舎、国家公務員宿舎**等がこれにあたる。

エ × 普通財産は、財務大臣が管理し、又は処分しなければならないと規定されている（国有財産法6条）。また、**国が普通財産を取得した場合**においては、**各省各庁の長は、財務大臣に引き継がなければならない。**ただし、**政令で定める特別会計に属するもの及び引き継ぐことを適当としないもの**として政令で定めるものについては、**この限りでない**と規定されており（同法8条1項）、これを受けて、**このような当該普通財産**については、当該財産を所管する**各省各庁の長が管理し、又は処分するもの**とすると規定されている（同条2項）。よって、各省各庁の長が普通財産を取得した場合、「全て速やかに」財務大臣に引き継がなければならないわけではない。

オ × 「**行政財産**」は信託することができない（国有財産法18条1項）。他方、「**普通財産**」は土地に限り信託することができるが、「**国以外の者**を信託の**受益者とするとき**」（同法28条の2第1項2号）等の場合は、**この限りでない**（同項柱書）。よって、「不動産、動産を問わず信託することができ、国以外の者を信託の受益者とすることができる」わけではない。

　以上により、妥当なものは**イのみ**であり、正解は**1**となる。